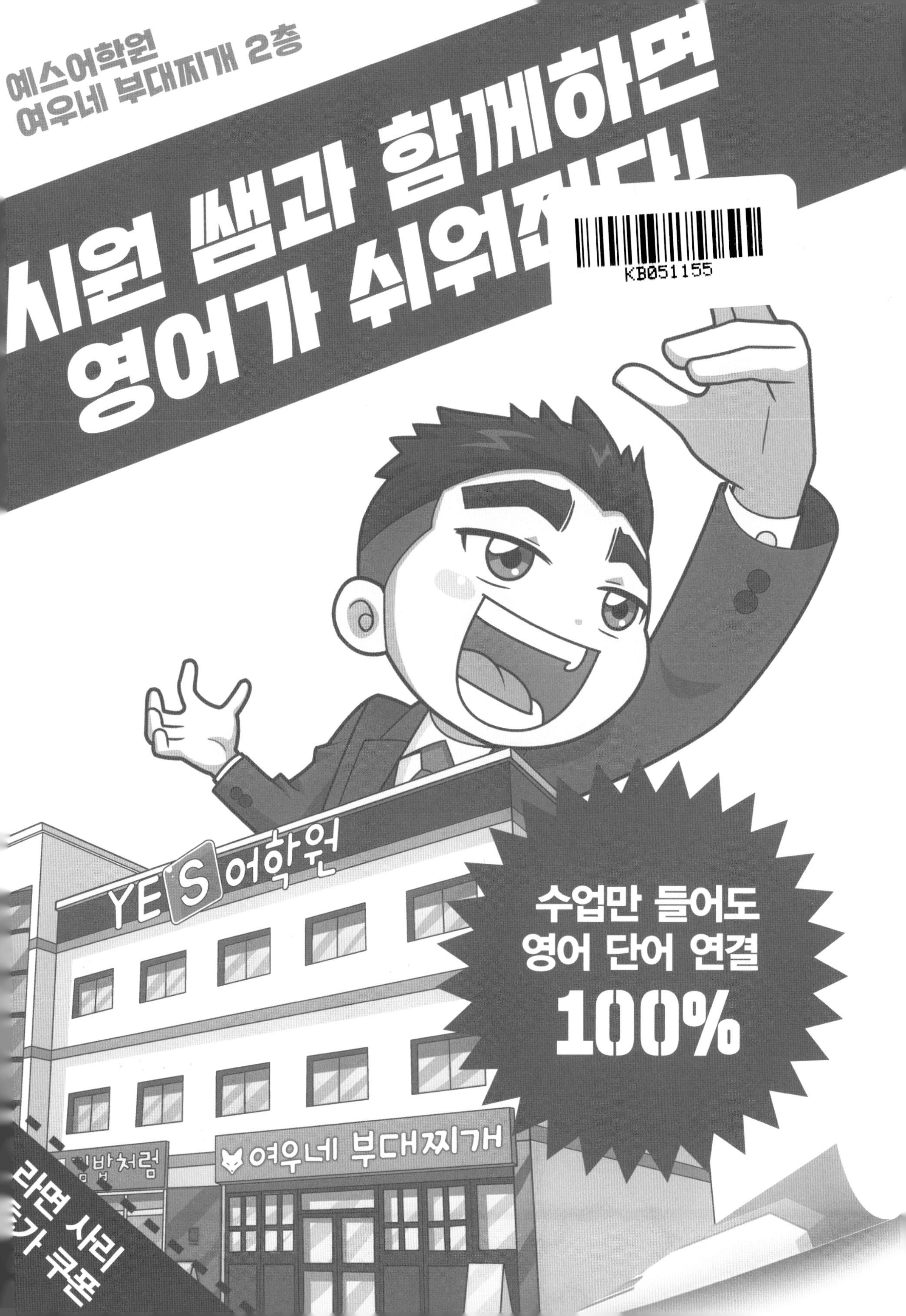
예스어학원
여우네 부대찌개 2층
시원 쌤과 함께하면
영어가 쉬워
YES 어학원
수업만 들어도
영어 단어 연결
100%
밥처럼
여우네 부대찌개
라면 사리
가 쿠폰

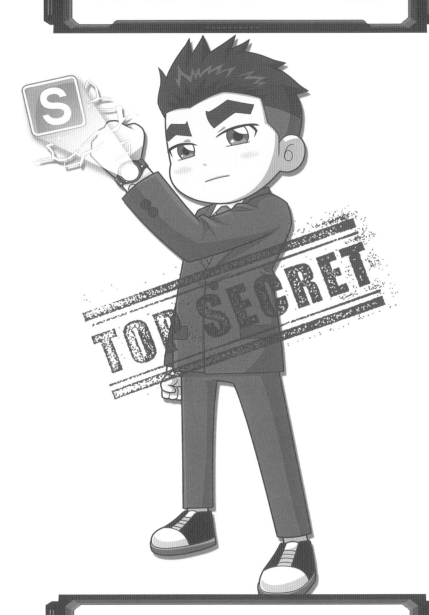

예스잉글리시
신입 단원 모집

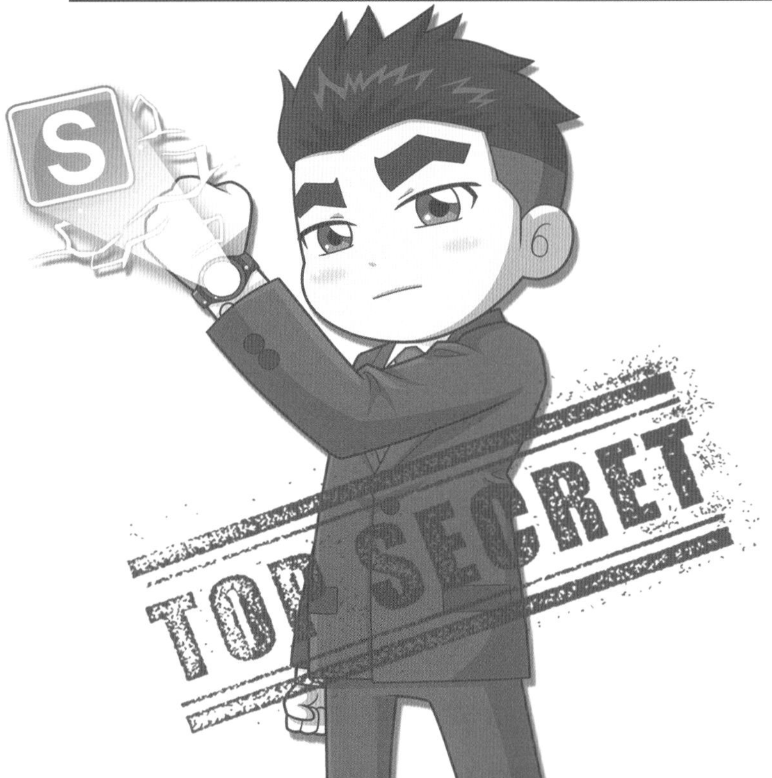
S
TOP SECRET

코드 네임 : 에스원 요원과
영어 유니버스를 구하라!

English Adventure

이시원의 영어 대모험

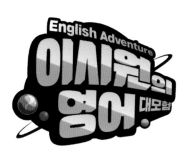

일러두기

이 책의 만화에 나오는 영어 문장 중 일부는 이야기의 자연스러운 이해를 위해 의역했습니다.
그 외의 영어 문장은 학습적인 이해를 돕기 위해 직역했습니다.

이시원의 영어 대모험 ⑯
과거·미래 진행형

기획 시원스쿨 | **글** 박시연 | **그림** 이태영

1판 1쇄 인쇄 | 2022년 7월 12일
1판 1쇄 발행 | 2022년 7월 20일

펴낸이 | 김영곤
이사 | 은지영
키즈스토리본부장 | 김지은
키즈스토리2팀장 | 윤지윤 **기획개발** | 고아라
아동마케팅영업본부장 | 변유경
아동마케팅1팀 | 김영남 황혜선 이규림
아동마케팅2팀 | 이해림
아동영업1팀 | 이도경 오다은 김소연 **아동영업2팀** | 한충희 강경남 오은희
디자인 | 김미정 임민지 **윤문** | 이선지

펴낸곳 | (주)북이십일 아울북
등록번호 | 제406-2003-061호
등록일자 | 2000년 5월 6일
주소 | 경기도 파주시 회동길 201(문발동) (우 10881)
전화 | 031-955-2155(기획개발), 031-955-2100(마케팅·영업·독자문의)
브랜드 사업 문의 | license21@book21.co.kr
팩시밀리 | 031-955-2177
홈페이지 | www.book21.com

ISBN 978-89-509-8507-3
ISBN 978-89-509-8491-5(세트)

• 잘못 만들어진 책은 **구입하신 서점**에서 교환해 드립니다.
• 가격은 책 뒤표지에 있습니다.
⚠ 주의 1. 책 모서리가 날카로워 다칠 수 있으니 사람을 향해 던지거나 떨어뜨리지 마십시오.
        2. 보관 시 직사광선이나 습기 찬 곳을 피해 주십시오.

• **제조자명** : (주)북이십일
• **주소 및 전화번호** : 경기도 파주시 회동길 201(문발동) / 031-955-2100
• **제조연월** : 2022.7.20
• **제조국명** : 대한민국
• **사용연령** : 3세 이상 어린이 제품

만화로 시작하는 이시원표 초등영어

English Adventure 이시원의 영어 대모험 16

과거·미래 진행형

기획 시원스쿨
글 박시연
그림 이태영

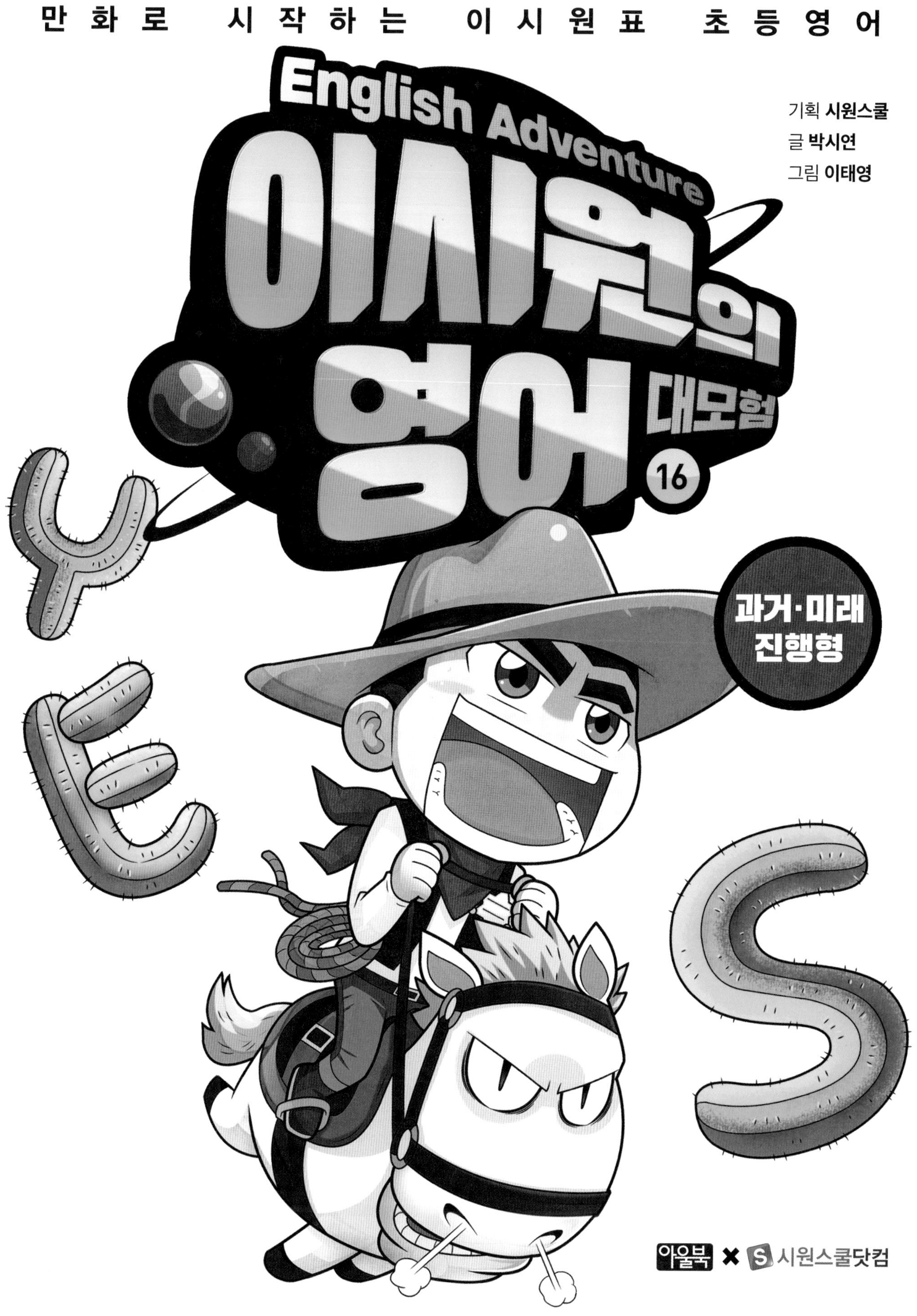

아울북 × 시원스쿨닷컴

작가의 말

안녕하세요? 시원스쿨 대표 강사 이시원 선생님이에요. 여러분은 영어를 좋아하나요? 아니면 영어가 어렵고 두려운가요? 혹시 영어만 생각하면 속이 울렁거리고 머리가 아프진 않나요? 만약 그렇다면 지금부터 선생님이 영어와 친해지는 방법을 가르쳐 줄게요.

하나, 지금까지 배운 방식과 지식을 모두 지워요!

보기만 해도 스트레스를 받고, 나를 힘들게 만드는 영어는 이제 잊어버려요. 선생님과 함께 새로운 마음으로 영어를 다시 시작해 봐요.

둘, 하나를 배우더라도 정확하게 습득해 나가요!

눈으로만 배우고 지나가는 영어는 급할 때 절대로 입에서 나오지 않아요. 하나를 배우더라도 완벽하게 습득해야 어디서든 자신 있게 영어로 말할 수 있어요.

셋, 생활 속에서 자주 쓰이는 표현을 배워요!

우리 생활에서 쓸 일이 별로 없는 단어를 오래 기억할 수 있을까요? 자주 사용하는 단어 위주로 영어를 배워야 쓰기도 쉽고 잊어버리지도 않겠죠? 자연스럽게 영어가 튀어나올 수 있도록 여러 번 말하고, 써 보면서 잊지 않게 하는 것이 중요해요.

이 세 가지만 지키면 어느새 영어가 정말 쉽고, 재밌게 느껴질 거예요. 그리고 이 세 가지를 충족시키는 힘이 바로 이 책에 숨어 있어요. 여러분이 〈이시원의 영어 대모험〉을 읽는 것만으로도 최소한 영어 한 문장을 습득할 수 있어요.

단어와 단어를 연결하는 방법도 자연스럽게 익히게 될 거예요. 게다가 영어에 관련된 흥미로운 이야기들을 알게 되면 영어가 좀 더 친숙하고 재미있게 다가올 거라 믿어요!

자, 그럼 만화 속 '시원 쌤'과 신나는 영어 훈련을 하면서 모두 함께 영어의 세계로 떠나 볼까요?

시원스쿨 기초영어 대표 강사 **이시원**

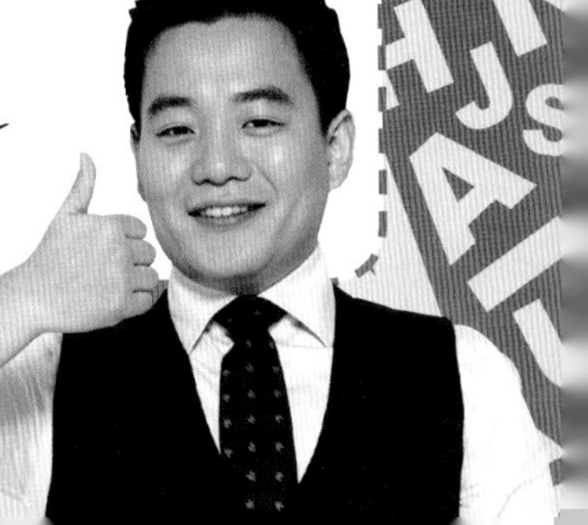

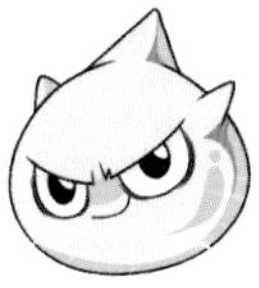

영어와 친해지는 영어학습만화

영어는 이 자리에 오기까지 수많은 경쟁과 위험을 물리쳤답니다. 영어에는 다른 언어와 부딪치고 합쳐지며 발전해 나간 강력한 힘이 숨겨져 있어요. 섬나라인 영국 땅에서 시작된 이 언어가 어느 나라에서든 통하는 세계 공용어가 되기까지는 마치 멋진 히어로의 성장 과정처럼 드라마틱하고 매력적인 모험담이 있었답니다. 이 모험담을 듣게 되는 것만으로도 우리 어린이들은 영어를 좀 더 좋아하게 될지도 몰라요.

영어는 이렇듯 강력하고 매력적인 언어지만 친해지기는 쉽지 않아요. 우리 어린이들에게 영어는 어렵고 힘든 시험 문제를 연상시키지요. 영어를 잘하면 장점이 많다는 것은 알지만 영어를 공부하는 과정은 어렵고 힘들어요. 이 책에서 시원 쌤은 우리 어린이 주인공들과 영어 유니버스라는 새로운 세계로 신나는 모험을 떠난답니다.

여러분도 엄청난 비밀을 지닌 시원 쌤과 미지의 영어 유니버스로 모험을 떠나 보지 않을래요? 영어 유니버스의 어디에선가 영어를 좋아하게 된 자신의 모습을 발견하게 될지도 몰라요.

글 작가 **박시연**

영어의 세계에 빠져드는 만화

영어 공부를 시작하는 어린이들은 모두 자기만의 목표를 가지고 있을 거예요. 영어를 잘해서 선생님께 칭찬받는 모습부터 외국 친구들과 자유롭게 영어로 소통하는 모습, 세계적인 유명인이 되어서 영어로 멋지게 인터뷰하는 꿈까지도요.

이 책에서는 어린이들이 공감할 수 있도록 영어를 배우며 느끼는 기분, 상상한 모습들을 귀엽고 발랄한 만화로 표현했어요. 이 책을 손에 든 어린이들은 만화 속 인물들에게 무한히 공감하며 이야기에 빠져들 수 있을 거예요. 마치 내가 시원 쌤과 함께 멋진 모험을 떠나는 것 같은 기분을 느낄 수 있도록요.

보는 재미와 읽는 재미를 함께 느낄 수 있는 만화를 통해 영어의 재미도 발견하기를 바라요!

그림 작가 **이태영**

차례

Good job!

예스어학원 수업 시간 · 140

등장인물

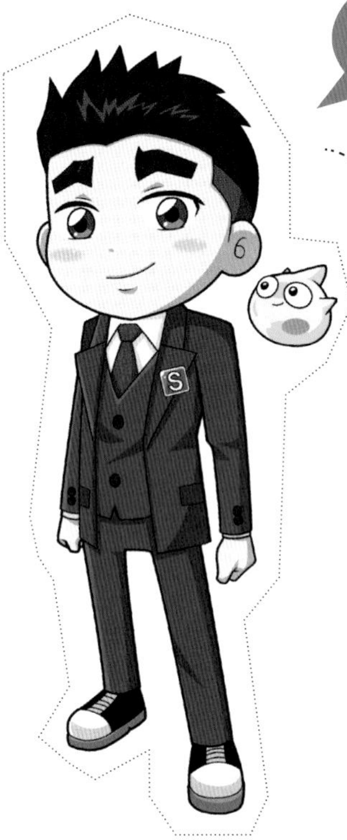

영어를 싫어하는 자,
모두 나에게로 오라!
굿 잡!

시원 쌤

비밀 요원명 에스원(S1)
직업 영어 선생님
좋아하는 것 영어, 늦잠, 힙합
싫어하는 것 노잉글리시단
취미 수수께끼 풀기
특기 굿 잡 외치기
성격 귀차니스트 같지만 완벽주의자
좌우명 영어는 내 인생!

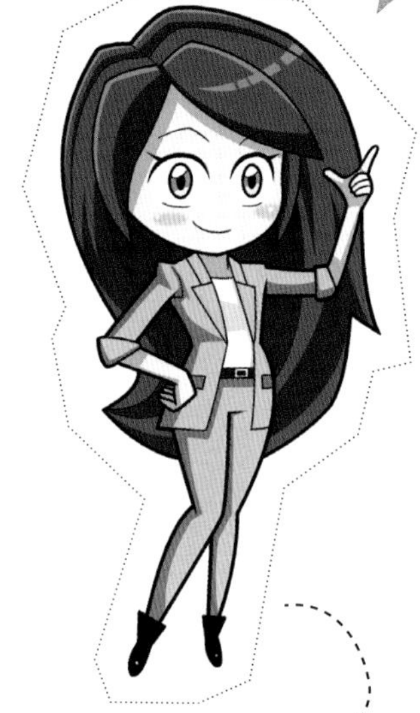

헬로, 에브리원~!
내가 누구인지
궁금하지?

줄리 쌤

비밀 요원명 제이원(J1)
장래 희망 영어 선생님

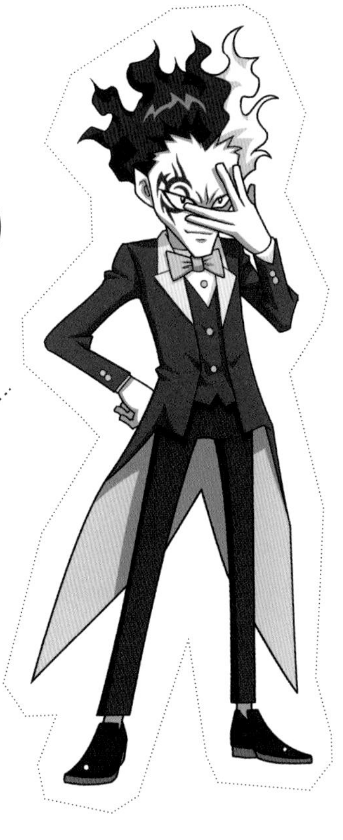

영어가 싫다고?!
내가 더더더 싫어지게
만들어 주마!

트릭커

직업 한두 개가 아님
좋아하는 것 영어 싫어하는 아이들
싫어하는 것 영어, 예스잉글리시단
취미 속임수 쓰기
특기 이간질하기, 변장하기
성격 우기기 대마왕
좌우명 영어 없는 세상을 위하여!

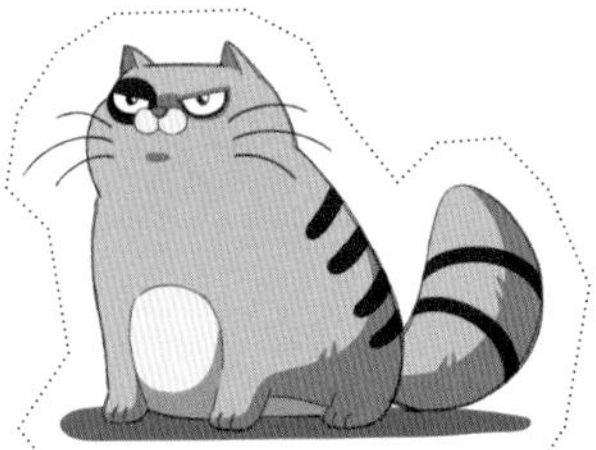

냥냥라이드에 태워 줄 테니
쭈루 하나만 줄래냥~!

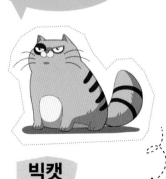

빅캣

좋아하는 것 쭈루, 개박하
싫어하는 것 예스잉글리시단

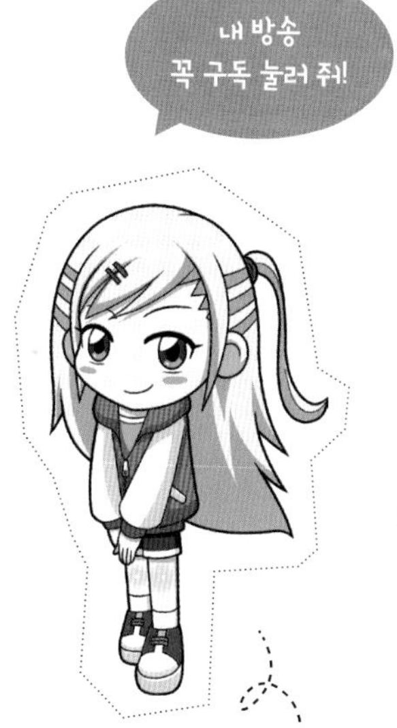
내 방송
꼭 구독 눌러 줘!

루시

좋아하는 것 너튜브 방송
싫어하는 것 나우, 우쭐대기
좌우명 일단 찍고 보자!

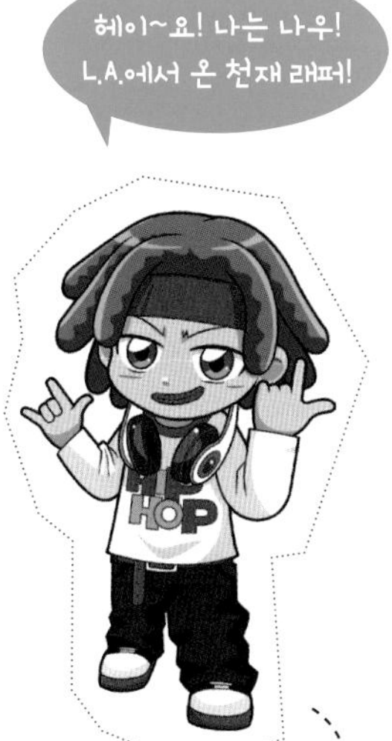
헤이~요! 나는 나우!
L.A.에서 온 천재 래퍼!
HIP HOP

나우

좋아하는 것 랩, 힙합,
할머니
싫어하는 것 영어로 말하기,
혼자 놀기
좌우명 인생은 오로지 힙합!

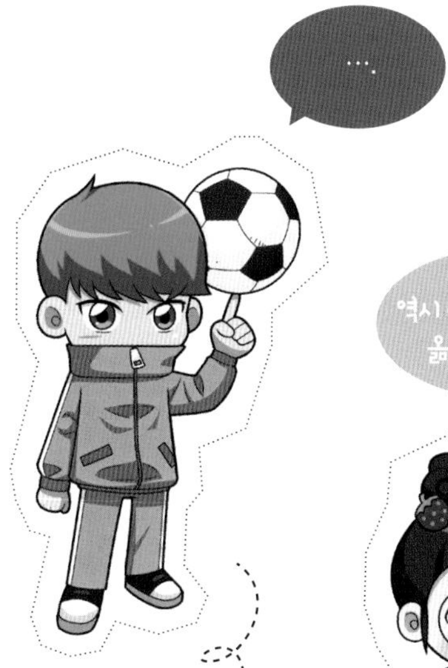
…

후

좋아하는 것 축구
싫어하는 것 말하기
좌우명 침묵은 금이다!

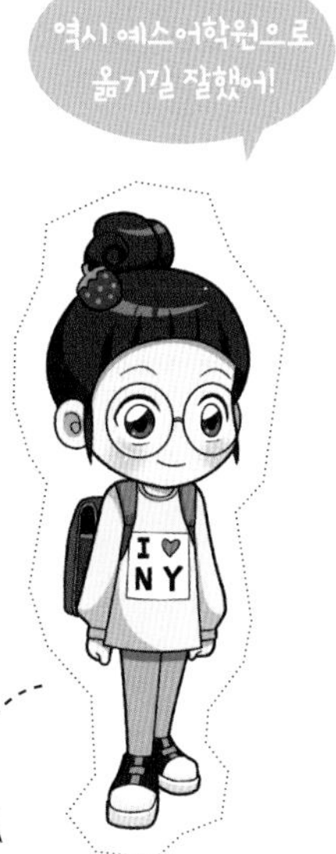
역시 예스어학원으로
옮기길 잘했어!
I ♥ NY

리아

좋아하는 것 동물
싫어하는 것 빅캣 타임
좌우명 최선을 다하자!

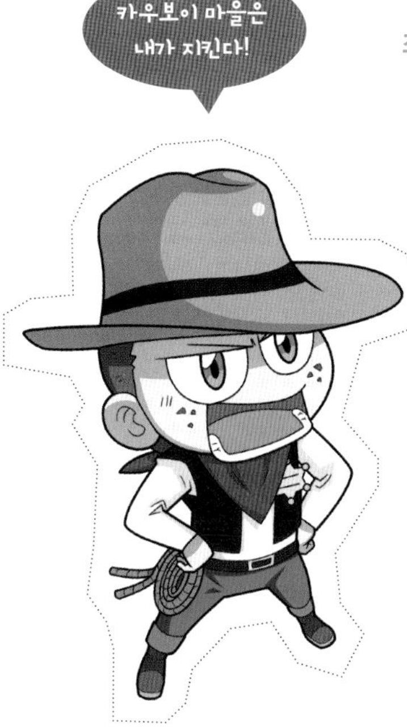
카우보이 마을은
내가 지킨다!

웨스티

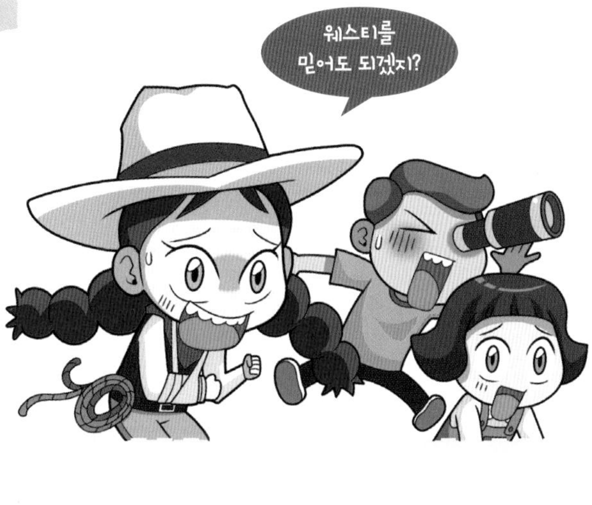
웨스티를
믿어도 되겠지?

Chapter 1

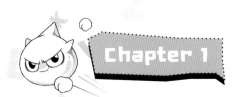

새로운 빌런 탄생

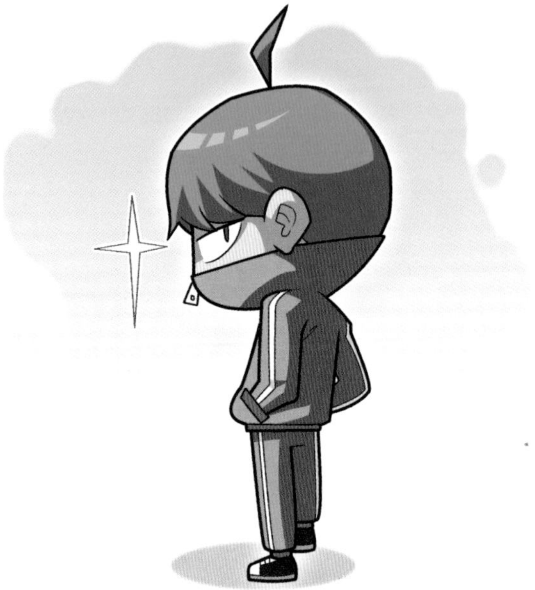

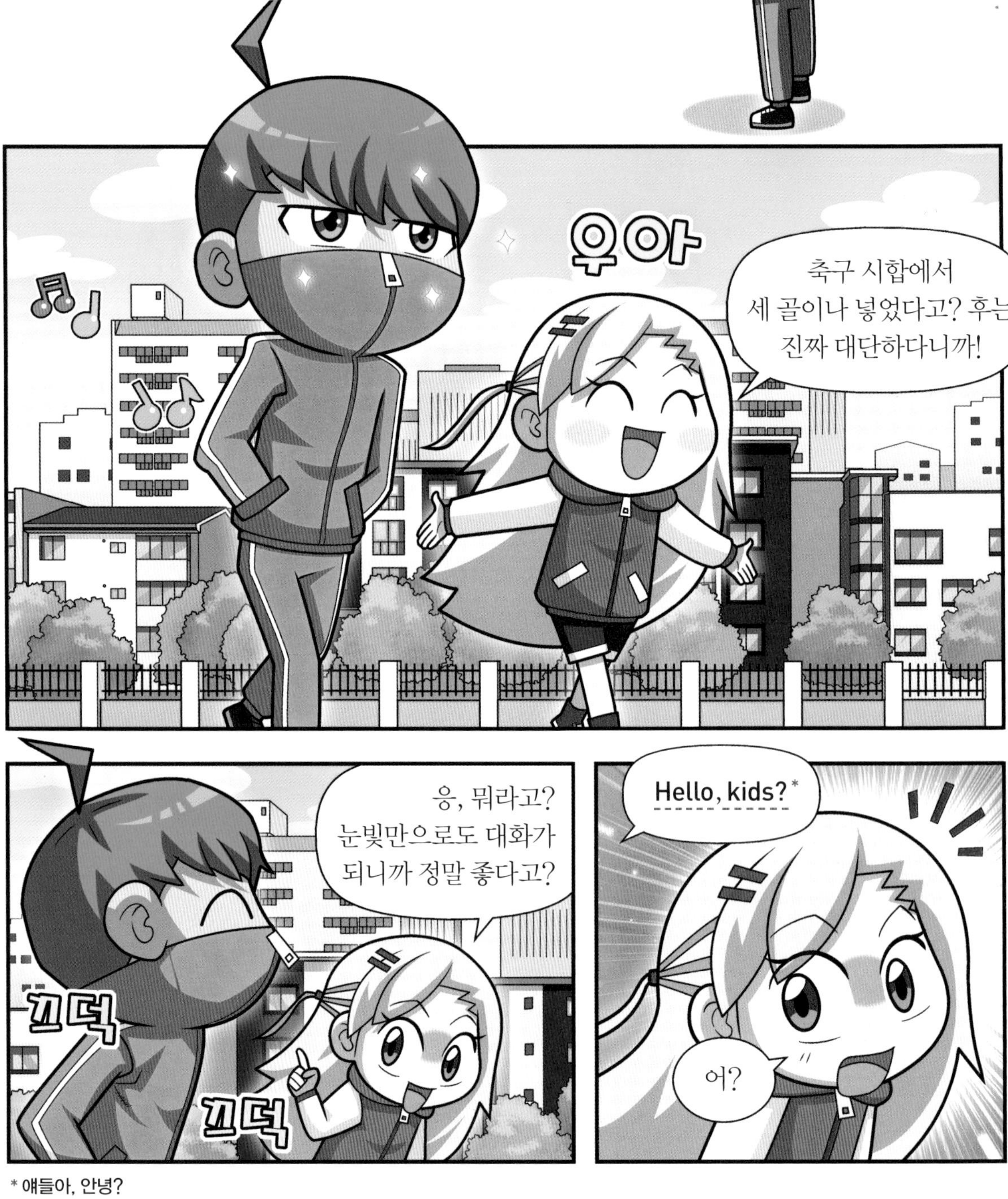
우아
축구 시합에서 세 골이나 넣었다고? 후는 진짜 대단하다니까!
응, 뭐라고? 눈빛만으로도 대화가 되니까 정말 좋다고?
끄덕
끄덕
Hello, kids?*
어?

* 얘들아, 안녕?

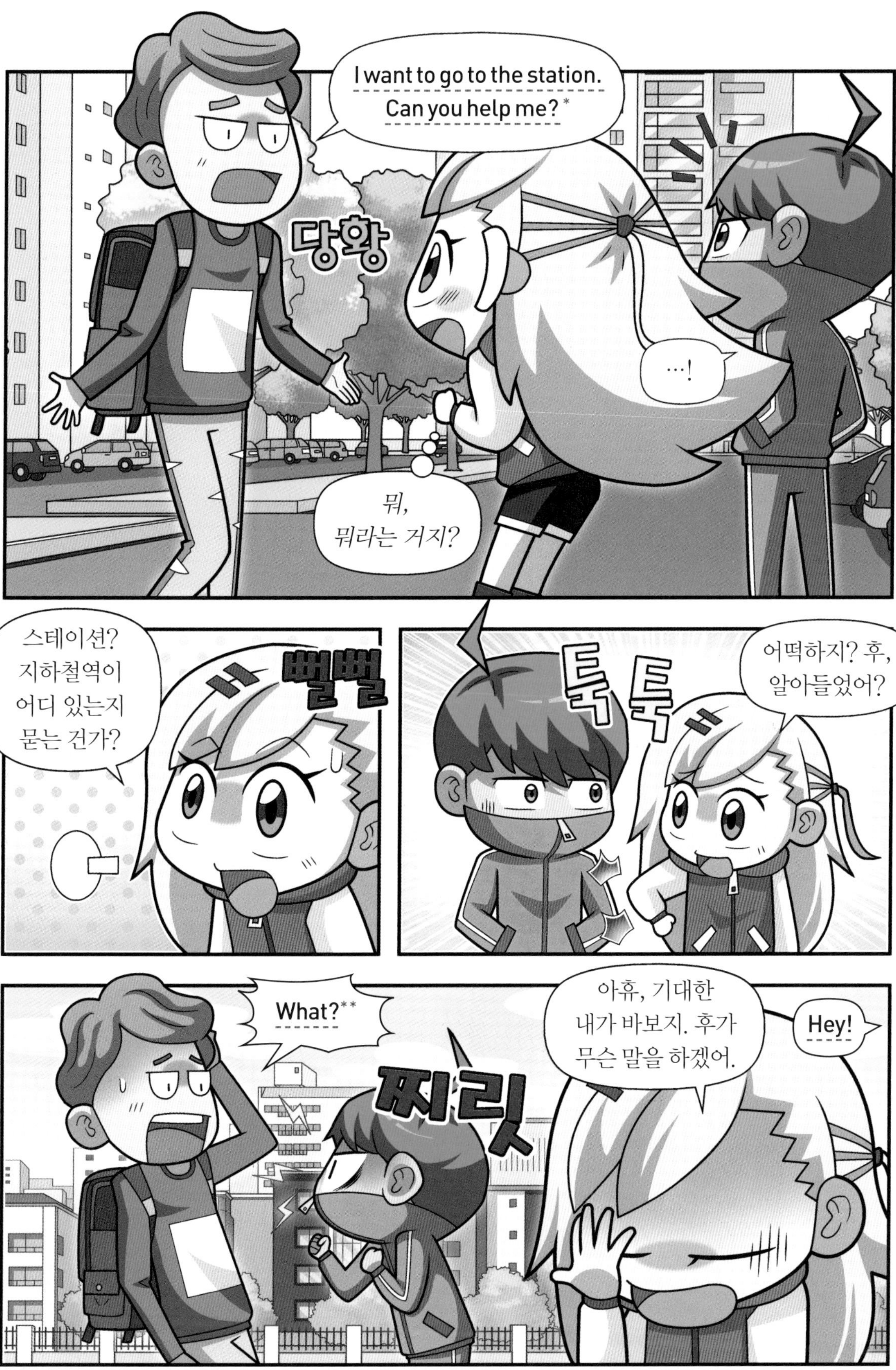
I want to go to the station.
Can you help me? *
당황
…!
뭐, 뭐라는 거지?
스테이션? 지하철역이 어디 있는지 묻는 건가?
뻘뻘
툭 툭
어떡하지? 후, 알아들었어?
What?**
찌릿
아휴, 기대한 내가 바보지. 후가 무슨 말을 하겠어.
Hey!

* 나는 지하철역에 가고 싶어. 나 좀 도와줄 수 있니?

** 뭐라고?

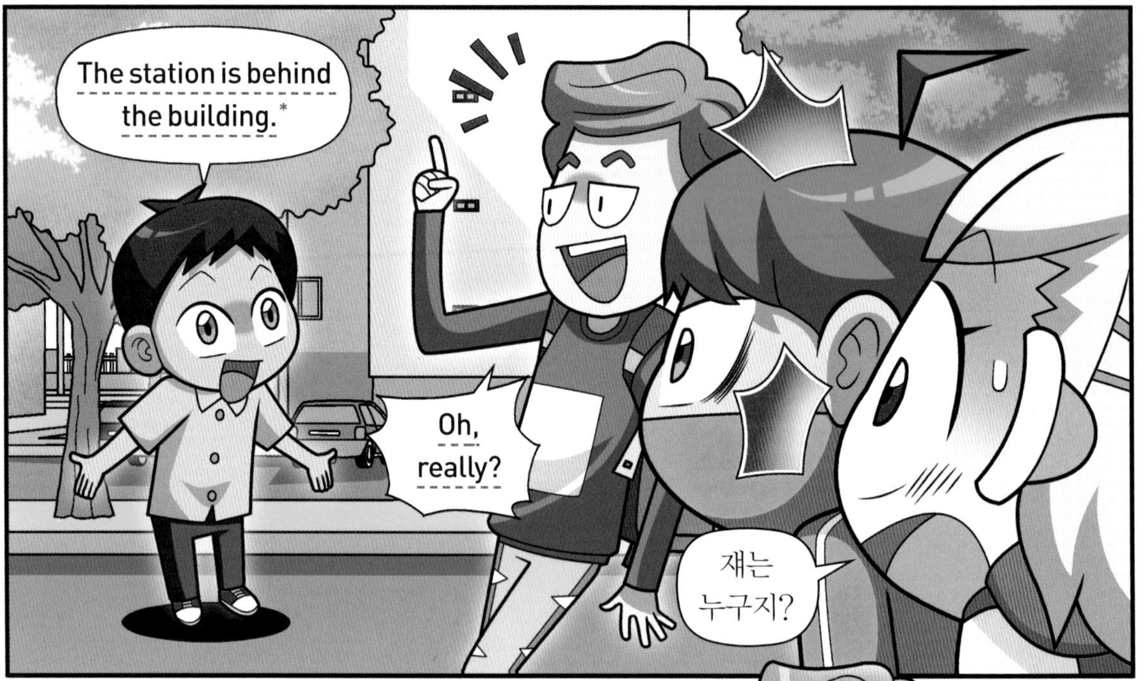
The station is behind the building.*
Oh, really?
재는 누구지?

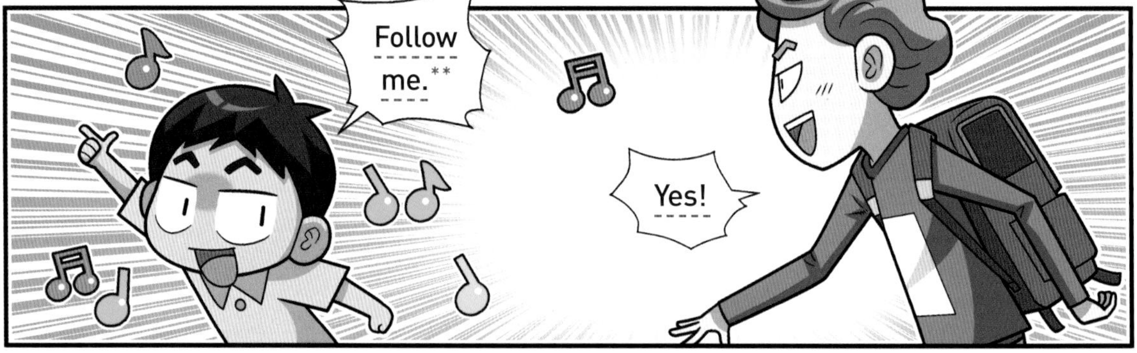
Follow me.**
Yes!

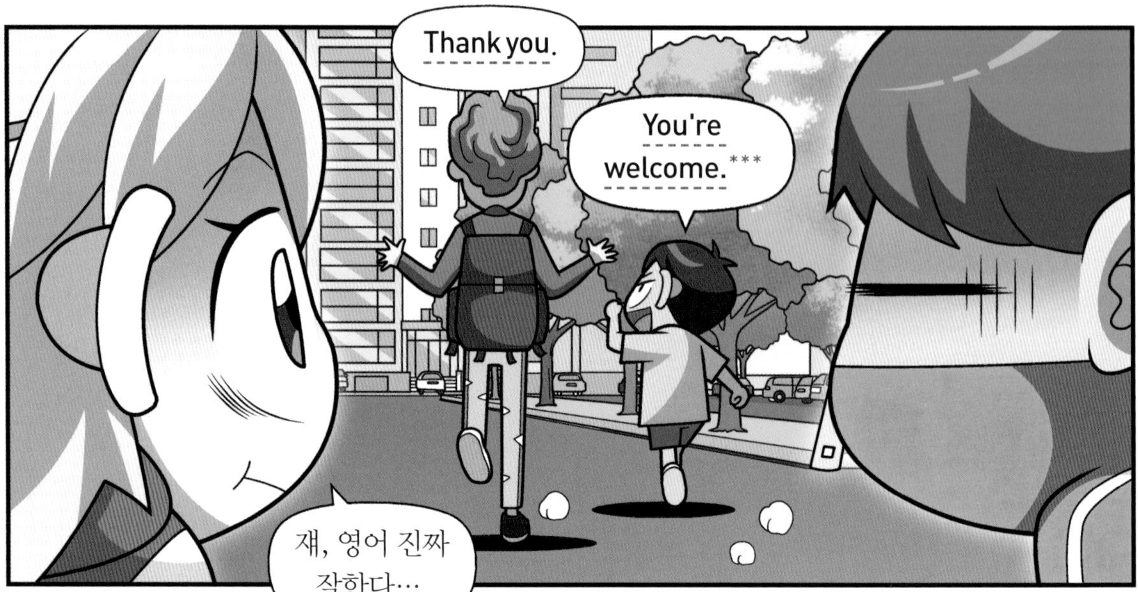
Thank you.
You're welcome.***
재, 영어 진짜 잘한다….

* 지하철역은 건물 뒤에 있어요.
** 저를 따라오세요.
*** 별말씀을요.

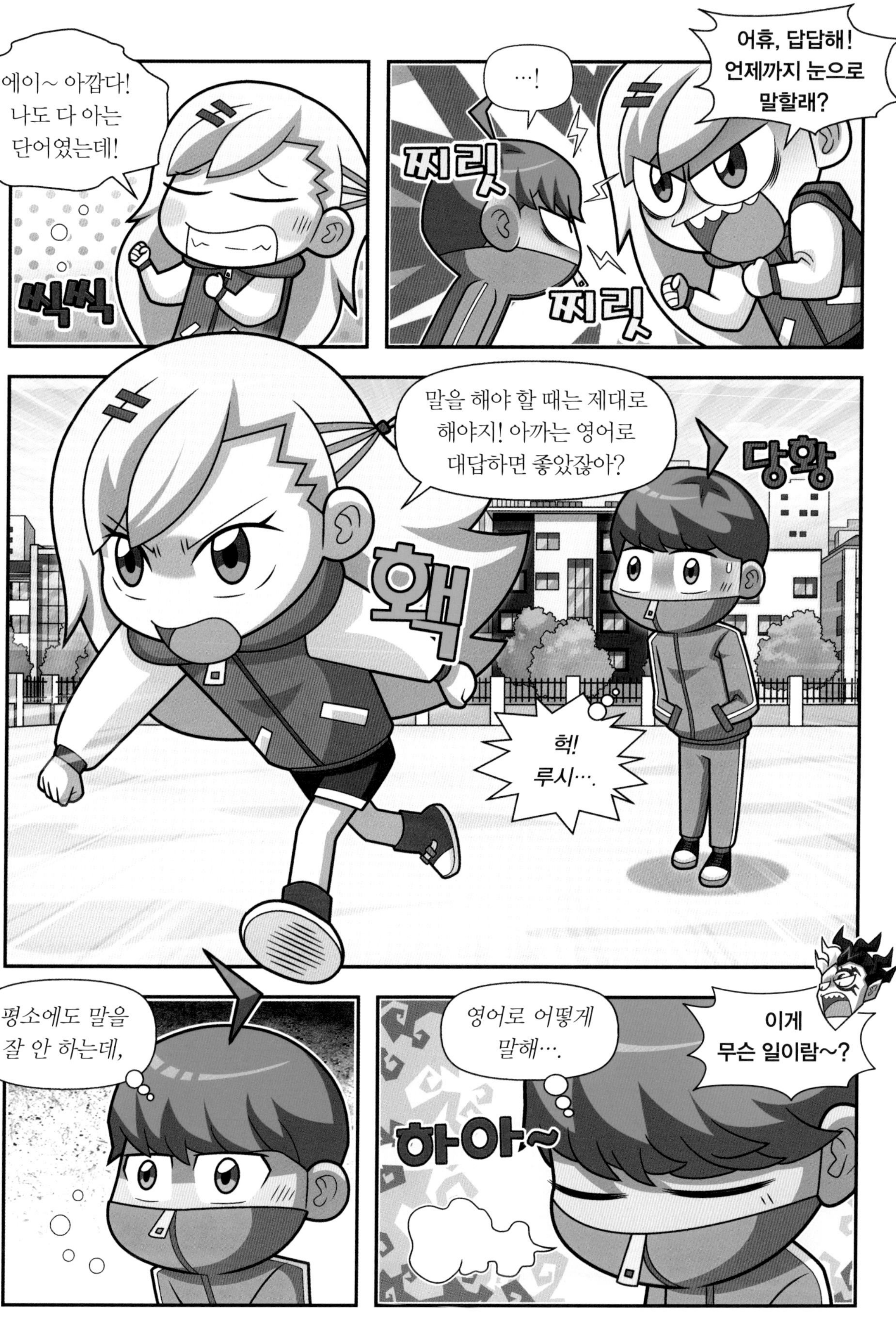

에이~ 아깝다! 나도 다 아는 단어였는데!
씩씩
…!
어휴, 답답해! 언제까지 눈으로 말할래?
찌릿
찌릿
말을 해야 할 때는 제대로 해야지! 아까는 영어로 대답하면 좋았잖아?
당황
홱
헉! 루시….
평소에도 말을 잘 안 하는데,
영어로 어떻게 말해….
이게 무슨 일이람~?
하아~

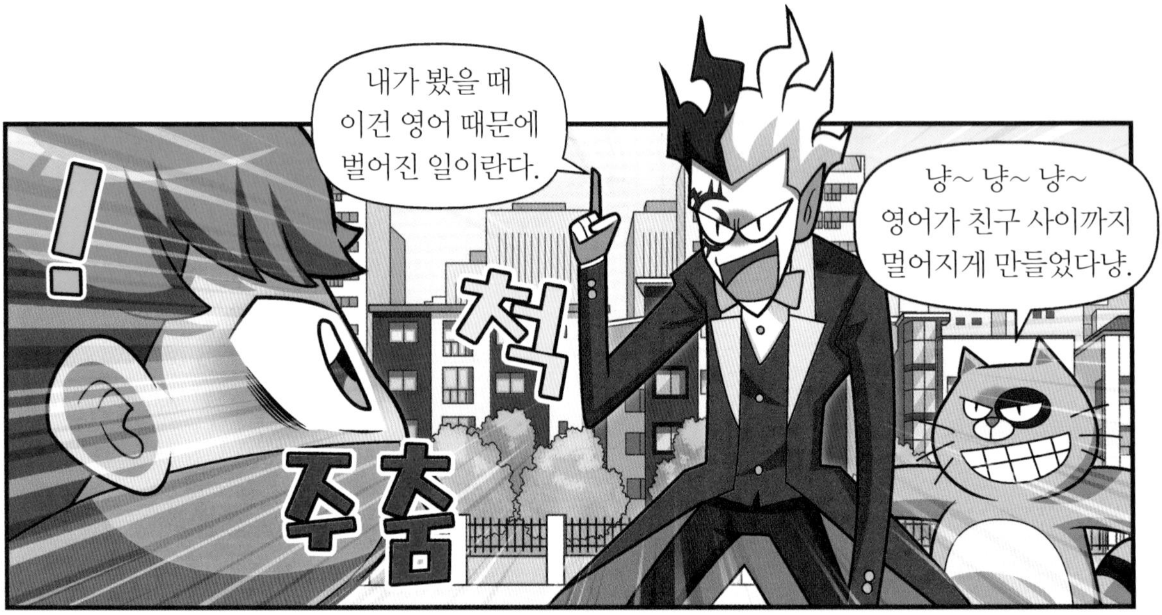
내가 봤을 때
이건 영어 때문에
벌어진 일이란다.
냥~ 냥~ 냥~
영어가 친구 사이까지
멀어지게 만들었다냥.
!
척
주춤

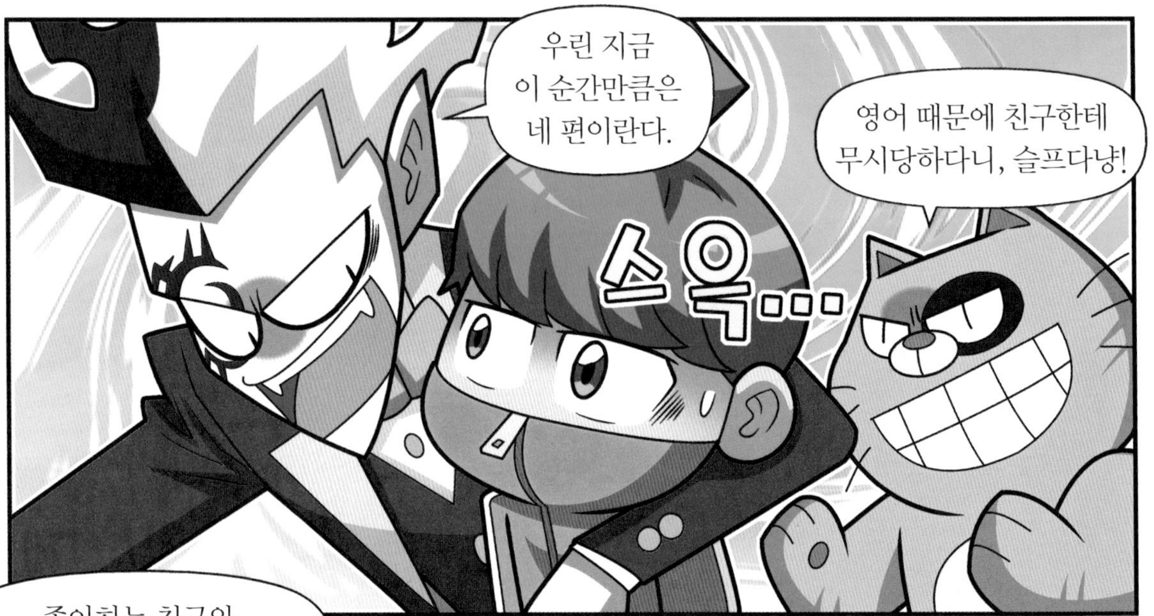
우린 지금
이 순간만큼은
네 편이란다.
영어 때문에 친구한테
무시당하다니, 슬프다냥!
스윽...

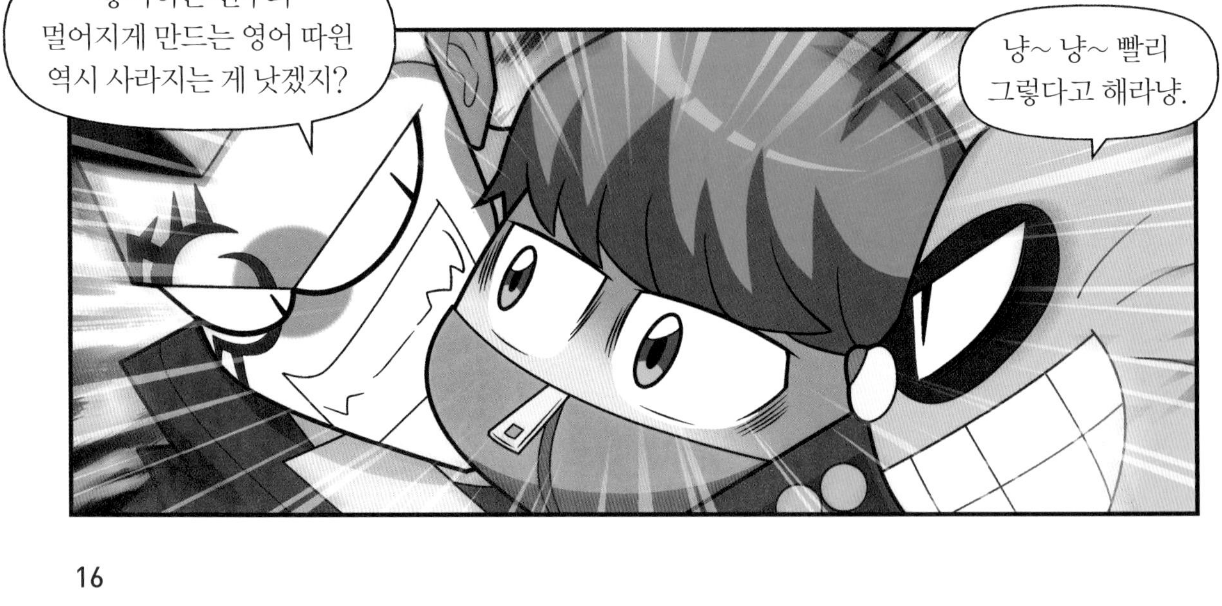
좋아하는 친구와
멀어지게 만드는 영어 따윈
역시 사라지는 게 낫겠지?
냥~ 냥~ 빨리
그렇다고 해라냥.

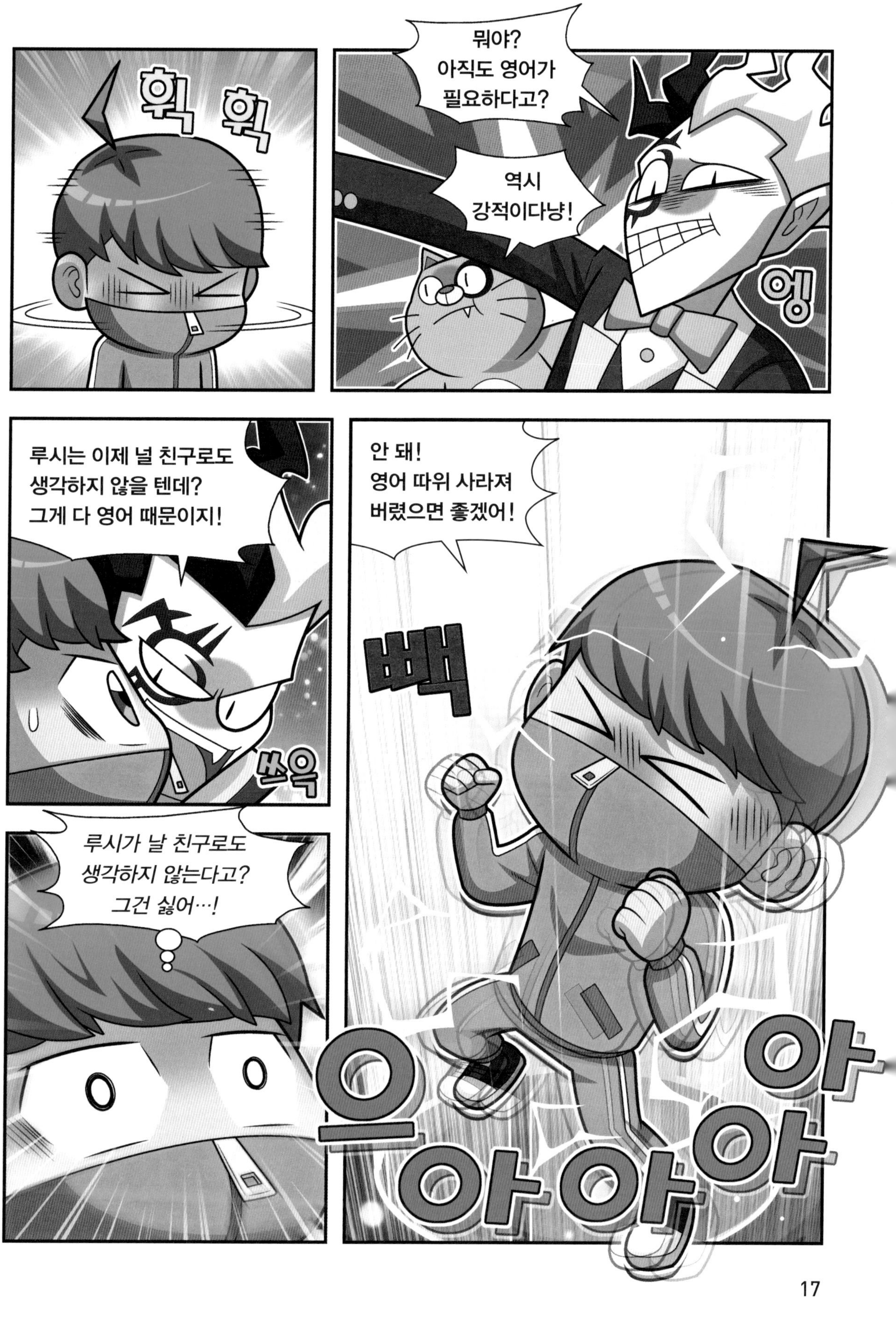
휙 휙
뭐야?
아직도 영어가
필요하다고?
역시
강적이다냥!
엥
루시는 이제 널 친구로도
생각하지 않을 텐데?
그게 다 영어 때문이지!
쓰윽
루시가 날 친구로도
생각하지 않는다고?
그건 싫어…!
안 돼!
영어 따위 사라져
버렸으면 좋겠어!
빼액
으아아아아아

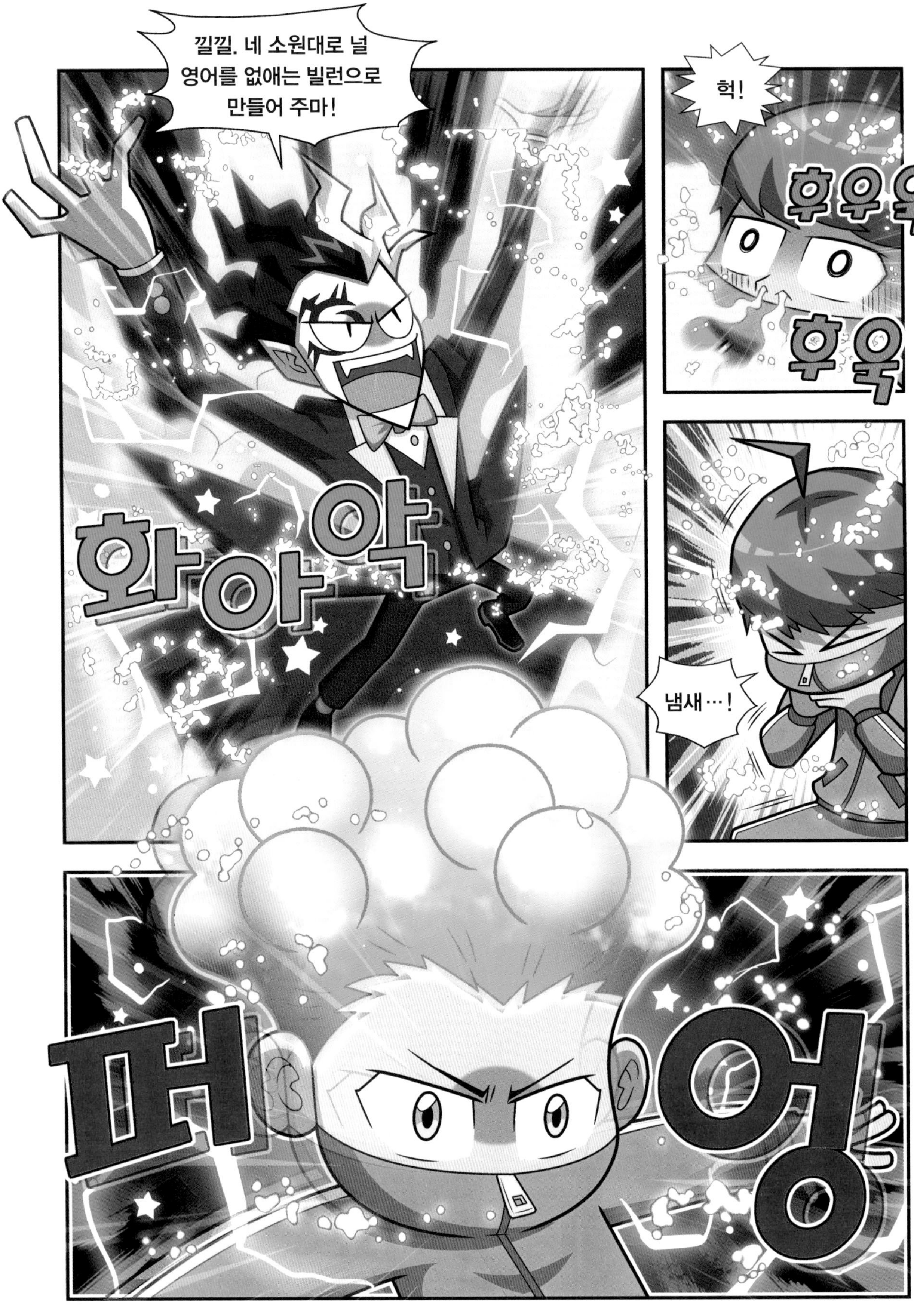

낄낄. 네 소원대로 널
영어를 없애는 빌런으로
만들어 주마!
화아악
헉!
후우욱
후욱
냄새…!
퍼엉

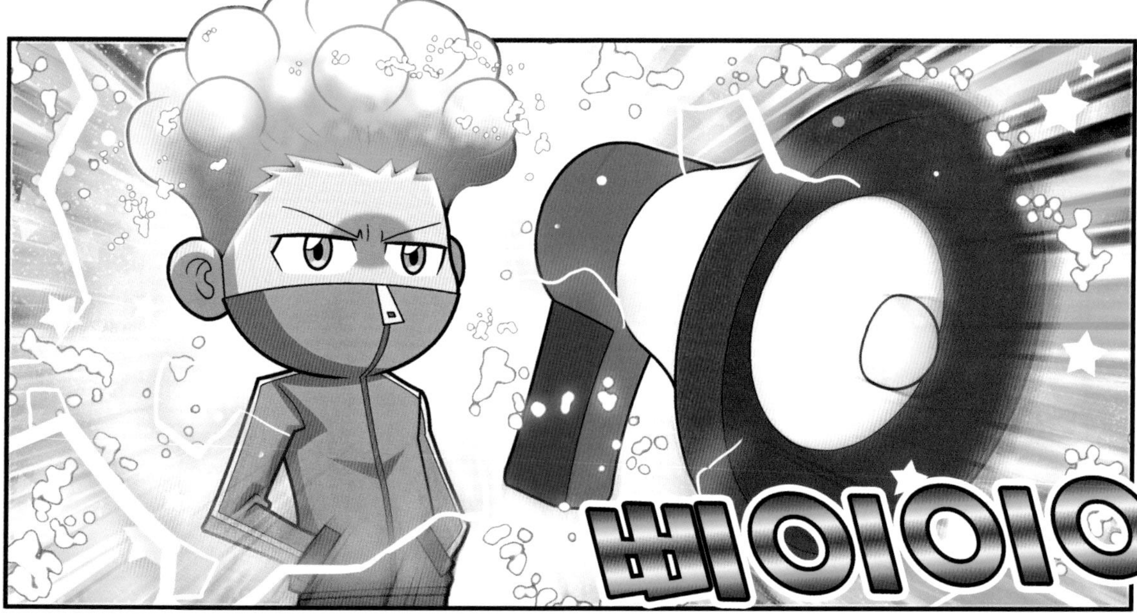

삐이이이이

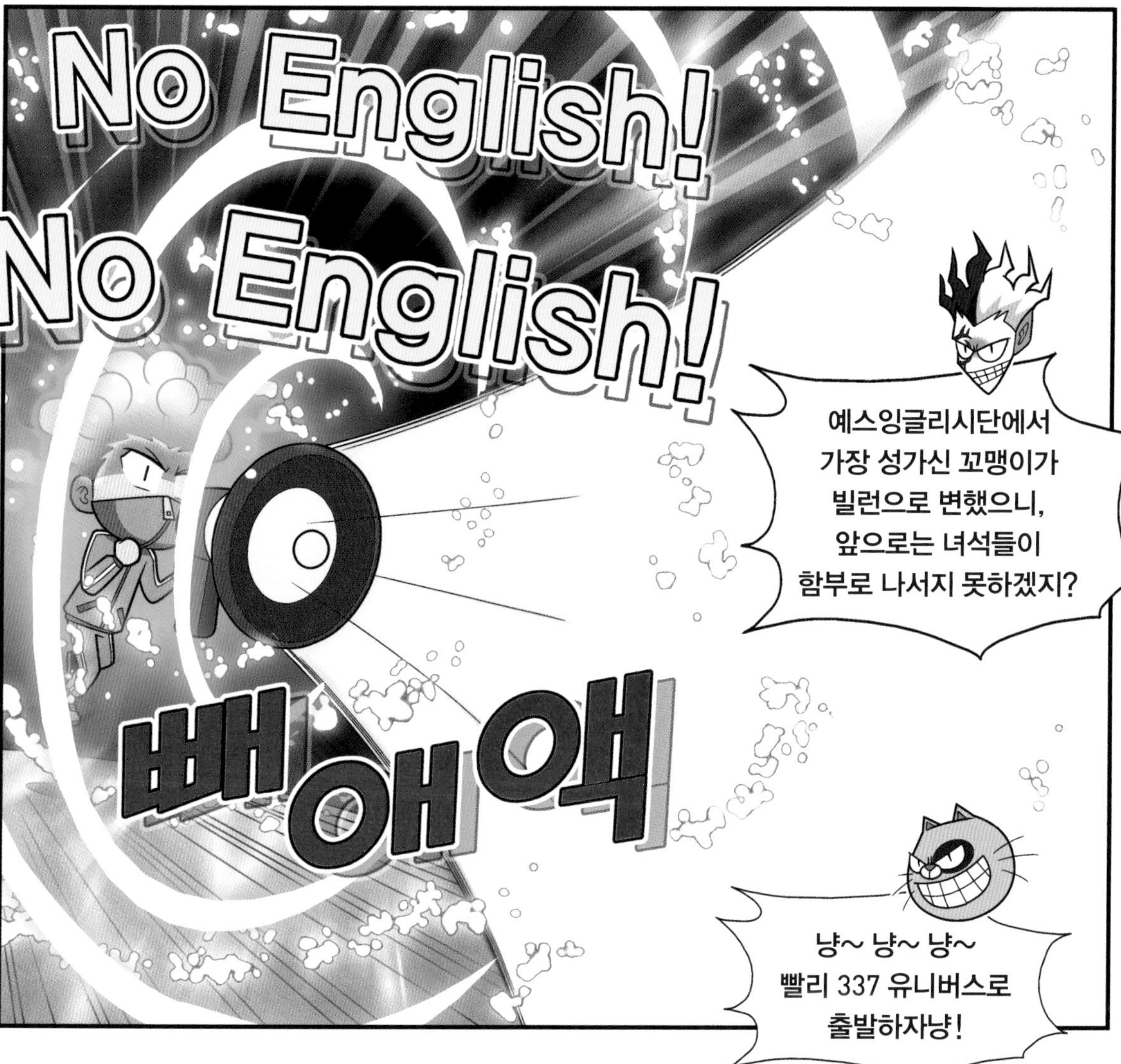

No English!
No English!
예스잉글리시단에서 가장 성가신 꼬맹이가 빌런으로 변했으니, 앞으로는 녀석들이 함부로 나서지 못하겠지?
빼애액
냥~ 냥~ 냥~ 빨리 337 유니버스로 출발하자냥!

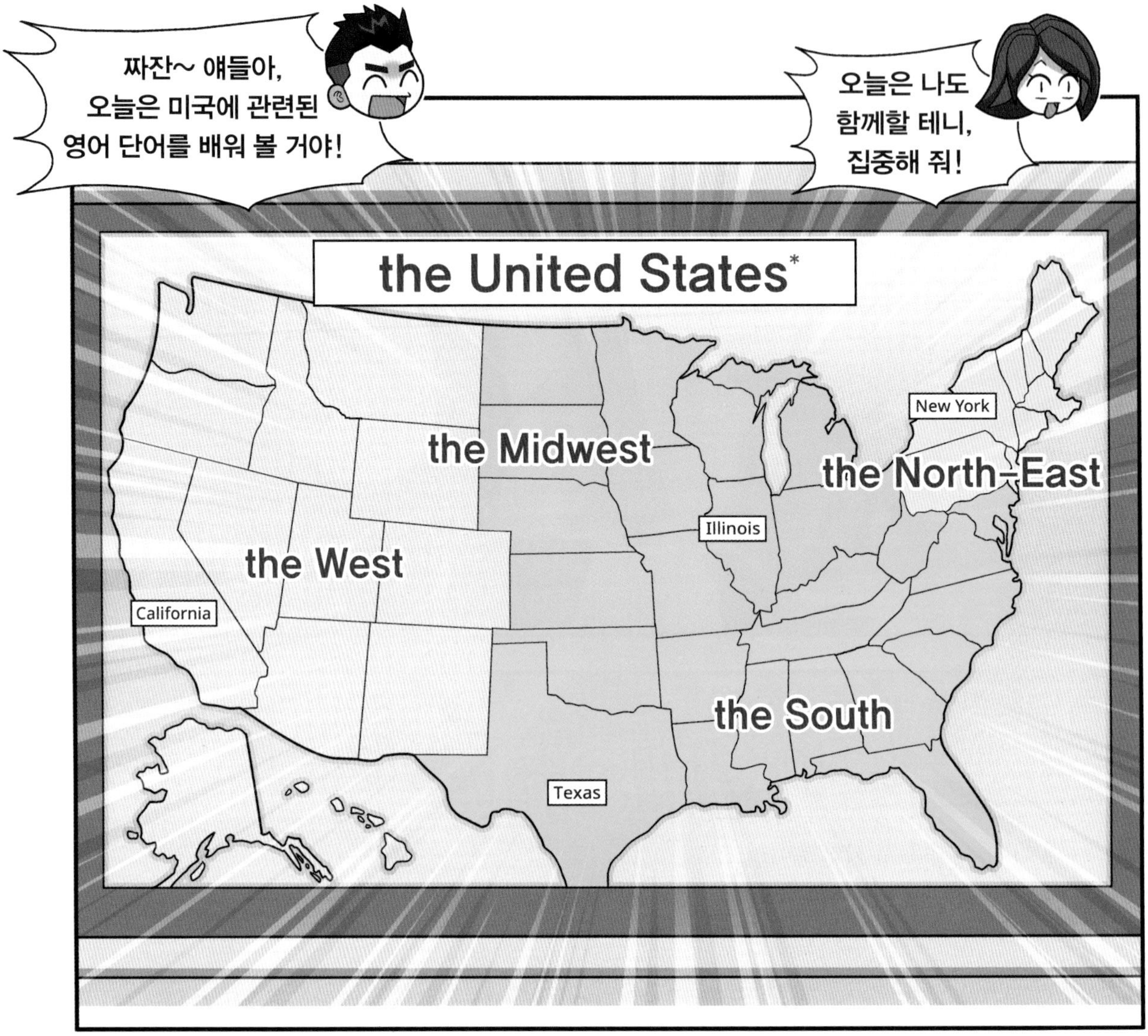
짜잔~ 얘들아,
오늘은 미국에 관련된
영어 단어를 배워 볼 거야!
오늘은 나도
함께할 테니,
집중해 줘!
the United States*
the Midwest
New York
the North-East
Illinois
the West
California
the South
Texas

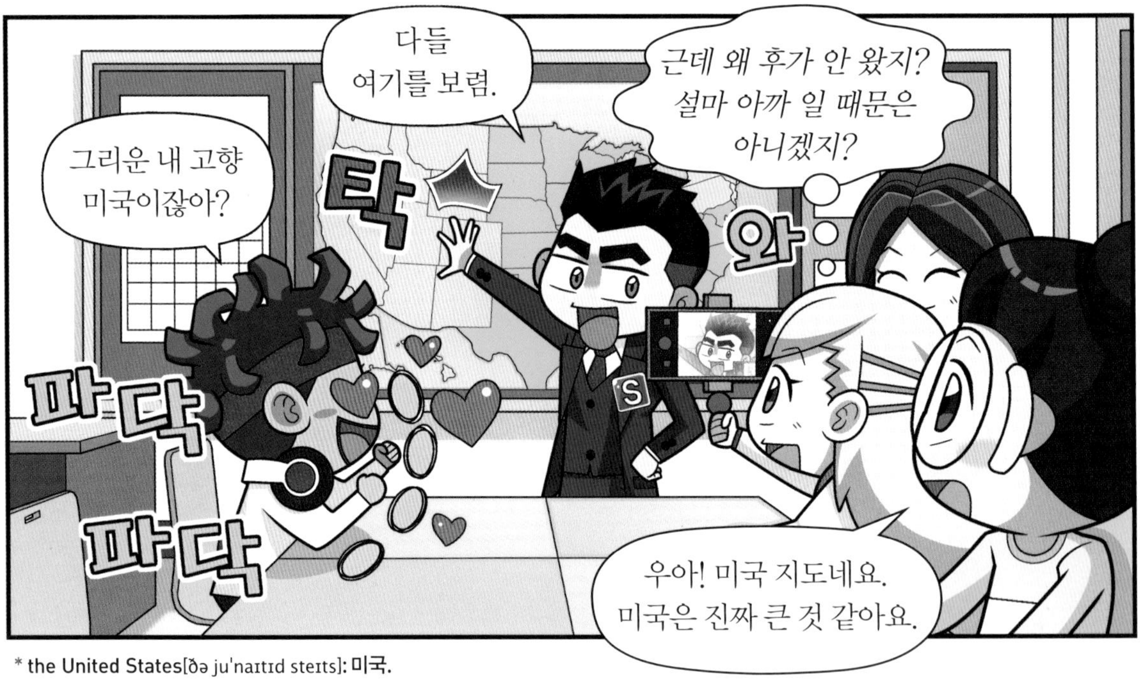
다들
여기를 보렴.
근데 왜 후가 안 왔지?
설마 아까 일 때문은
아니겠지?
그리운 내 고향
미국이잖아?
탁
와
파닥
파닥
우아! 미국 지도네요.
미국은 진짜 큰 것 같아요.

* the United States[ðə ju'naɪtɪd steɪts]: 미국.

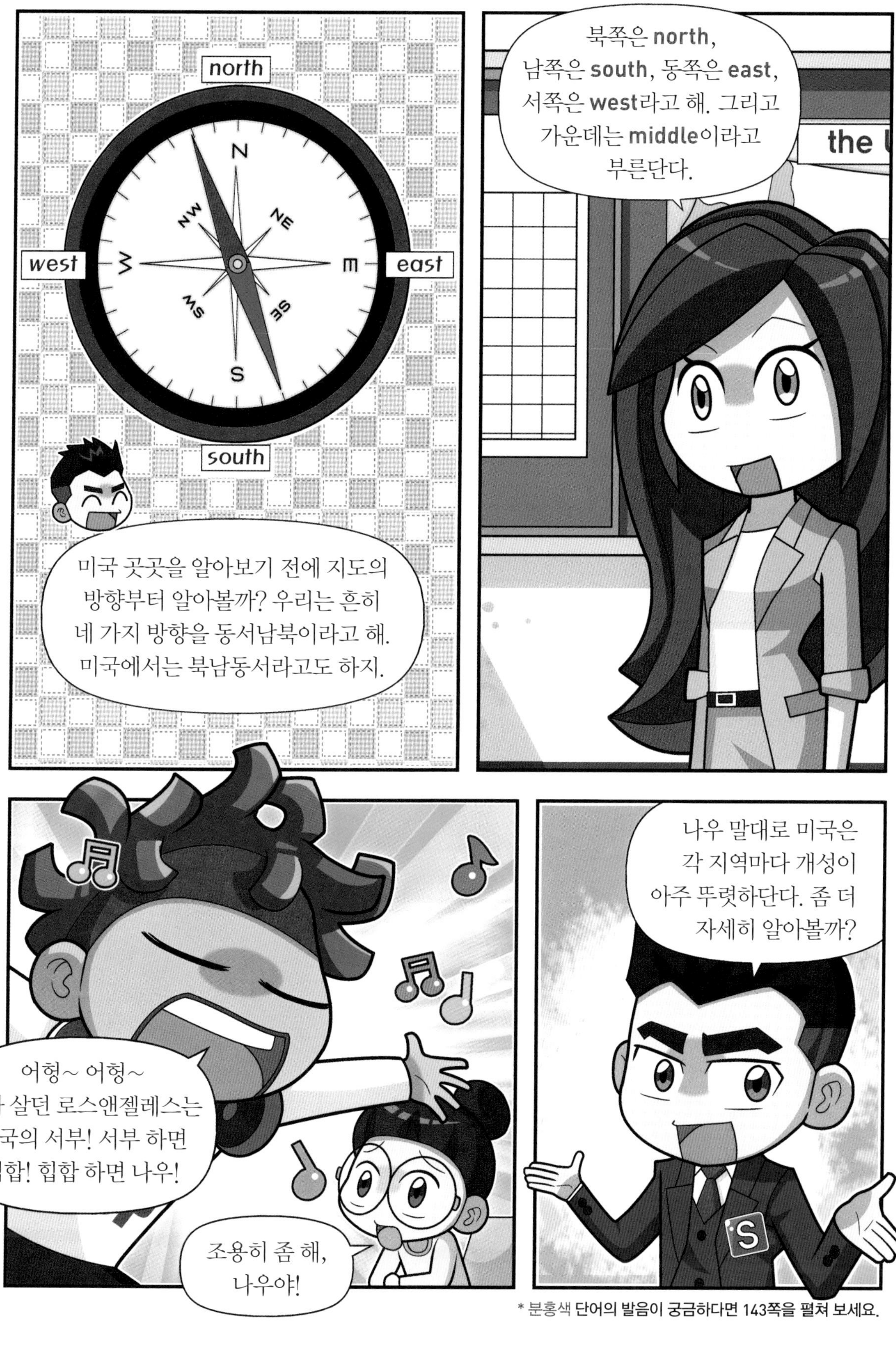
north
west
east
south
N
NE
E
SE
S
SW
W
NW
미국 곳곳을 알아보기 전에 지도의 방향부터 알아볼까? 우리는 흔히 네 가지 방향을 동서남북이라고 해. 미국에서는 북남동서라고도 하지.
북쪽은 north, 남쪽은 south, 동쪽은 east, 서쪽은 west라고 해. 그리고 가운데는 middle이라고 부른단다.
the U
어헝~ 어헝~ 내가 살던 로스앤젤레스는 미국의 서부! 서부 하면 힙합! 힙합 하면 나우!
조용히 좀 해, 나우야!
나우 말대로 미국은 각 지역마다 개성이 아주 뚜렷하단다. 좀 더 자세히 알아볼까?
S

* 분홍색 단어의 발음이 궁금하다면 143쪽을 펼쳐 보세요.

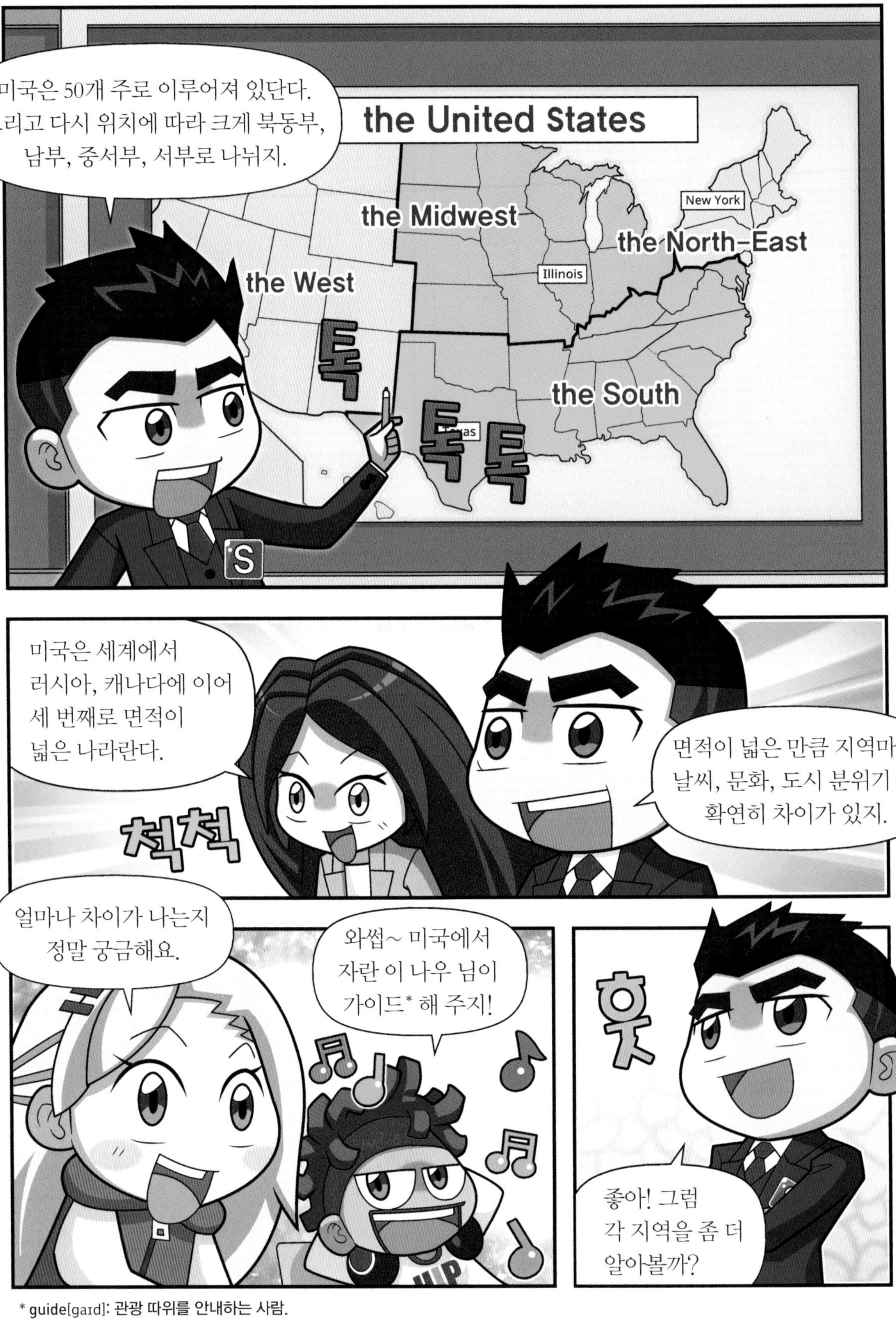
미국은 50개 주로 이루어져 있단다. 그리고 다시 위치에 따라 크게 북동부, 남부, 중서부, 서부로 나뉘지.
the United States
the Midwest
New York
the North-East
the West
Illinois
톡
톡톡
the South
미국은 세계에서 러시아, 캐나다에 이어 세 번째로 면적이 넓은 나라란다.
면적이 넓은 만큼 지역마다 날씨, 문화, 도시 분위기 등 확연히 차이가 있지.
척척
얼마나 차이가 나는지 정말 궁금해요.
와썹~ 미국에서 자란 이 나우 님이 가이드* 해 주지!
훗
좋아! 그럼 각 지역을 좀 더 알아볼까?

* guide[gaɪd]: 관광 따위를 안내하는 사람.

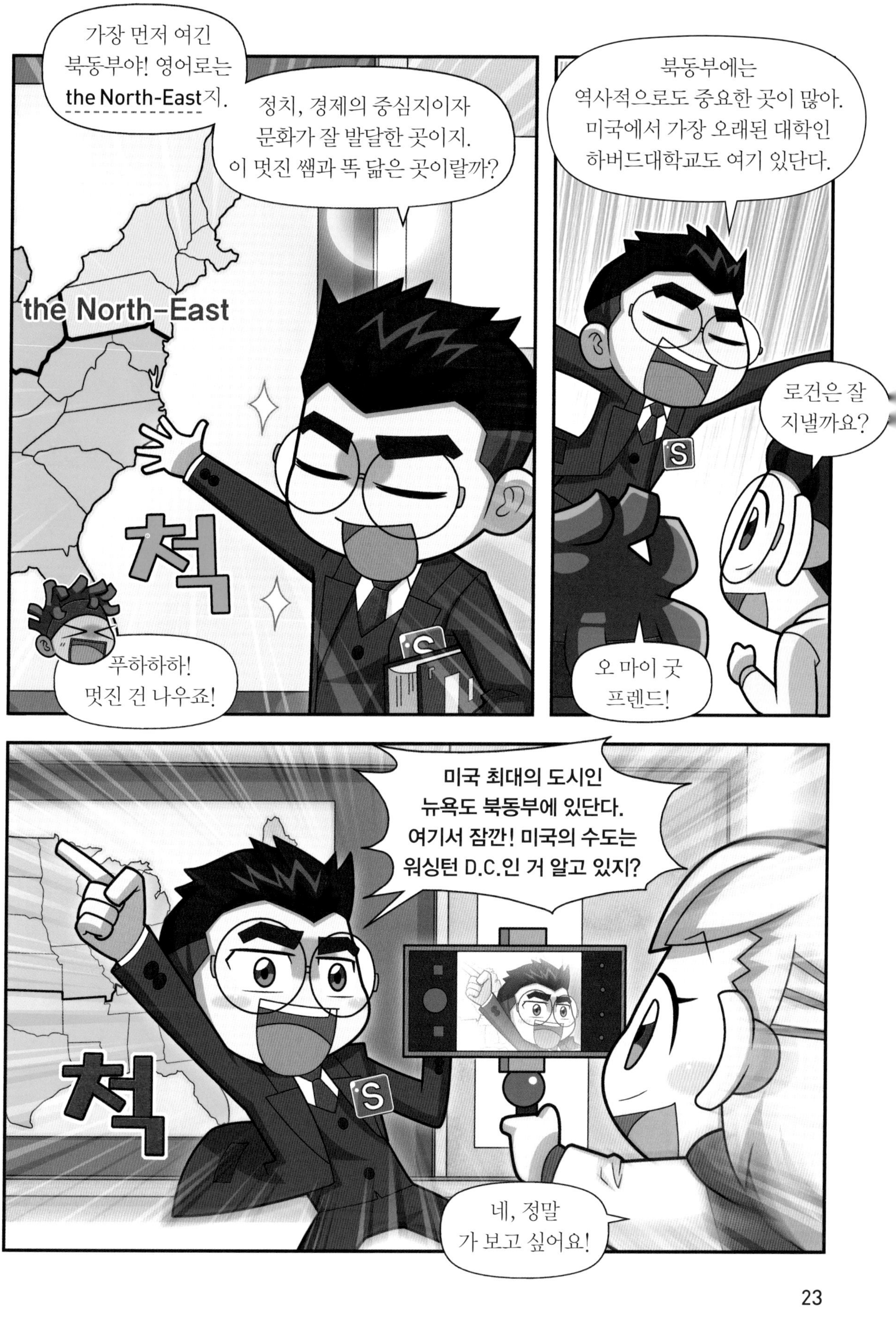

가장 먼저 여긴 북동부야! 영어로는 the North-East지.
정치, 경제의 중심지이자 문화가 잘 발달한 곳이지. 이 멋진 쌤과 똑 닮은 곳이랄까?
the North-East
척
푸하하하! 멋진 건 나우죠!
북동부에는 역사적으로도 중요한 곳이 많아. 미국에서 가장 오래된 대학인 하버드대학교도 여기 있단다.
로건은 잘 지낼까요?
오 마이 굿 프렌드!
미국 최대의 도시인 뉴욕도 북동부에 있단다. 여기서 잠깐! 미국의 수도는 워싱턴 D.C.인 거 알고 있지?
척
네, 정말 가 보고 싶어요!

다음 지역은 줄리가 소개해 줄 거야!

다음은 남부로 가 볼까? 영어로는 **the South**란다.

e United States

the Midwest

남부에서는 전통을 중요하게 생각해. 그만큼 사람들도 보수적*인 편이지.

자유로운 나랑은 안 맞네~.

남부도 너랑 안 맞거든?

남부 사람들은 손님한테 친절하기로 유명해. 남부의 손님 대접을 지칭하는 단어인, **Southern hospitality****가 생겨났을 정도란다.

척

냠 냠

도넛은 못 참지!

아휴~ 저 먹보!

---

* 보수적: 새로운 것이나 변화를 반대하고, 전통적인 것을 유지하려는 것.

** Southern hospitality[ˈsʌðərn ˌhɑːspɪˈtæləti]: 미국 남부 방문객에게 친절, 따뜻함, 환영을 보여 주는 고정 관념을 설명하는 말.

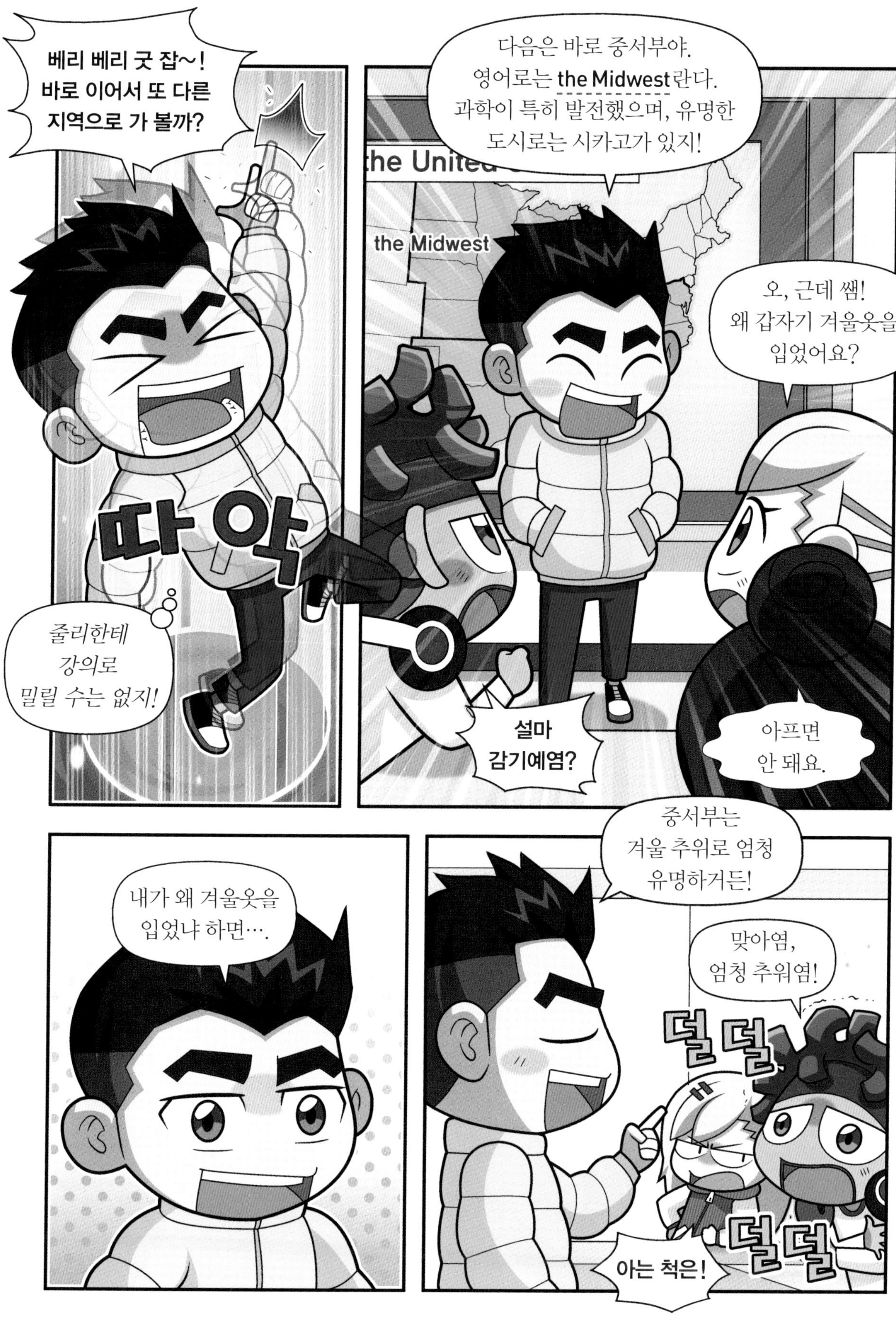
베리 베리 굿 잡~! 바로 이어서 또 다른 지역으로 가 볼까?
따악
줄리한테 강의로 밀릴 수는 없지!
다음은 바로 중서부야. 영어로는 the Midwest란다. 과학이 특히 발전했으며, 유명한 도시로는 시카고가 있지!
the United
the Midwest
오, 근데 쌤! 왜 갑자기 겨울옷을 입었어요?
설마 감기예염?
아프면 안 돼요.
내가 왜 겨울옷을 입었냐 하면….
중서부는 겨울 추위로 엄청 유명하거든!
맞아염, 엄청 추워염!
덜덜
덜덜
아는 척은!

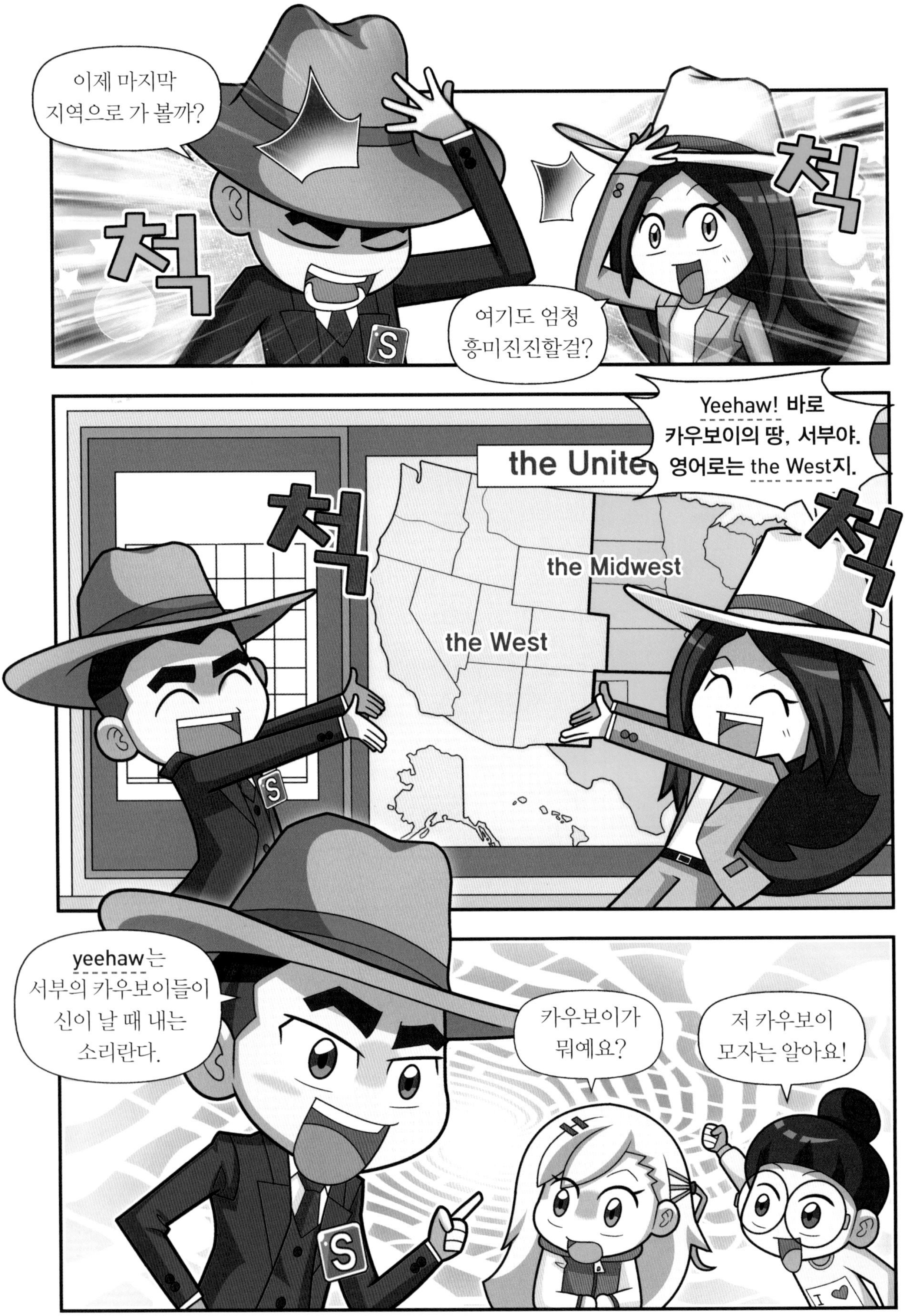

이제 마지막
지역으로 가 볼까?
척
척
여기도 엄청
흥미진진할걸?
Yeehaw! 바로
카우보이의 땅, 서부야.
영어로는 the West지.
the Unite
the Midwest
the West
척
척
yeehaw는
서부의 카우보이들이
신이 날 때 내는
소리란다.
카우보이가
뭐예요?
저 카우보이
모자는 알아요!

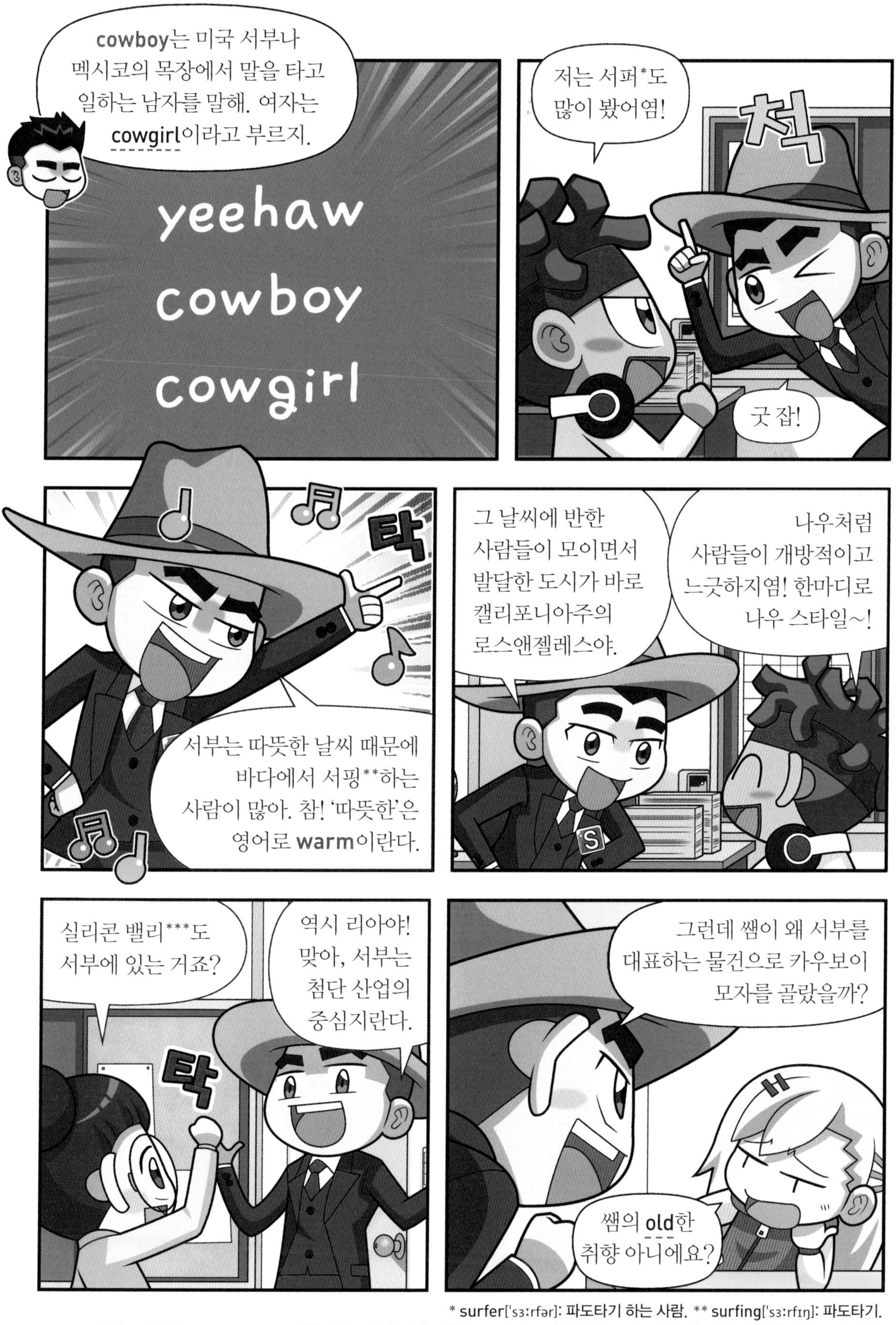
cowboy는 미국 서부나 멕시코의 목장에서 말을 타고 일하는 남자를 말해. 여자는 cowgirl이라고 부르지.
yeehaw
cowboy
cowgirl
저는 서퍼*도 많이 봤어염!
척
굿 잡!
탁
서부는 따뜻한 날씨 때문에 바다에서 서핑**하는 사람이 많아. 참! '따뜻한'은 영어로 warm이란다.
그 날씨에 반한 사람들이 모이면서 발달한 도시가 바로 캘리포니아주의 로스앤젤레스야.
나우처럼 사람들이 개방적이고 느긋하지염! 한마디로 나우 스타일~!
실리콘 밸리***도 서부에 있는 거죠?
역시 리아야! 맞아, 서부는 첨단 산업의 중심지란다.
탁
그런데 쌤이 왜 서부를 대표하는 물건으로 카우보이 모자를 골랐을까?
쌤의 old한 취향 아니에요?

* surfer['sɜːrfər]: 파도타기 하는 사람. ** surfing['sɜːrfɪŋ]: 파도타기.

*** Silicon Valley['sɪlɪkən 'væli]: 미국 캘리포니아주 샌프란시스코의 계곡 지대. 실리콘 반도체를 제조하는 업체가 많이 모여 있음.

* 분홍색 단어의 발음이 궁금하다면 143쪽을 펼쳐 보세요.

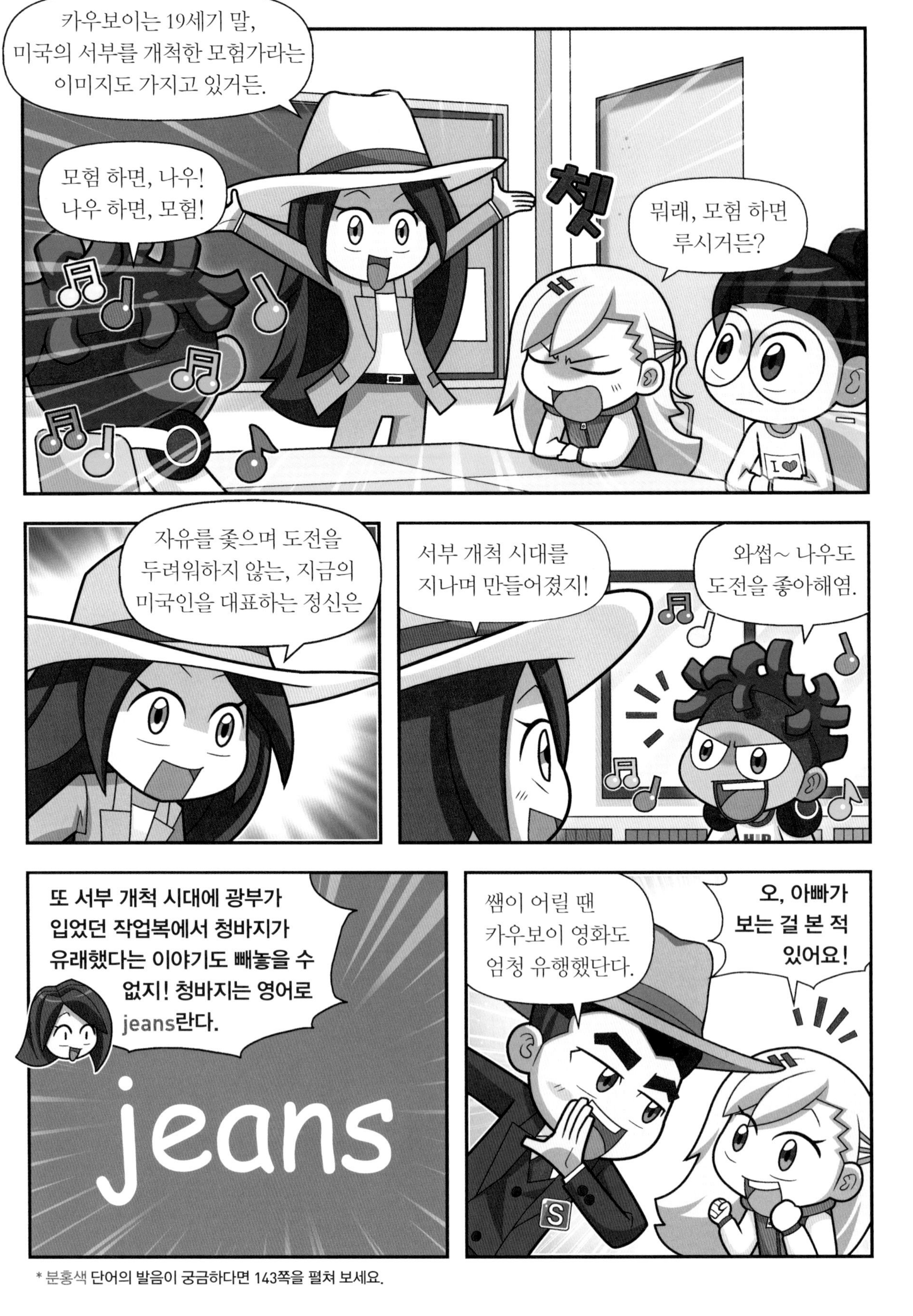

카우보이는 19세기 말,
미국의 서부를 개척한 모험가라는
이미지도 가지고 있거든.
모험 하면, 나우!
나우 하면, 모험!
췟
뭐래, 모험 하면
루시거든?
자유를 좇으며 도전을
두려워하지 않는, 지금의
미국인을 대표하는 정신은
서부 개척 시대를
지나며 만들어졌지!
와썹~ 나우도
도전을 좋아해염.
또 서부 개척 시대에 광부가
입었던 작업복에서 청바지가
유래했다는 이야기도 빼놓을 수
없지! 청바지는 영어로
jeans란다.
jeans
쌤이 어릴 땐
카우보이 영화도
엄청 유행했단다.
오, 아빠가
보는 걸 본 적
있어요!

* 분홍색 단어의 발음이 궁금하다면 143쪽을 펼쳐 보세요.

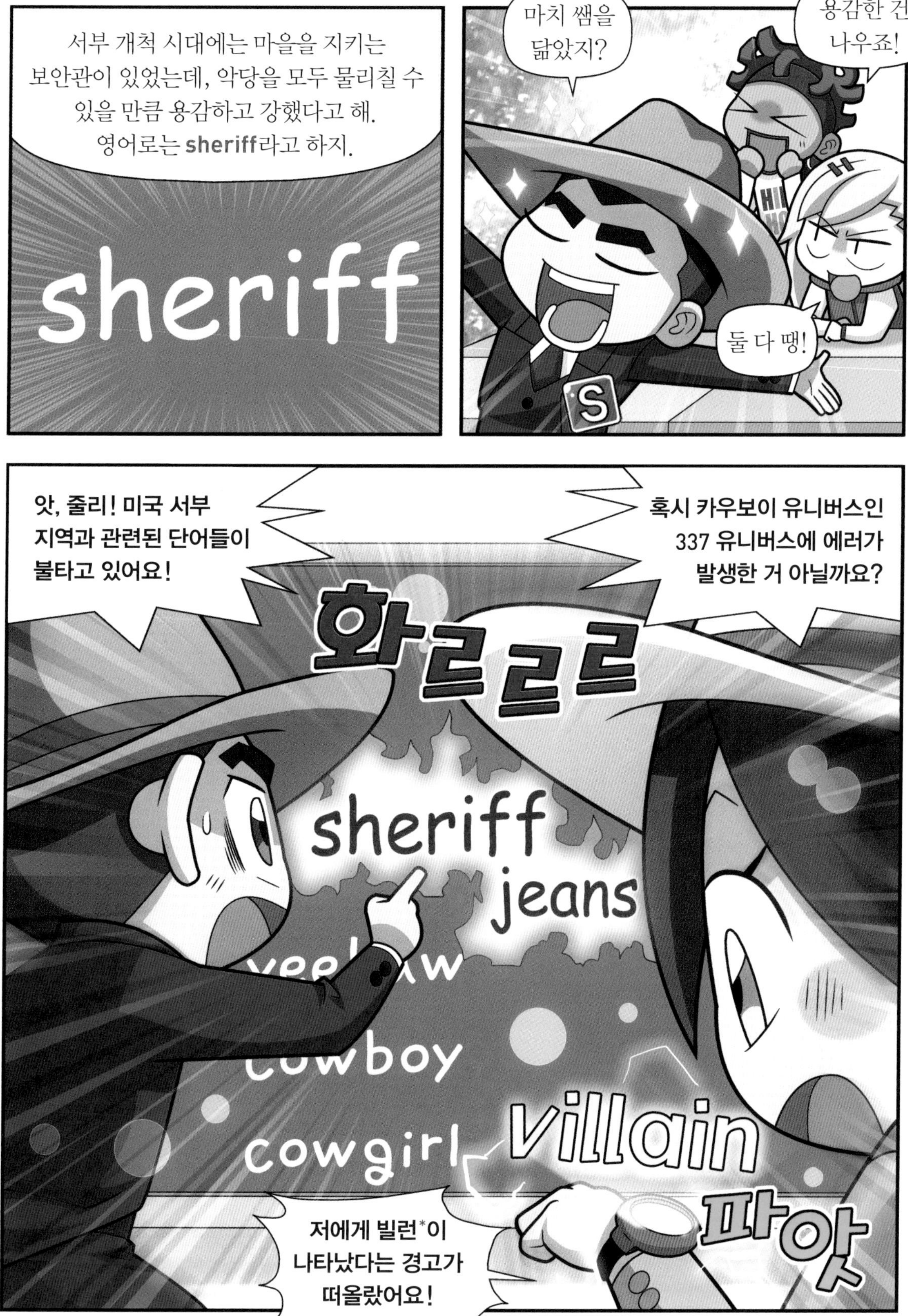
서부 개척 시대에는 마을을 지키는 보안관이 있었는데, 악당을 모두 물리칠 수 있을 만큼 용감하고 강했다고 해. 영어로는 sheriff라고 하지.
sheriff
마치 쌤을 닮았지?
용감한 건 나우죠!
둘 다 땡!
앗, 줄리! 미국 서부 지역과 관련된 단어들이 불타고 있어요!
혹시 카우보이 유니버스인 337 유니버스에 에러가 발생한 거 아닐까요?
화르르르
sheriff
jeans
cowboy
cowgirl
villain
저에게 빌런*이 나타났다는 경고가 떠올랐어요!
파앗

* villain['vɪlən]: 악당.
* 분홍색 단어의 발음이 궁금하다면 143쪽을 펼쳐 보세요.

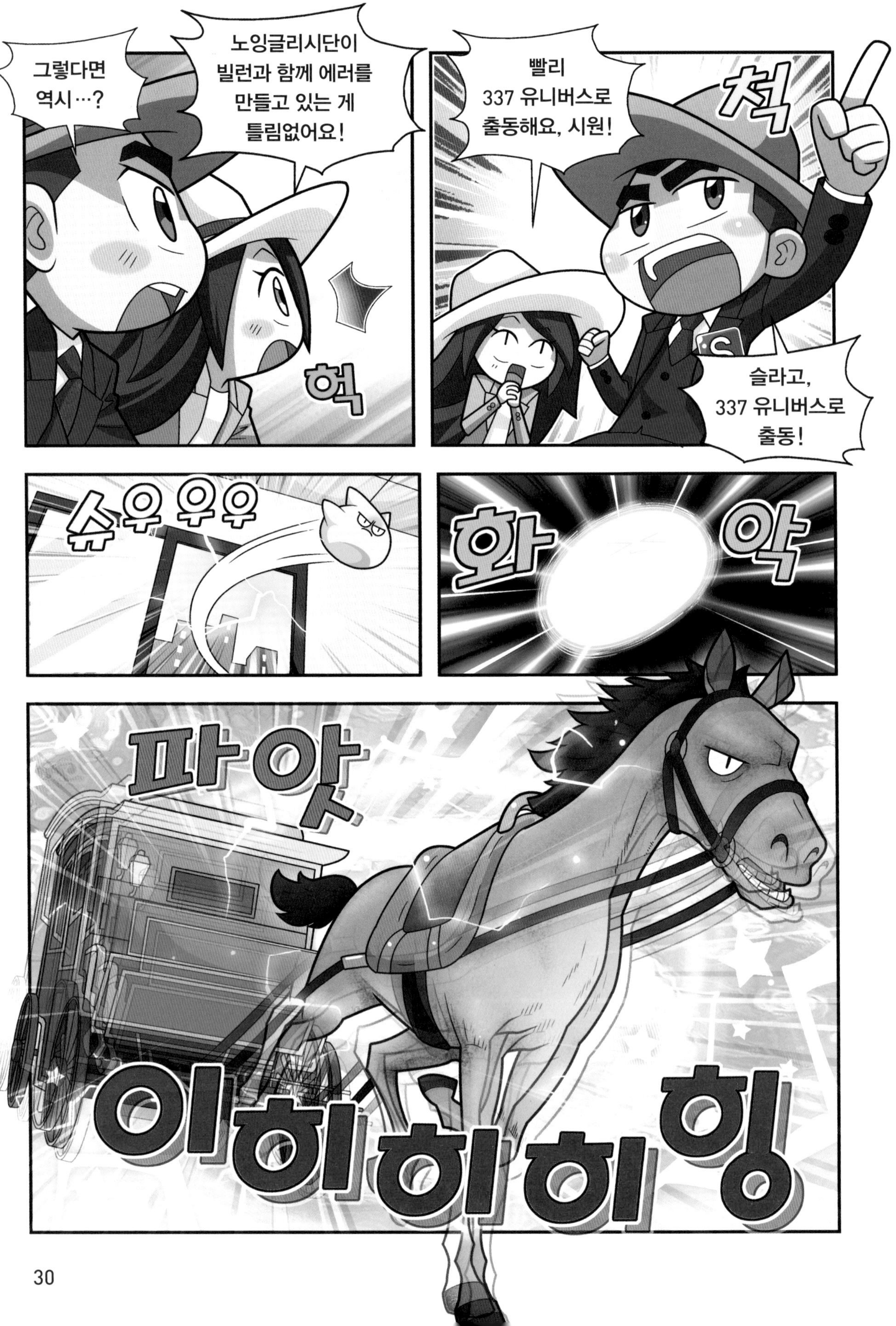
그렇다면
역시…?
노잉글리시단이
빌런과 함께 에러를
만들고 있는 게
틀림없어요!
헉
빨리
337 유니버스로
출동해요, 시원!
척
슬라고,
337 유니버스로
출동!
슈우우우
화
악
파앗
이히히히힝

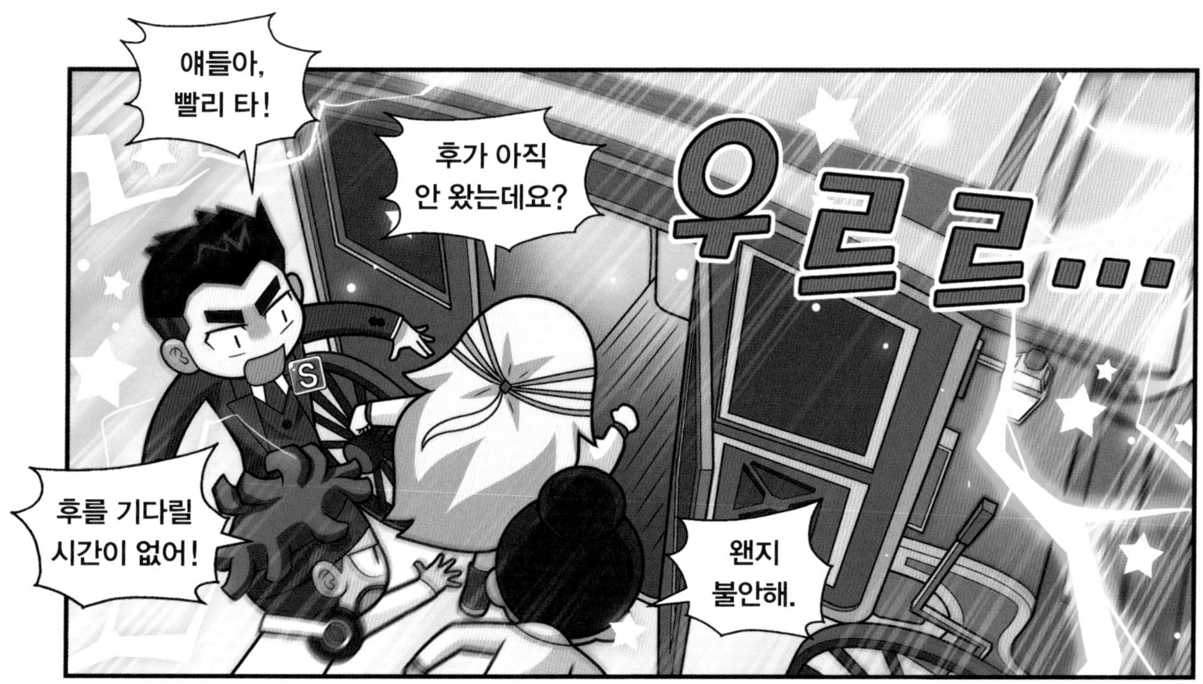

얘들아,
빨리 타!
후가 아직
안 왔는데요?
우르르...
후를 기다릴
시간이 없어!
왠지
불안해.

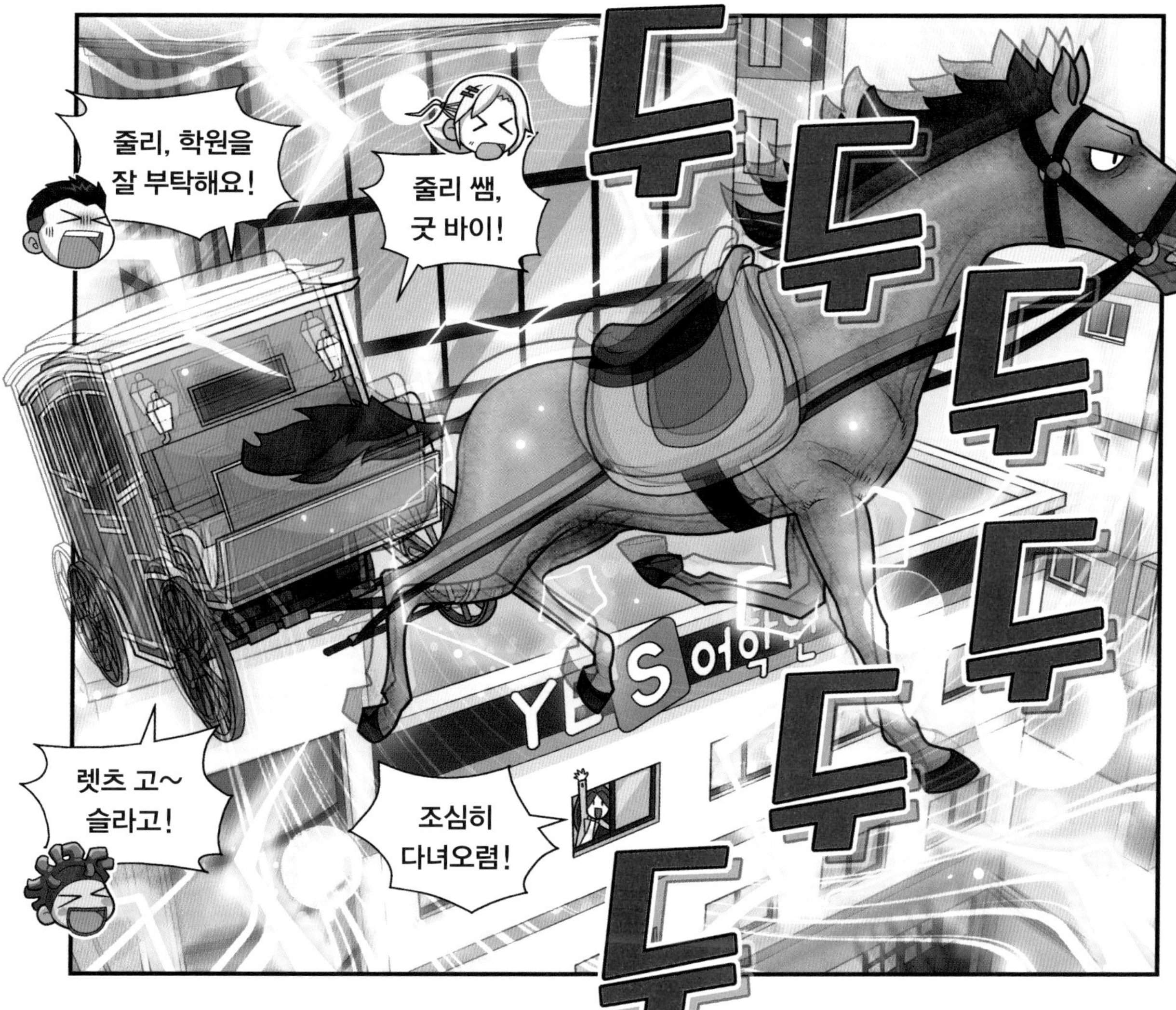

줄리, 학원을
잘 부탁해요!
줄리 쌤,
굿 바이!
두두두두두두두
렛츠 고~
슬라고!
조심히
다녀오렴!

Chapter 2

카우보이 마을의 소년 보안관

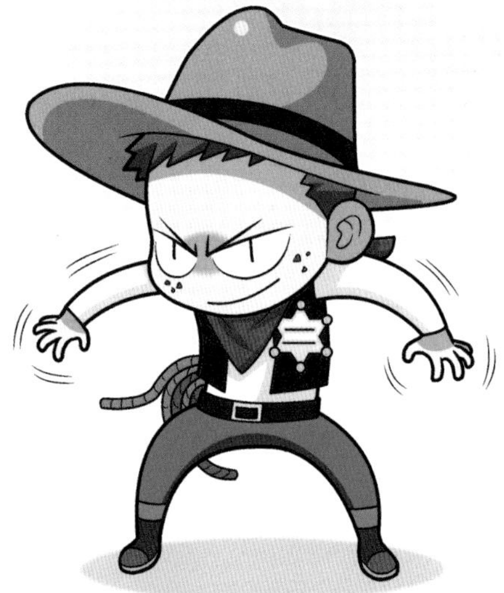

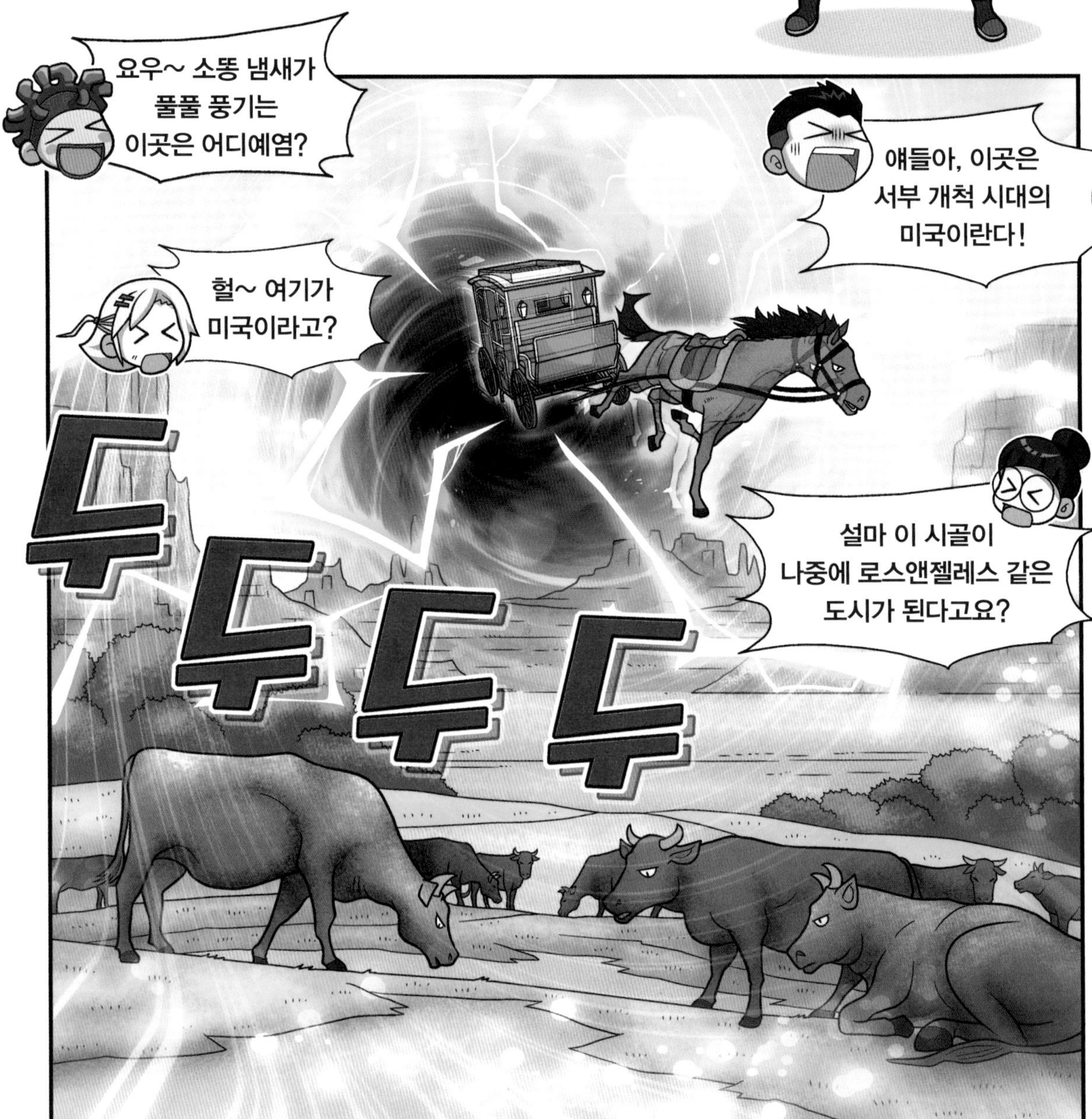

요우~ 소똥 냄새가 풀풀 풍기는 이곳은 어디예염?
얘들아, 이곳은 서부 개척 시대의 미국이란다!
헐~ 여기가 미국이라고?
설마 이 시골이 나중에 로스앤젤레스 같은 도시가 된다고요?
두두두두

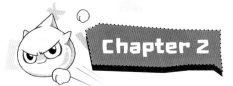

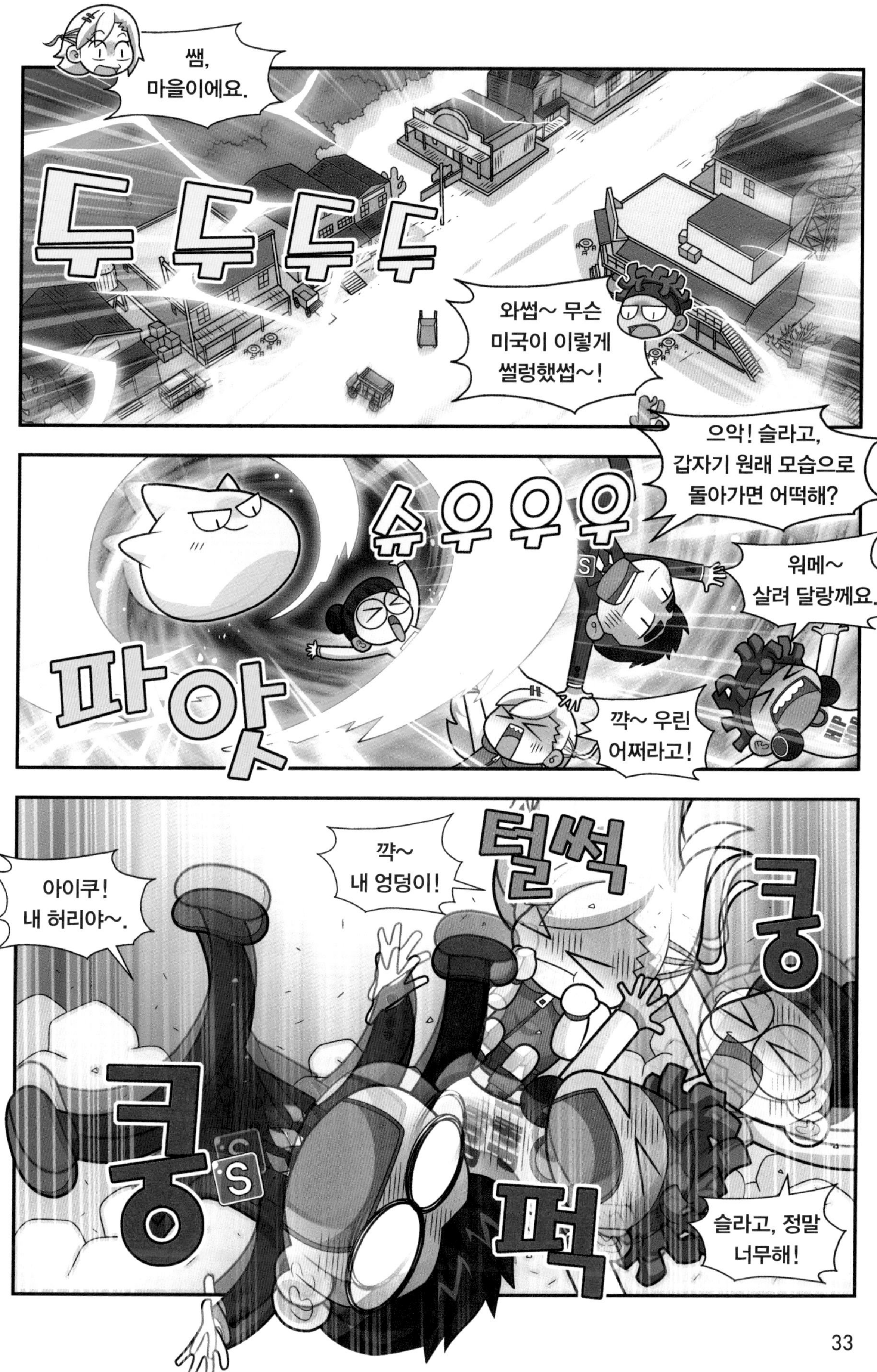

쌤, 마을이에요.
두두두두
와썹~ 무슨 미국이 이렇게 썰렁했썹~!
으악! 슬라고, 갑자기 원래 모습으로 돌아가면 어떡해?
슈우우우
파앗
워메~ 살려 달랑께요.
꺅~ 우린 어쩌라고!
털썩
깍~ 내 엉덩이!
아이쿠! 내 허리야~.
쿵
쿵
퍽
슬라고, 정말 너무해!

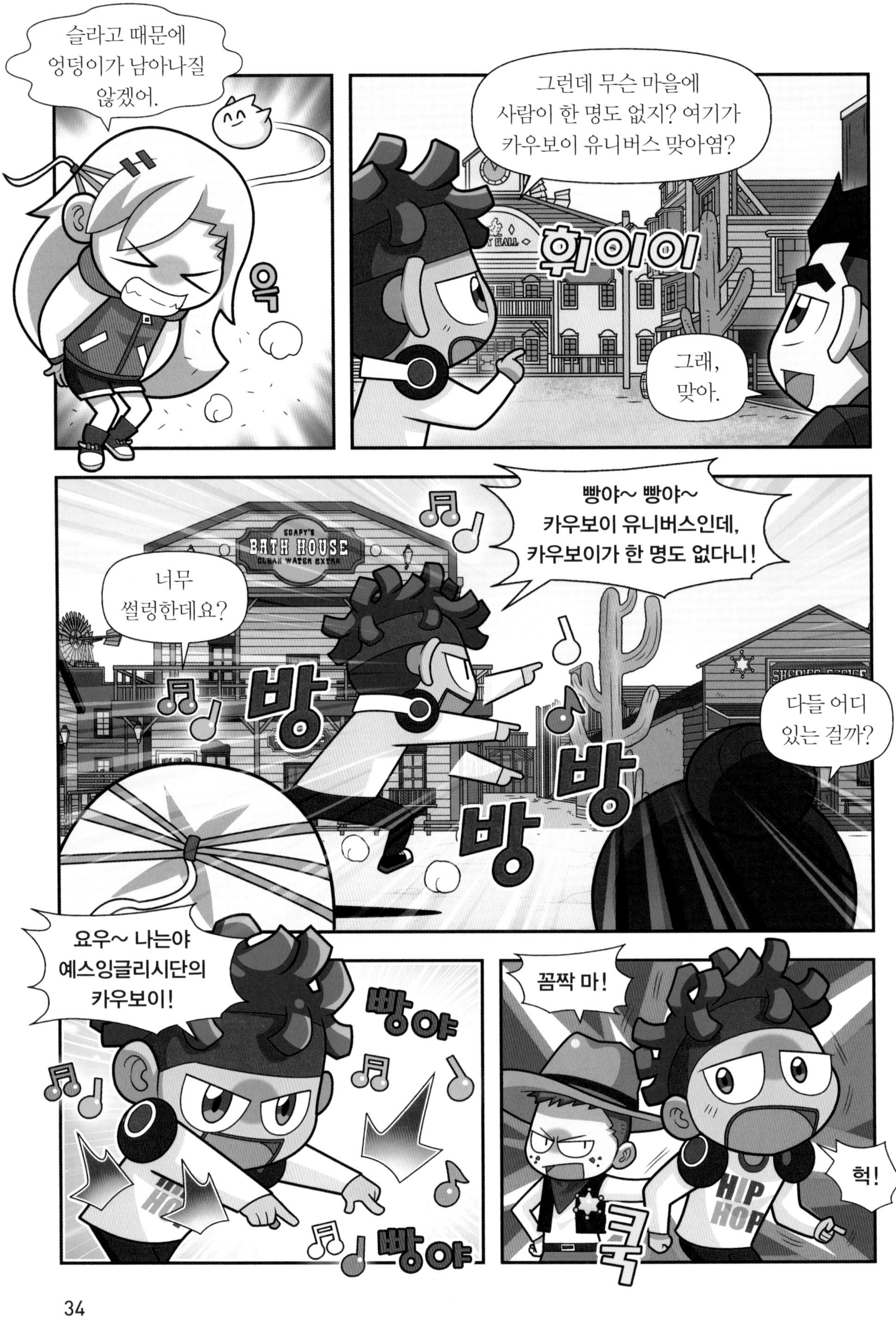
슬라고 때문에 엉덩이가 남아나질 않겠어.
윽
그런데 무슨 마을에 사람이 한 명도 없지? 여기가 카우보이 유니버스 맞아염?
휘이이
그래, 맞아.
빵야~ 빵야~ 카우보이 유니버스인데, 카우보이가 한 명도 없다니!
너무 썰렁한데요?
BATH HOUSE
방
방
방
다들 어디 있는 걸까?
요우~ 나는야 예스잉글리시단의 카우보이!
빵야
빵야
꼼짝 마!
헉!
HIP HOP
쿡

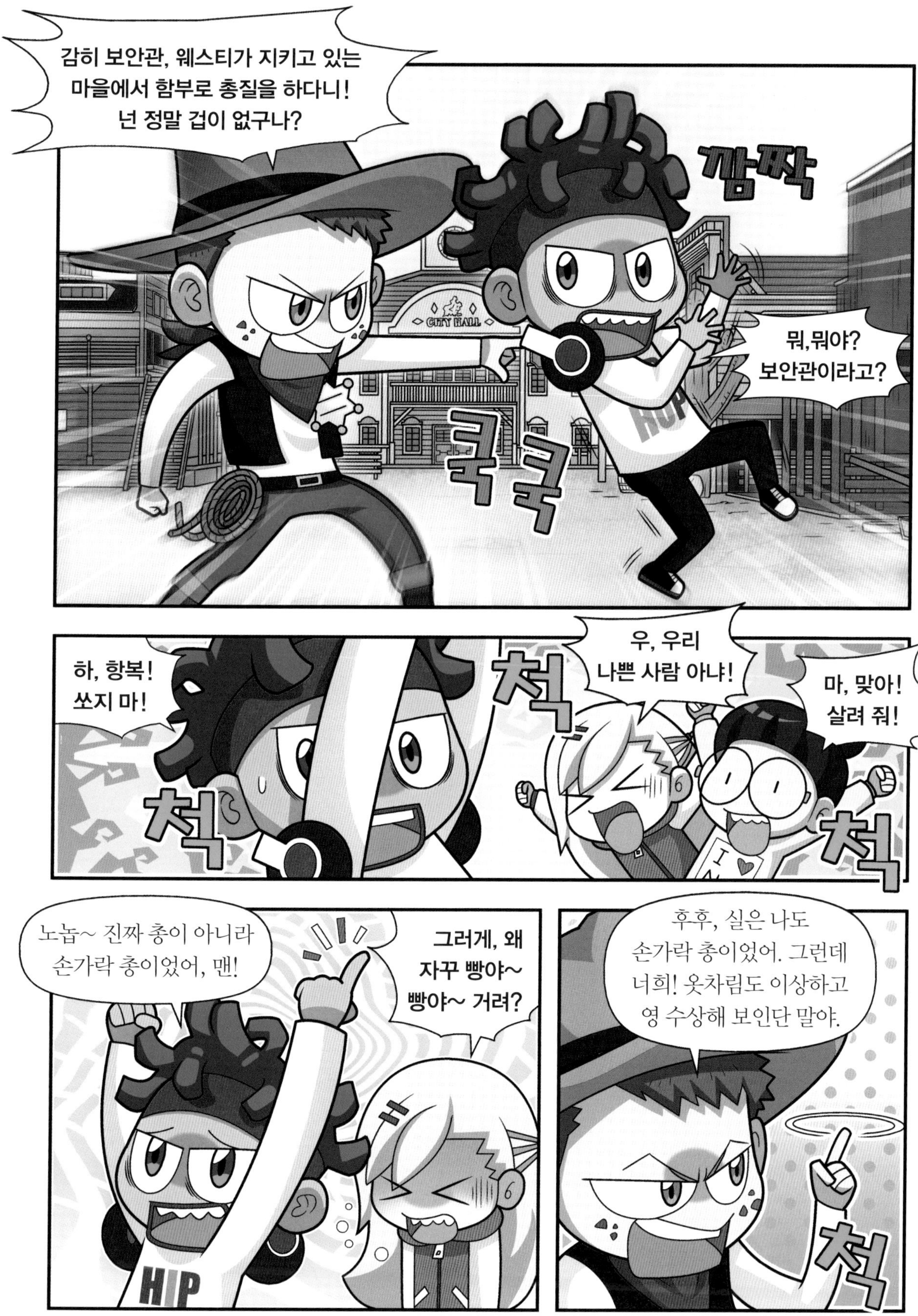
감히 보안관, 웨스티가 지키고 있는
마을에서 함부로 총질을 하다니!
넌 정말 겁이 없구나?
깜짝
CITY HALL
뭐,뭐야?
보안관이라고?
쿡 쿡
HIP
하, 항복!
쏘지 마!
척
우, 우리
나쁜 사람 아냐!
척
마, 맞아!
살려 줘!
척
노놉~ 진짜 총이 아니라
손가락 총이었어, 맨!
그러게, 왜
자꾸 빵야~
빵야~ 거려?
HIP
후후, 실은 나도
손가락 총이었어. 그런데
너희! 옷차림도 이상하고
영 수상해 보인단 말야.
척

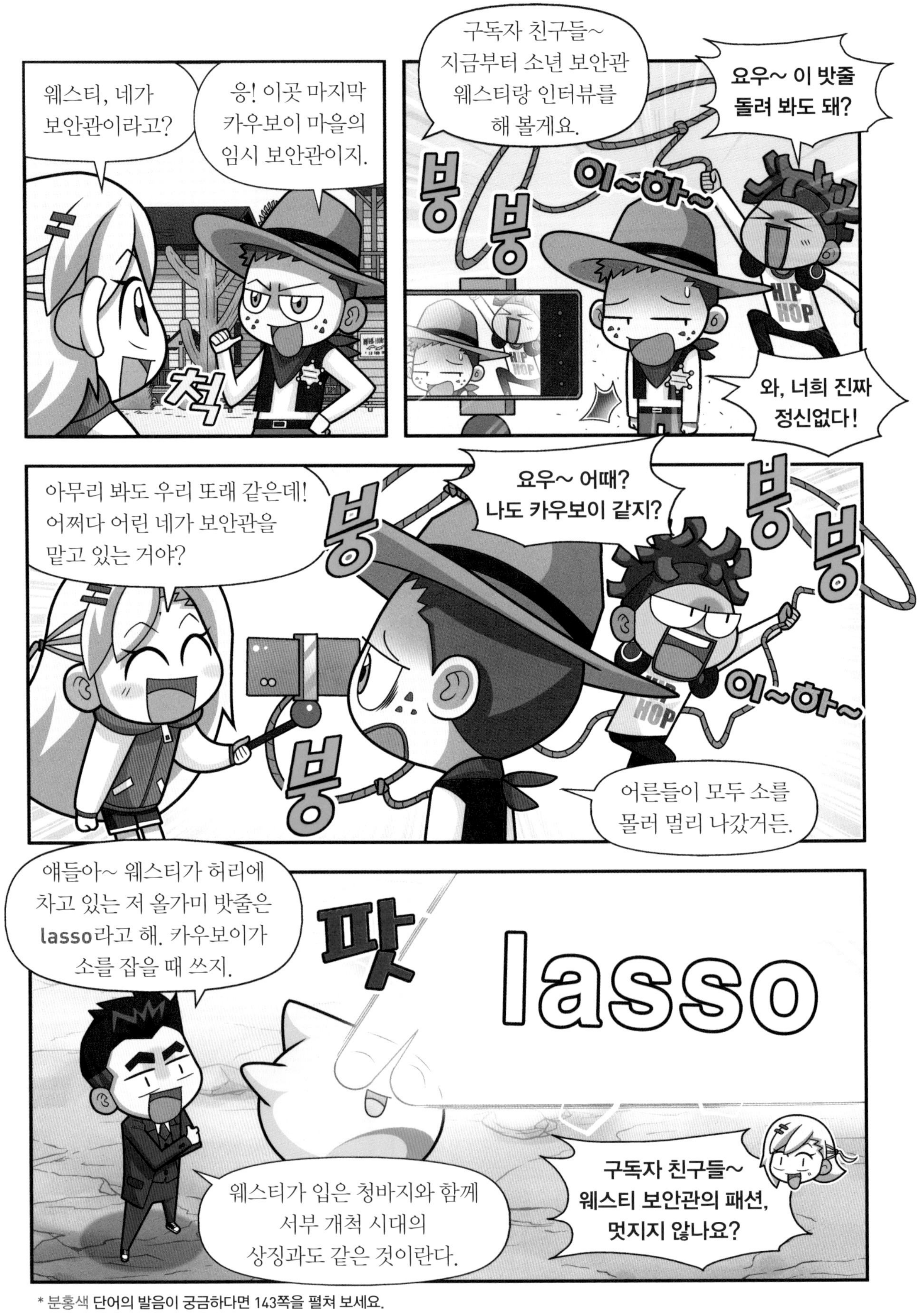
웨스티, 네가 보안관이라고?
응! 이곳 마지막 카우보이 마을의 임시 보안관이지.
척
구독자 친구들~ 지금부터 소년 보안관 웨스티랑 인터뷰를 해 볼게요.
요우~ 이 밧줄 돌려 봐도 돼?
붕 붕
이~하~
HIP HOP
와, 너희 진짜 정신없다!
아무리 봐도 우리 또래 같은데! 어쩌다 어린 네가 보안관을 맡고 있는 거야?
요우~ 어때? 나도 카우보이 같지?
붕 붕 붕 붕
이~하~
HIP HOP
어른들이 모두 소를 몰러 멀리 나갔거든.
얘들아~ 웨스티가 허리에 차고 있는 저 올가미 밧줄은 lasso라고 해. 카우보이가 소를 잡을 때 쓰지.
딱
lasso
웨스티가 입은 청바지와 함께 서부 개척 시대의 상징과도 같은 것이란다.
구독자 친구들~ 웨스티 보안관의 패션, 멋지지 않나요?

* 분홍색 단어의 발음이 궁금하다면 143쪽을 펼쳐 보세요.

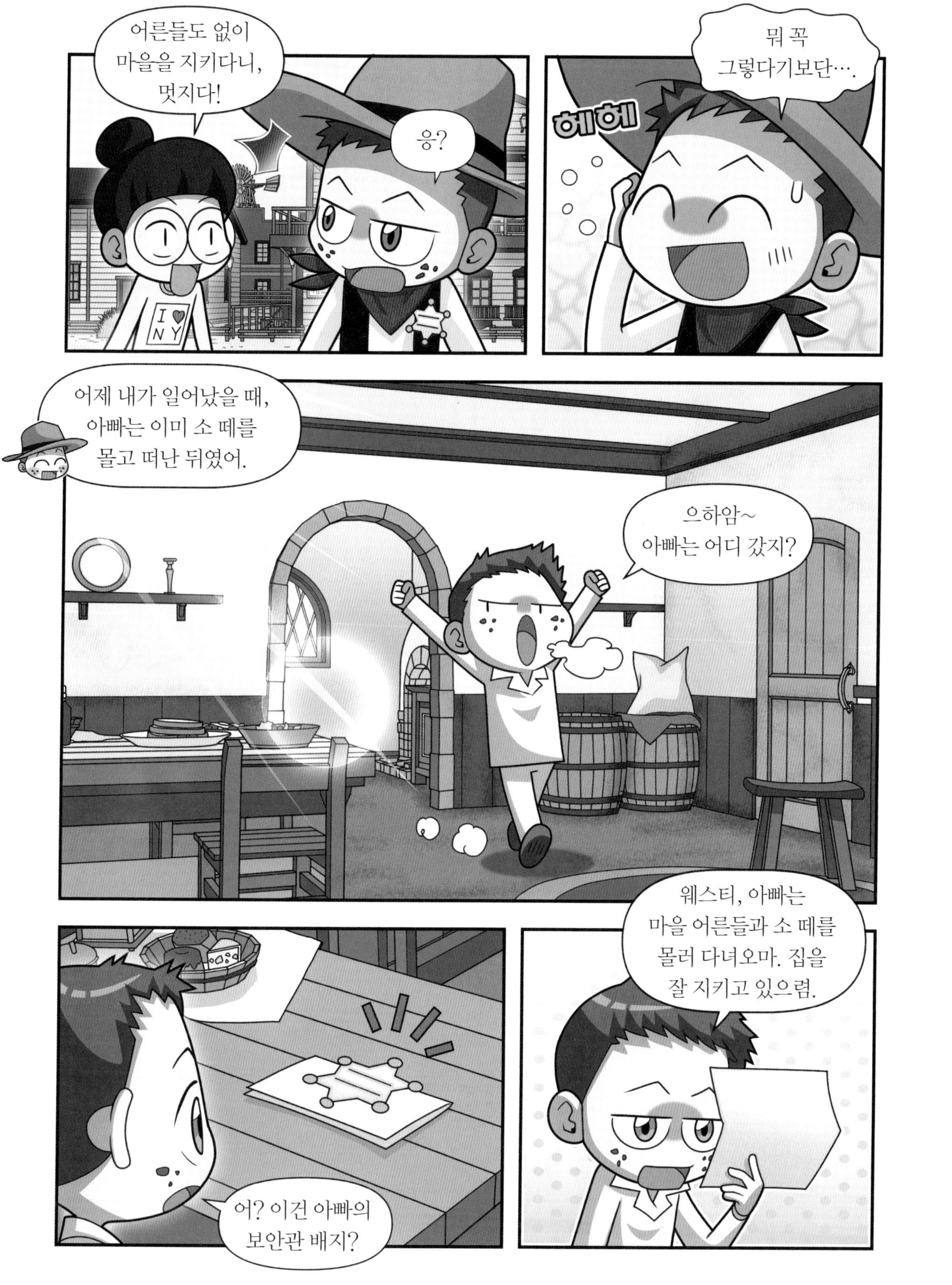
어른들도 없이
마을을 지키다니,
멋지다!
응?
뭐 꼭
그렇다기보단….
헤헤
어제 내가 일어났을 때,
아빠는 이미 소 떼를
몰고 떠난 뒤였어.
으하암~
아빠는 어디 갔지?
어? 이건 아빠의
보안관 배지?
웨스티, 아빠는
마을 어른들과 소 떼를
몰러 다녀오마. 집을
잘 지키고 있으렴.

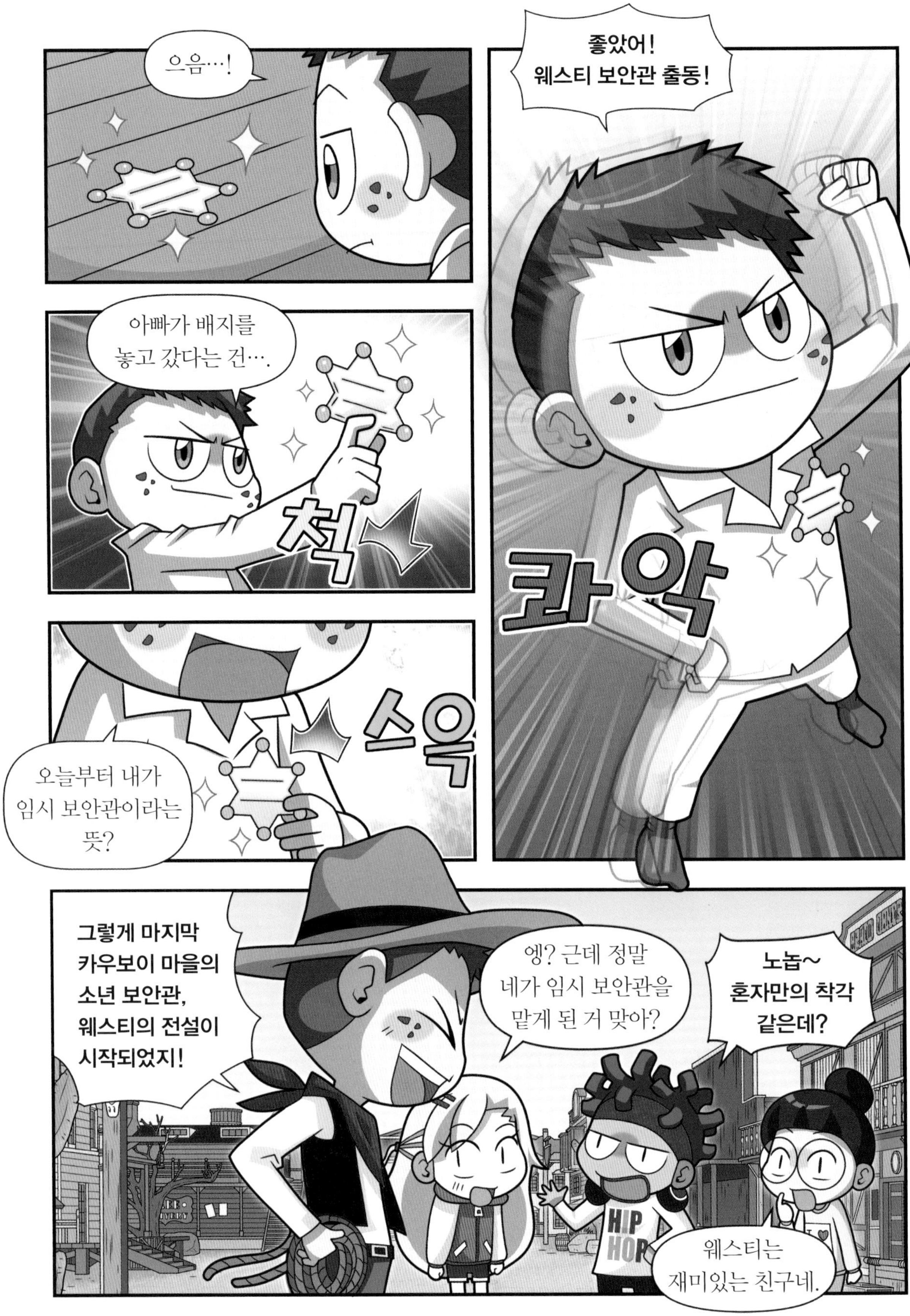

으음…!
아빠가 배지를 놓고 갔다는 건….
척
오늘부터 내가 임시 보안관이라는 뜻?
스윽
좋았어! 웨스티 보안관 출동!
콰악
그렇게 마지막 카우보이 마을의 소년 보안관, 웨스티의 전설이 시작되었지!
엥? 근데 정말 네가 임시 보안관을 맡게 된 거 맞아?
노놉~ 혼자만의 착각 같은데?
웨스티는 재미있는 친구네.
HIP HOP

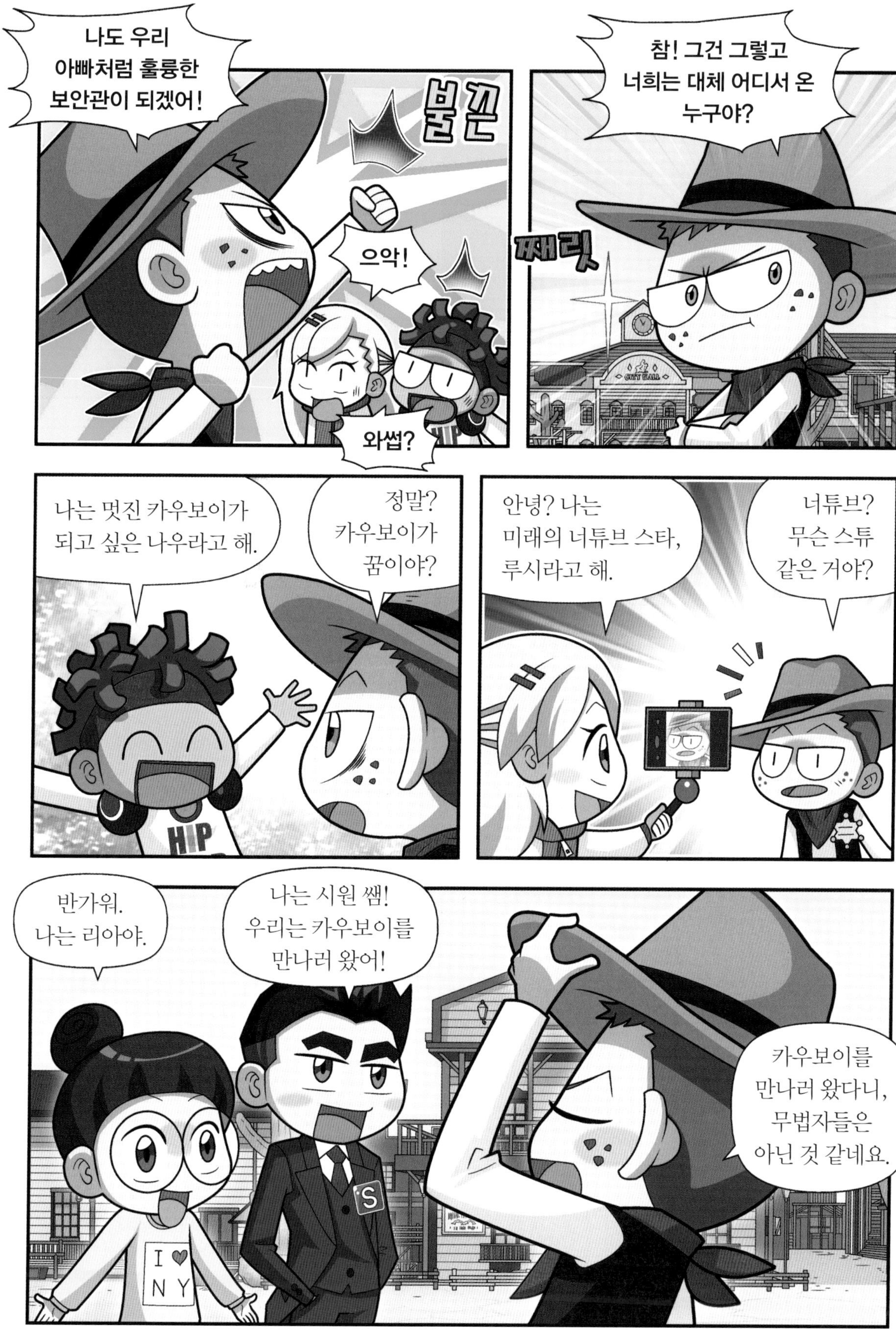
나도 우리 아빠처럼 훌륭한 보안관이 되겠어!
불끈
으악!
와썹?
참! 그건 그렇고 너희는 대체 어디서 온 누구야?
째릿
나는 멋진 카우보이가 되고 싶은 나우라고 해.
정말? 카우보이가 꿈이야?
안녕? 나는 미래의 너튜브 스타, 루시라고 해.
너튜브? 무슨 스튜 같은 거야?
반가워. 나는 리아야.
나는 시원 쌤! 우리는 카우보이를 만나러 왔어!
카우보이를 만나러 왔다니, 무법자들은 아닌 것 같네요.

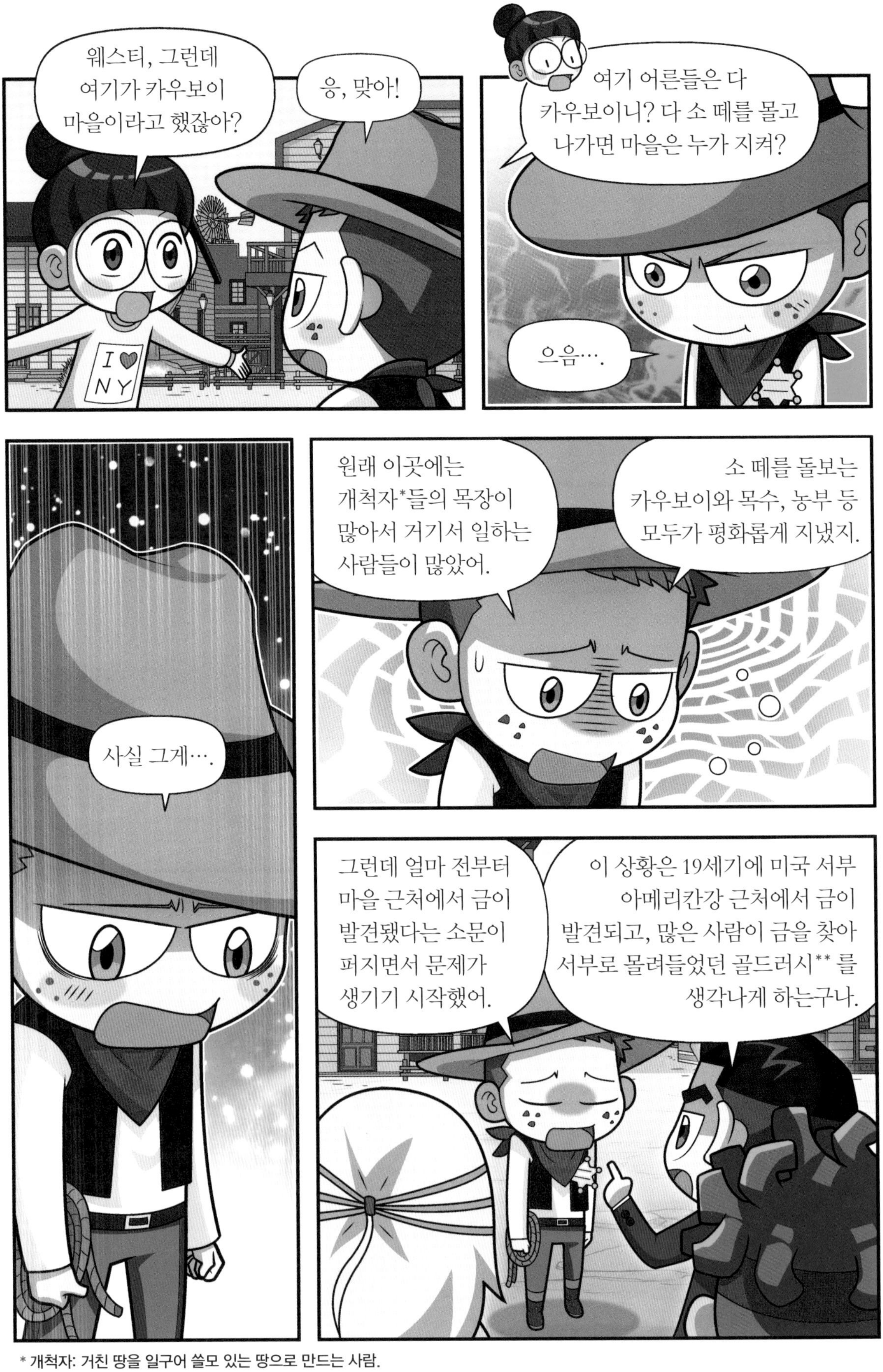

웨스티, 그런데 여기가 카우보이 마을이라고 했잖아?
응, 맞아!
여기 어른들은 다 카우보이니? 다 소 떼를 몰고 나가면 마을은 누가 지켜?
으음….
I ♥ NY
사실 그게….
원래 이곳에는 개척자*들의 목장이 많아서 거기서 일하는 사람들이 많았어.
소 떼를 돌보는 카우보이와 목수, 농부 등 모두가 평화롭게 지냈지.
그런데 얼마 전부터 마을 근처에서 금이 발견됐다는 소문이 퍼지면서 문제가 생기기 시작했어.
이 상황은 19세기에 미국 서부 아메리칸강 근처에서 금이 발견되고, 많은 사람이 금을 찾아 서부로 몰려들었던 골드러시** 를 생각나게 하는구나.

* 개척자: 거친 땅을 일구어 쓸모 있는 땅으로 만드는 사람.
** 골드러시: 새로운 금 산지를 발견하여 많은 사람이 그곳으로 몰려드는 현상.

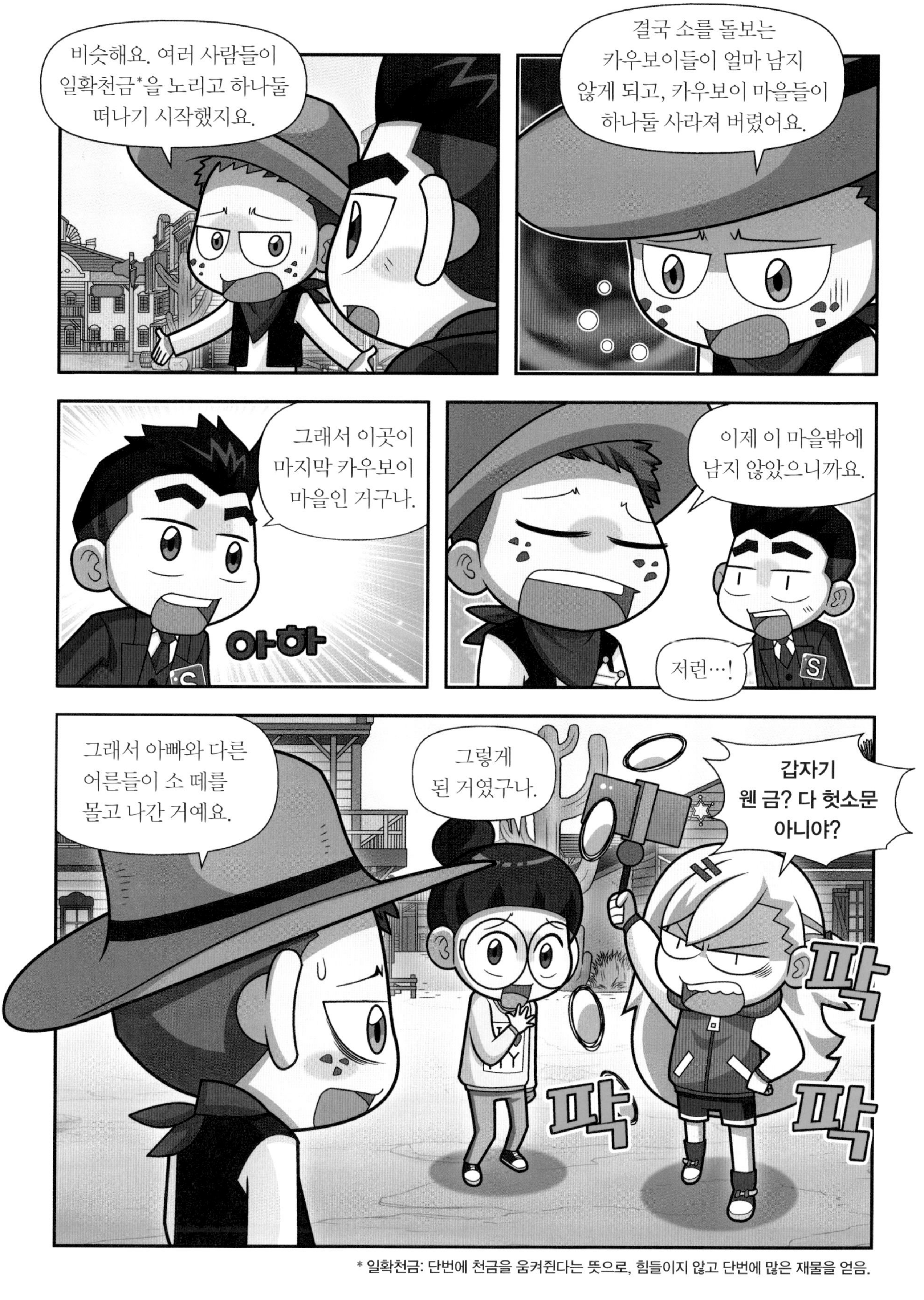
비슷해요. 여러 사람들이 일확천금*을 노리고 하나둘 떠나기 시작했지요.
결국 소를 돌보는 카우보이들이 얼마 남지 않게 되고, 카우보이 마을들이 하나둘 사라져 버렸어요.
그래서 이곳이 마지막 카우보이 마을인 거구나.
아하
이제 이 마을밖에 남지 않았으니까요.
저런…!
그래서 아빠와 다른 어른들이 소 떼를 몰고 나간 거예요.
그렇게 된 거였구나.
갑자기 웬 금? 다 헛소문 아니야?
팍
팍
팍

* 일확천금: 단번에 천금을 움켜쥔다는 뜻으로, 힘들이지 않고 단번에 많은 재물을 얻음.

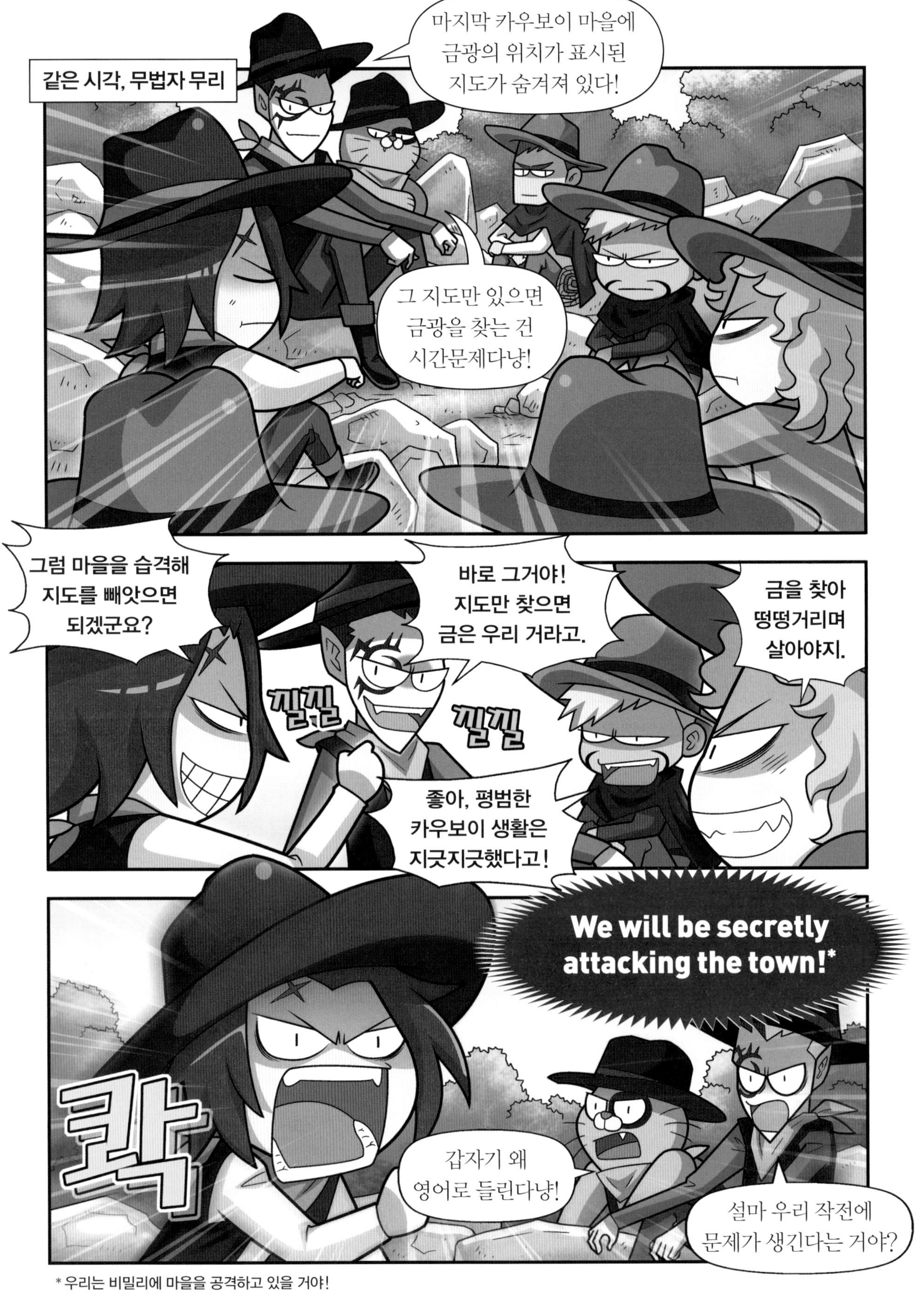

같은 시각, 무법자 무리
마지막 카우보이 마을에 금광의 위치가 표시된 지도가 숨겨져 있다!
그 지도만 있으면 금광을 찾는 건 시간문제다냥!
그럼 마을을 습격해 지도를 빼앗으면 되겠군요?
바로 그거야! 지도만 찾으면 금은 우리 거라고.
금을 찾아 떵떵거리며 살아야지.
낄낄
낄낄
좋아, 평범한 카우보이 생활은 지긋지긋했다고!
We will be secretly attacking the town!*
콱
갑자기 왜 영어로 들린다냥!
설마 우리 작전에 문제가 생긴다는 거야?

* 우리는 비밀리에 마을을 공격하고 있을 거야!

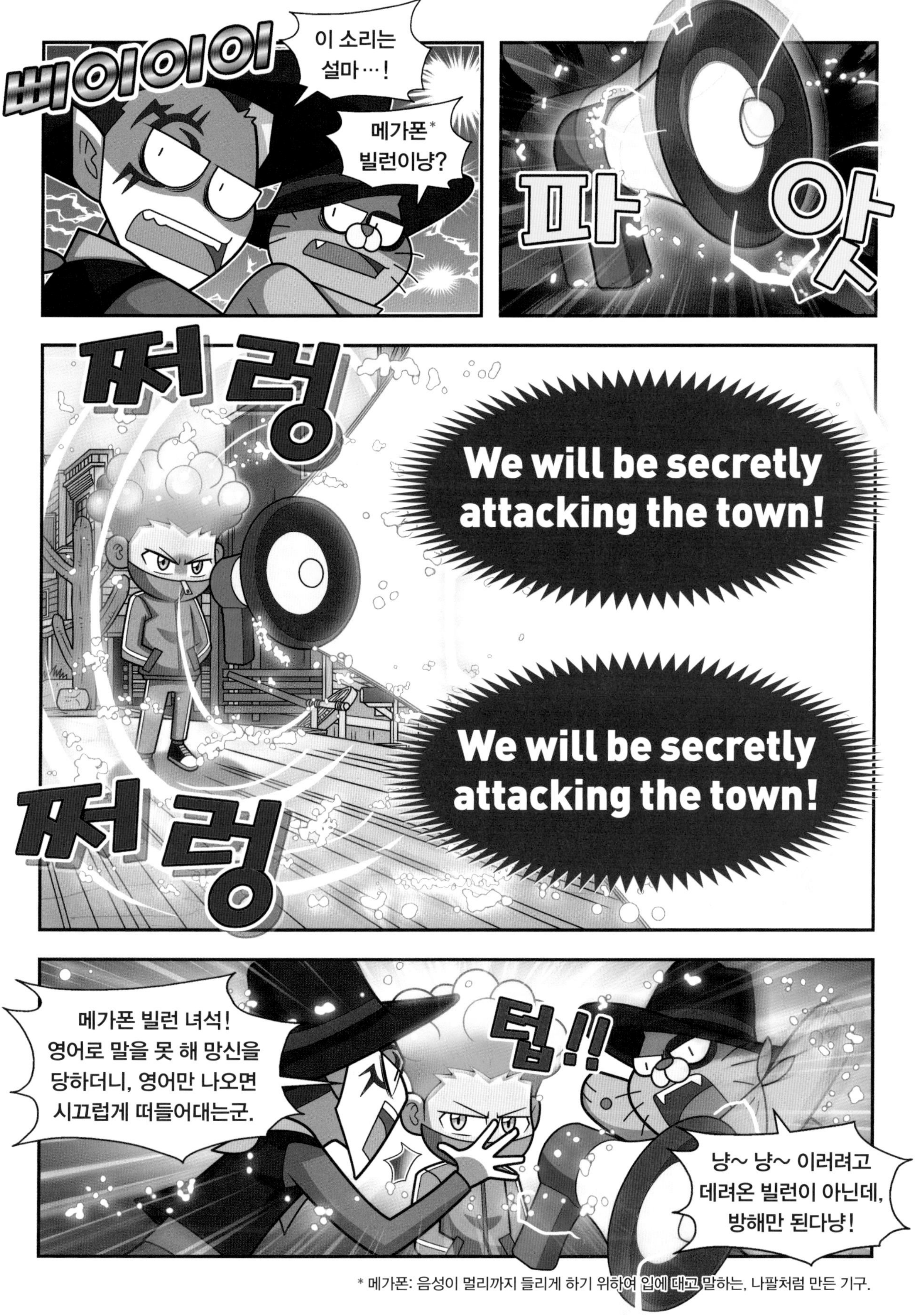
베이이이이
이 소리는
설마…!
메가폰*
빌런이냥?
파앗
쩌렁
We will be secretly
attacking the town!
We will be secretly
attacking the town!
쩌렁
메가폰 빌런 녀석!
영어로 말을 못 해 망신을
당하더니, 영어만 나오면
시끄럽게 떠들어대는군.
텁!!
냥~ 냥~ 이러려고
데려온 빌런이 아닌데,
방해만 된다냥!

* 메가폰: 음성이 멀리까지 들리게 하기 위하여 입에 대고 말하는, 나팔처럼 만든 기구.

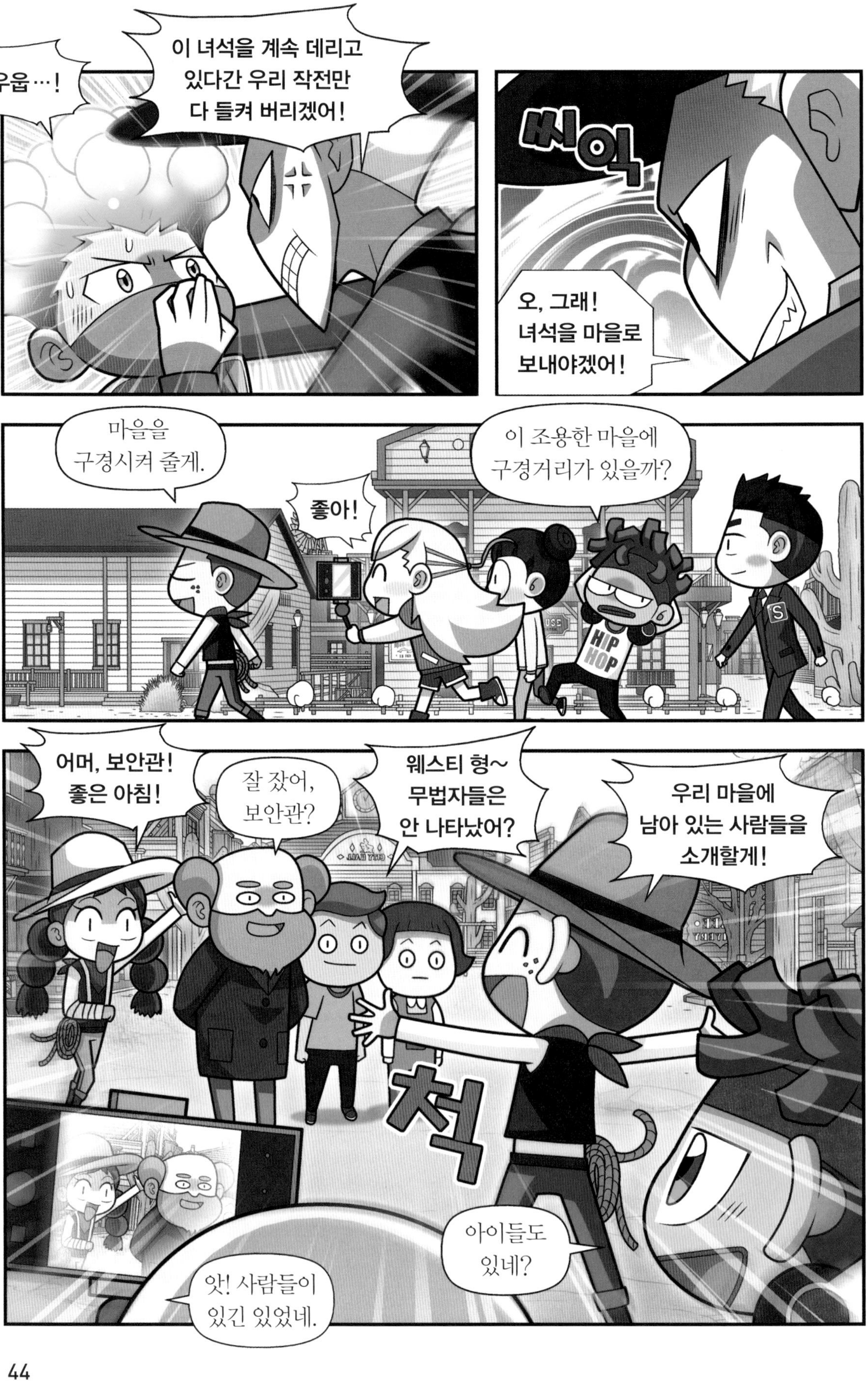

우웁…!
이 녀석을 계속 데리고 있다간 우리 작전만 다 들켜 버리겠어!
씨익
오, 그래! 녀석을 마을로 보내야겠어!
마을을 구경시켜 줄게.
좋아!
이 조용한 마을에 구경거리가 있을까?
HIP HOP
어머, 보안관! 좋은 아침!
잘 잤어, 보안관?
웨스티 형~ 무법자들은 안 나타났어?
우리 마을에 남아 있는 사람들을 소개할게!
척
아이들도 있네?
앗! 사람들이 있긴 있었네.

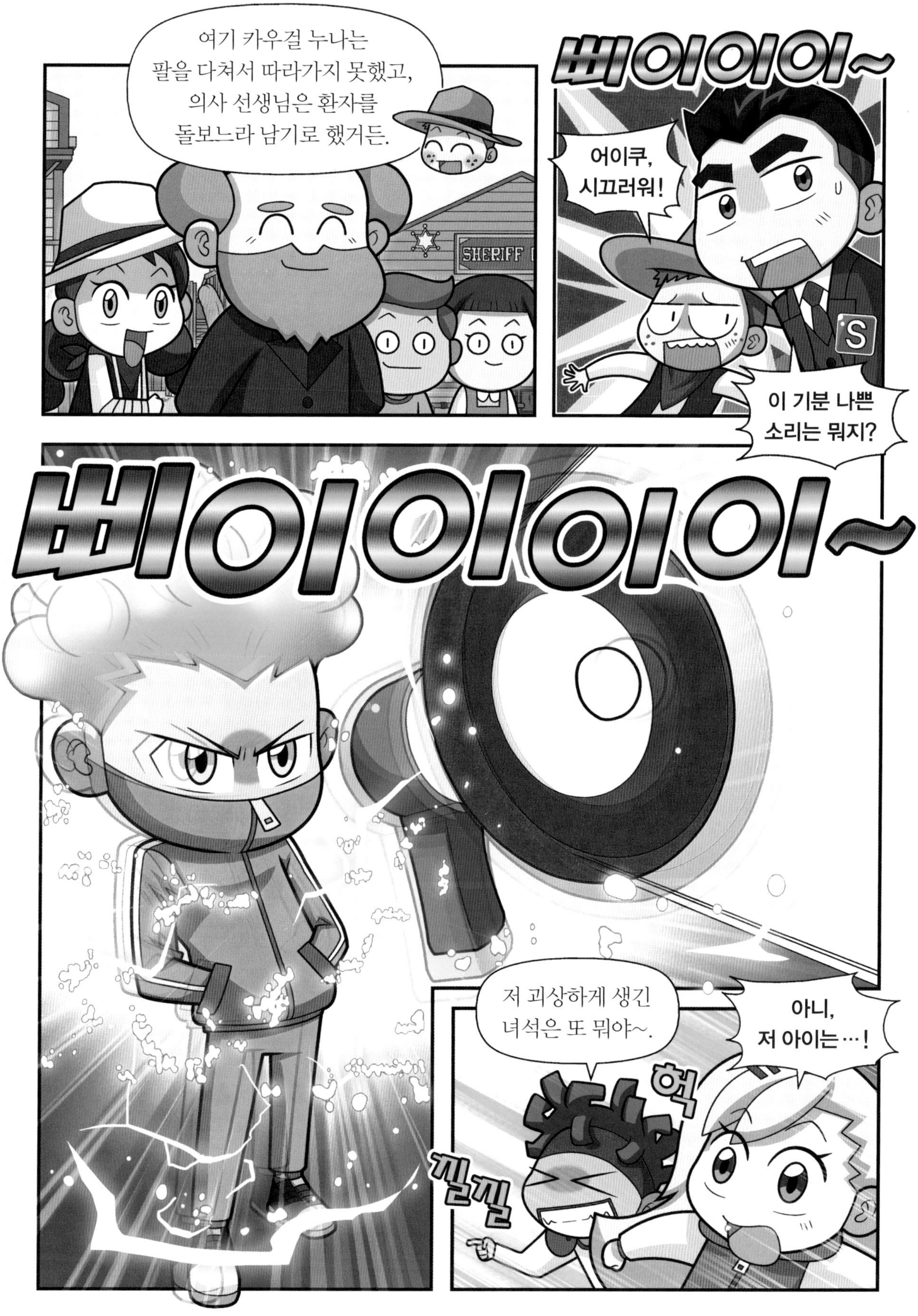
여기 카우걸 누나는 팔을 다쳐서 따라가지 못했고, 의사 선생님은 환자를 돌보느라 남기로 했거든.
SHERIFF
삐이이이이~
어이쿠, 시끄러워!
이 기분 나쁜 소리는 뭐지?
S
삐이이이이이이~
저 괴상하게 생긴 녀석은 또 뭐야~.
아니, 저 아이는…!
헉
낄낄

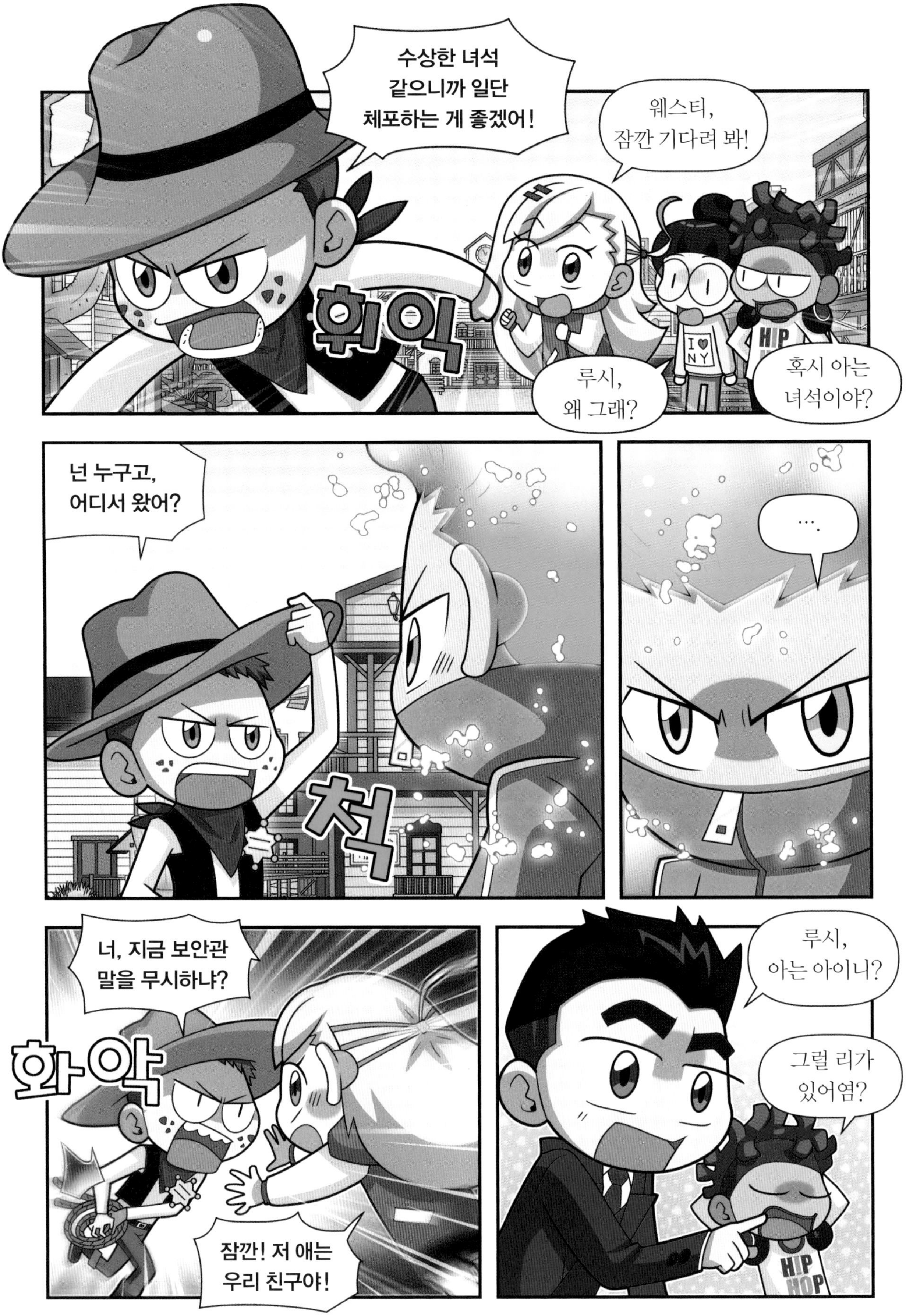
수상한 녀석
같으니까 일단
체포하는 게 좋겠어!
웨스티,
잠깐 기다려 봐!
휘익
루시,
왜 그래?
혹시 아는
녀석이야?
넌 누구고,
어디서 왔어?
척
….
너, 지금 보안관
말을 무시하냐?
화악
잠깐! 저 애는
우리 친구야!
루시,
아는 아이니?
그럴 리가
있어염?

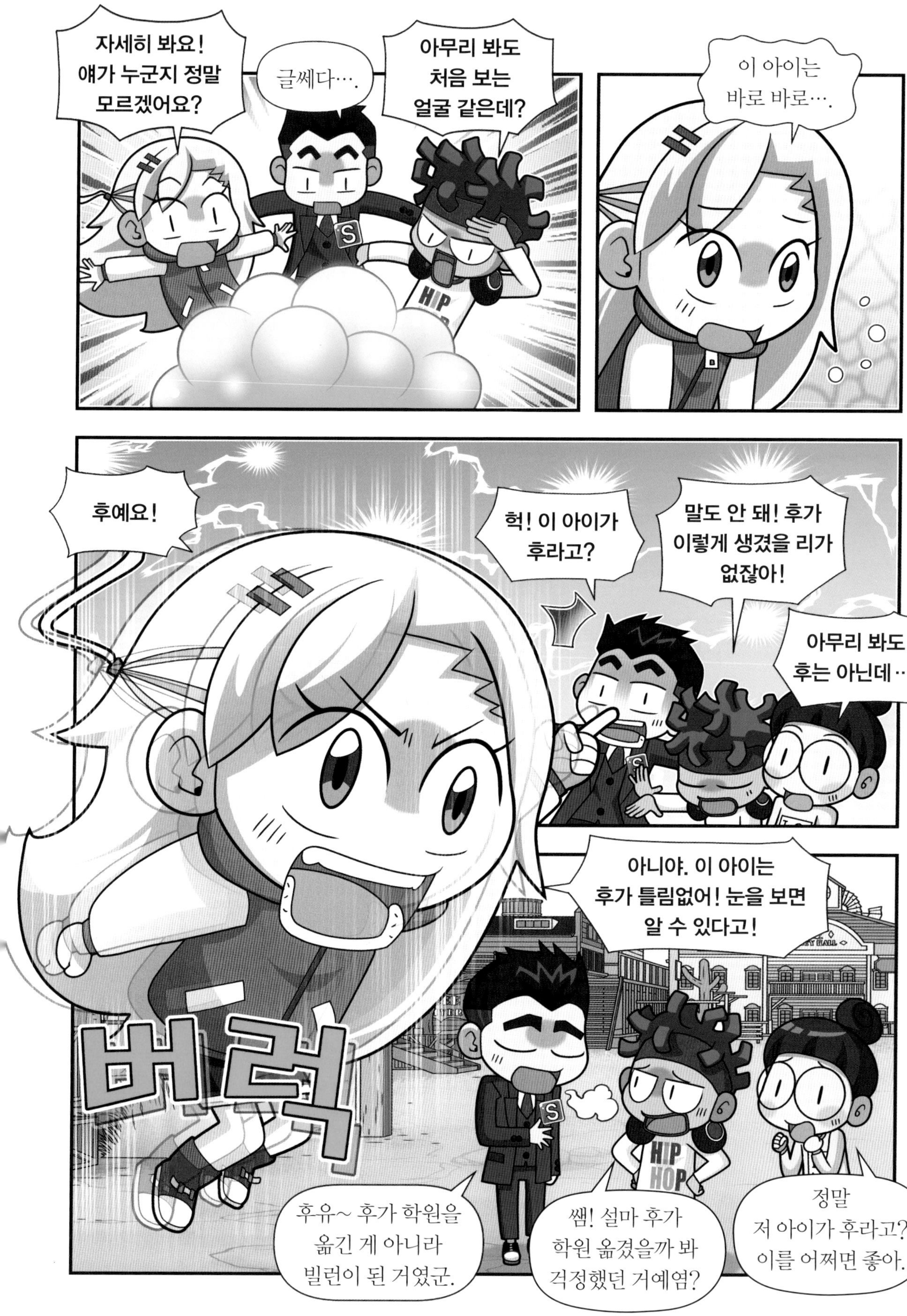
자세히 봐요! 얘가 누군지 정말 모르겠어요?
글쎄다….
아무리 봐도 처음 보는 얼굴 같은데?
이 아이는 바로 바로….
후예요!
헉! 이 아이가 후라고?
말도 안 돼! 후가 이렇게 생겼을 리가 없잖아!
아무리 봐도 후는 아닌데….
버럭
아니야. 이 아이는 후가 틀림없어! 눈을 보면 알 수 있다고!
후유~ 후가 학원을 옮긴 게 아니라 빌런이 된 거였군.
쌤! 설마 후가 학원 옮겼을까 봐 걱정했던 거예염?
정말 저 아이가 후라고? 이를 어쩌면 좋아.

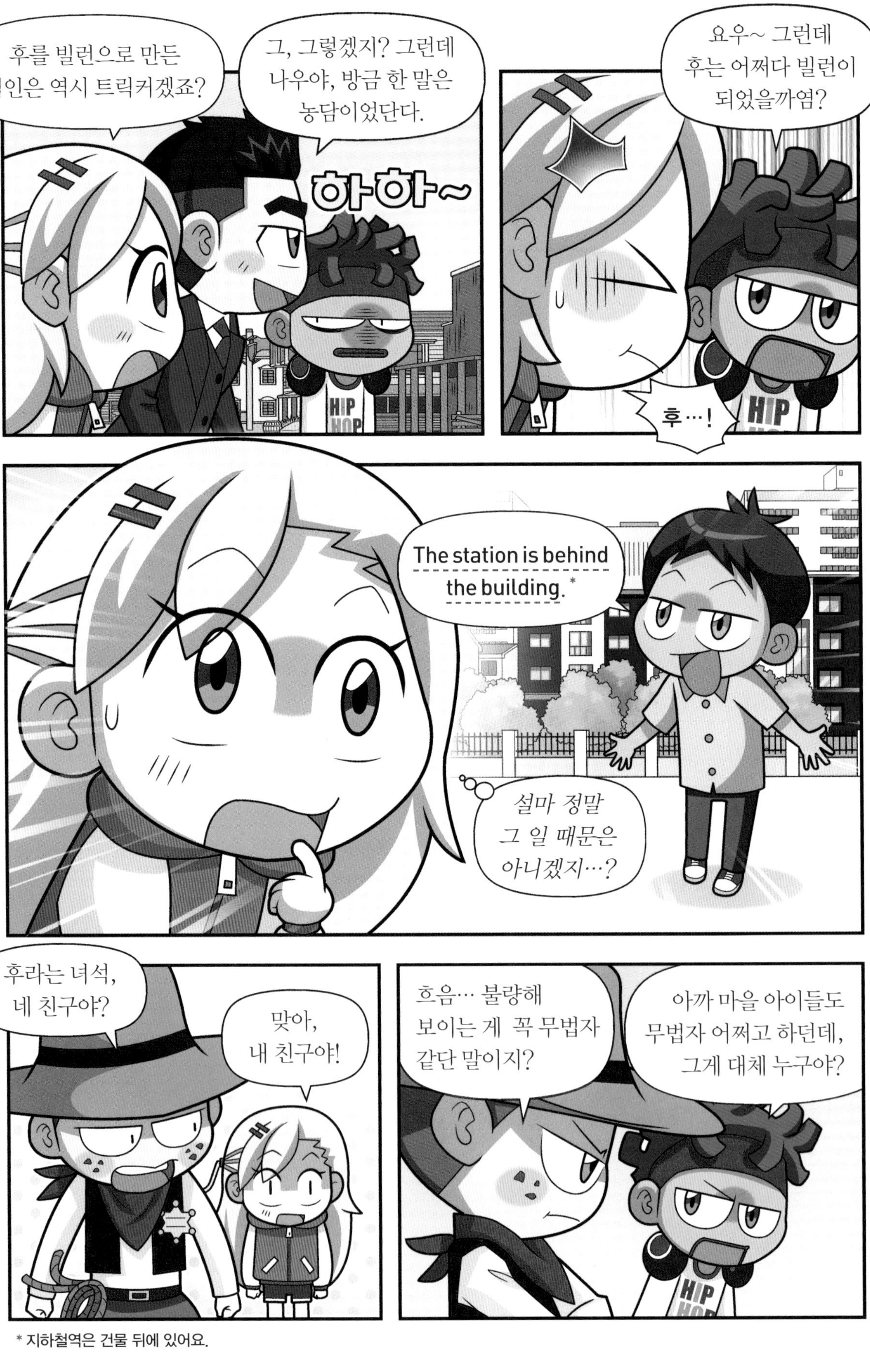
후를 빌런으로 만든 범인은 역시 트릭커겠죠?
그, 그렇겠지? 그런데 나우야, 방금 한 말은 농담이었단다.
하하~
요우~ 그런데 후는 어쩌다 빌런이 되었을까염?
후…!
The station is behind the building. *
설마 정말 그 일 때문은 아니겠지…?
후라는 녀석, 네 친구야?
맞아, 내 친구야!
흐음… 불량해 보이는 게 꼭 무법자 같단 말이지?
아까 마을 아이들도 무법자 어쩌고 하던데, 그게 대체 누구야?

* 지하철역은 건물 뒤에 있어요.

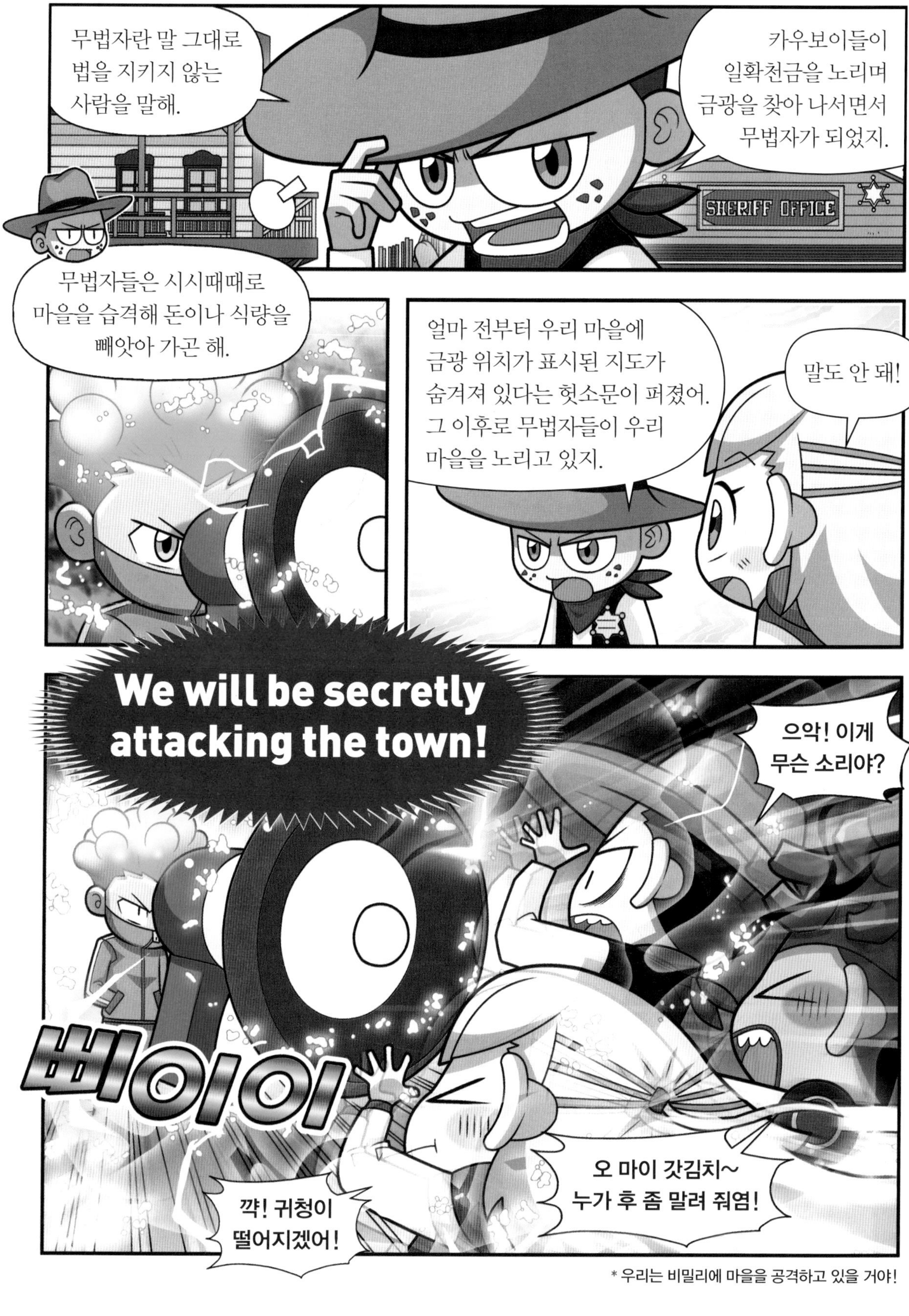

무법자란 말 그대로
법을 지키지 않는
사람을 말해.
카우보이들이
일확천금을 노리며
금광을 찾아 나서면서
무법자가 되었지.
SHERIFF OFFICE
무법자들은 시시때때로
마을을 습격해 돈이나 식량을
빼앗아 가곤 해.
얼마 전부터 우리 마을에
금광 위치가 표시된 지도가
숨겨져 있다는 헛소문이 퍼졌어.
그 이후로 무법자들이 우리
마을을 노리고 있지.
말도 안 돼!
We will be secretly
attacking the town!
으악! 이게
무슨 소리야?
삐이이
오 마이 갓김치~
누가 후 좀 말려 줘염!
꺅! 귀청이
떨어지겠어!

* 우리는 비밀리에 마을을 공격하고 있을 거야!

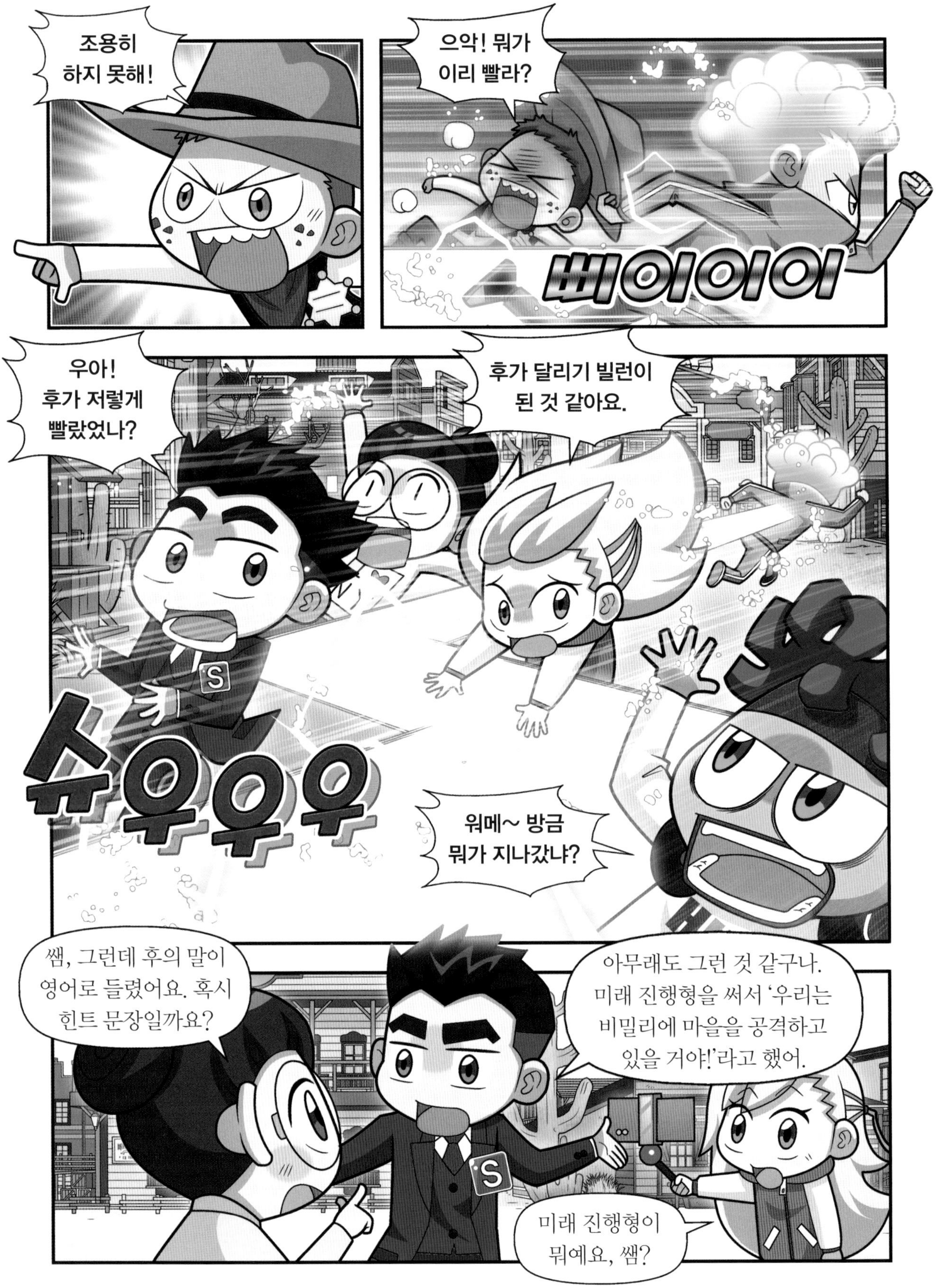
조용히
하지 못해!
으악! 뭐가
이리 빨라?
삐이이이
우아!
후가 저렇게
빨랐었나?
후가 달리기 빌런이
된 것 같아요.
슈우우우
워메~ 방금
뭐가 지나갔냐?
쌤, 그런데 후의 말이
영어로 들렸어요. 혹시
힌트 문장일까요?
아무래도 그런 것 같구나.
미래 진행형을 써서 '우리는
비밀리에 마을을 공격하고
있을 거야!'라고 했어.
미래 진행형이
뭐예요, 쌤?

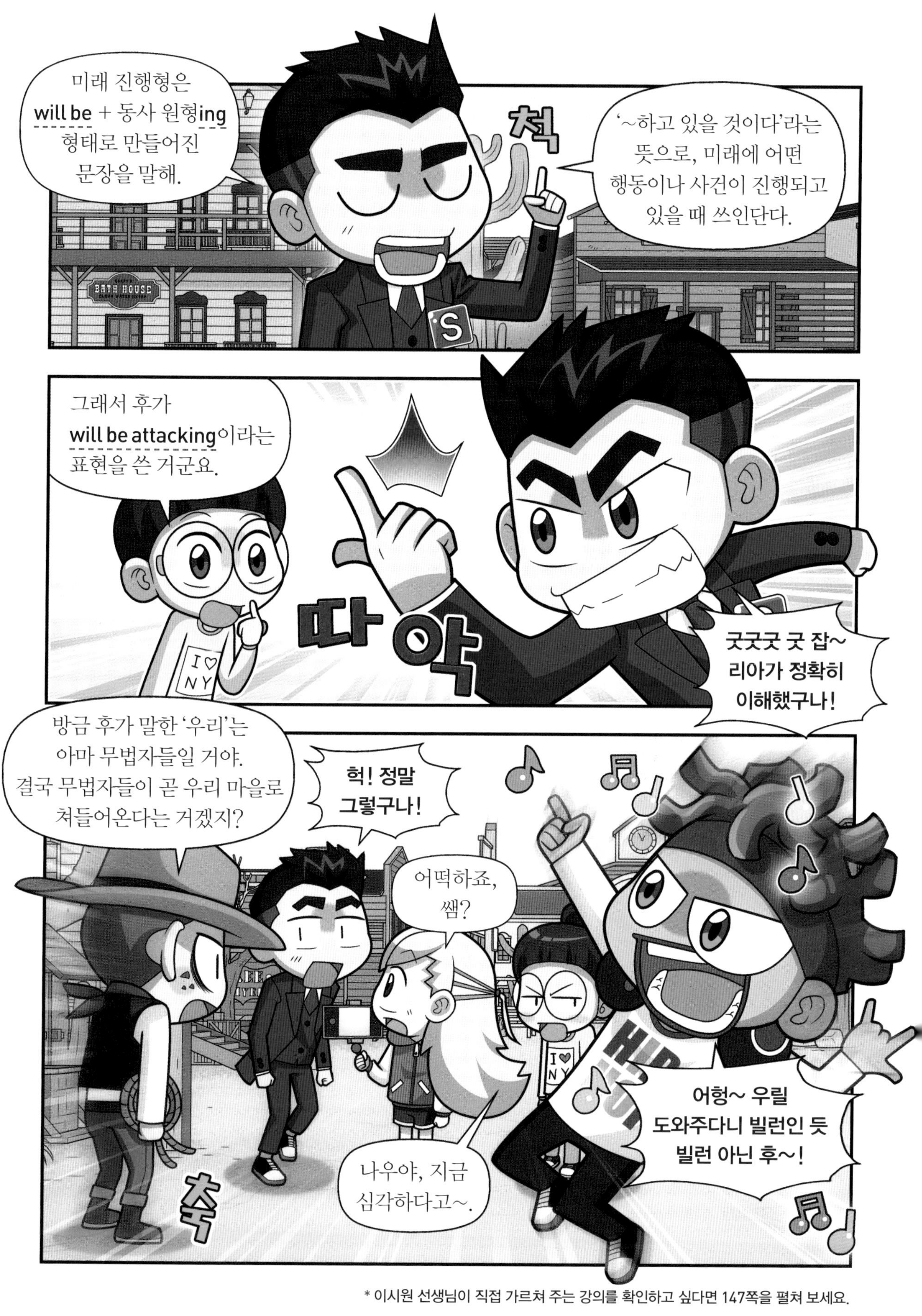
미래 진행형은 will be + 동사 원형ing 형태로 만들어진 문장을 말해.
척
'~하고 있을 것이다'라는 뜻으로, 미래에 어떤 행동이나 사건이 진행되고 있을 때 쓰인단다.
그래서 후가 will be attacking이라는 표현을 쓴 거군요.
따악
굿굿굿 굿 잡~ 리아가 정확히 이해했구나!
방금 후가 말한 '우리'는 아마 무법자들일 거야. 결국 무법자들이 곧 우리 마을로 쳐들어온다는 거겠지?
헉! 정말 그렇구나!
어떡하죠, 쌤?
어헝~ 우릴 도와주다니 빌런인 듯 빌런 아닌 후~!
나우야, 지금 심각하다고~.
축

* 이시원 선생님이 직접 가르쳐 주는 강의를 확인하고 싶다면 147쪽을 펼쳐 보세요.

Chapter 3

수다쟁이
메가폰 빌런

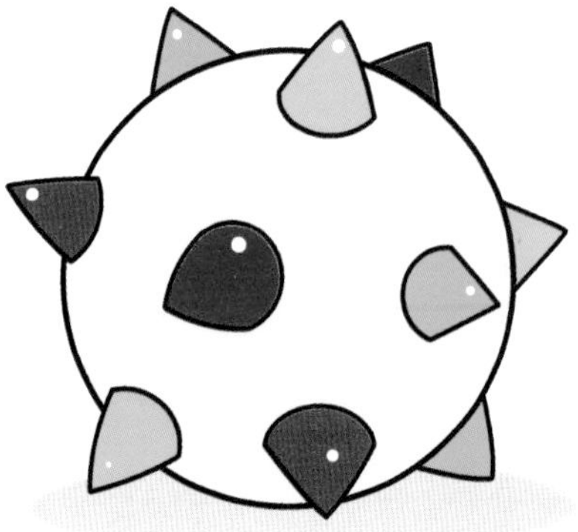

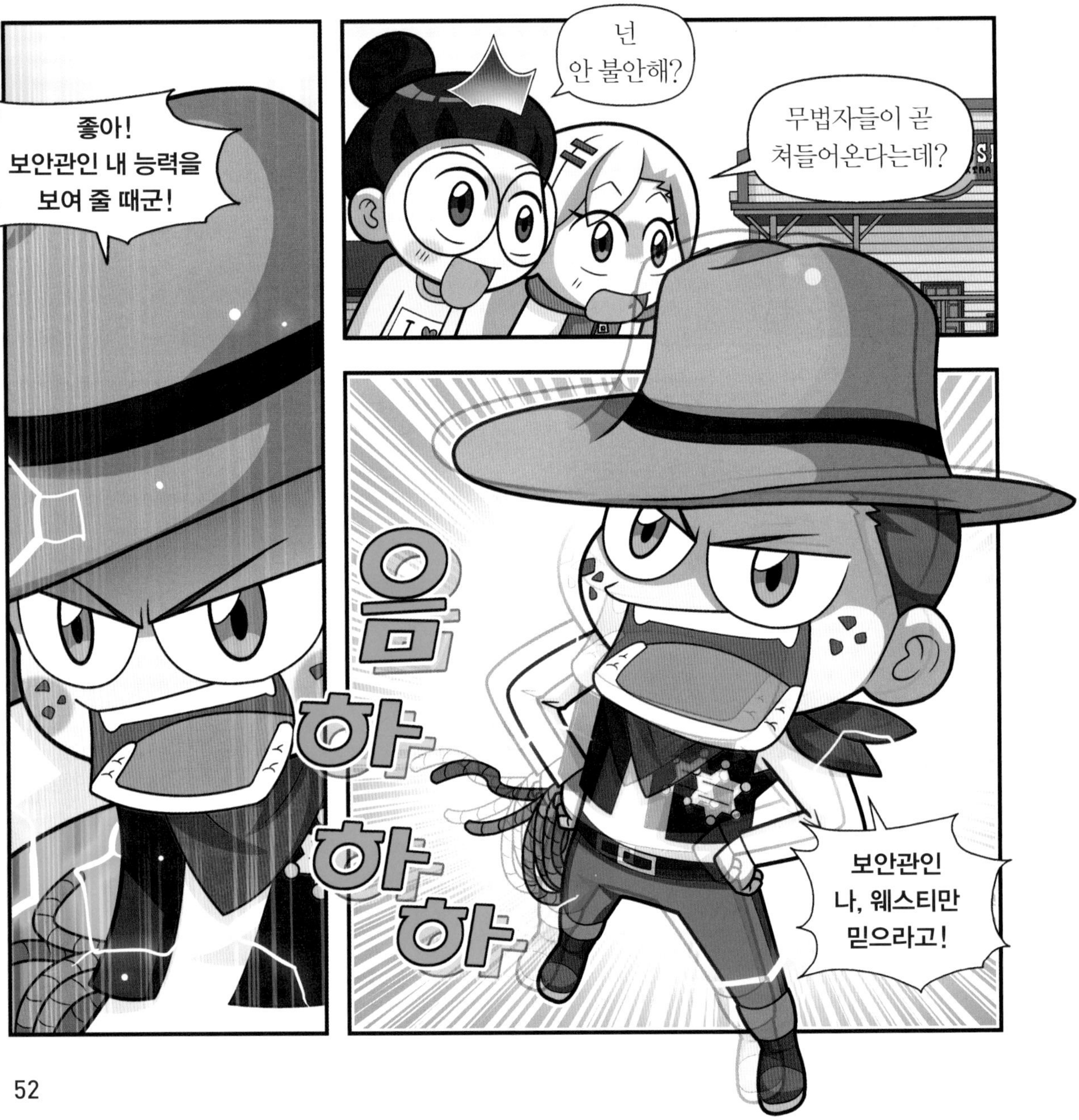
좋아!
보안관인 내 능력을
보여 줄 때군!
넌
안 불안해?
무법자들이 곧
쳐들어온다는데?
음
하
하
하
보안관인
나, 웨스티만
믿으라고!

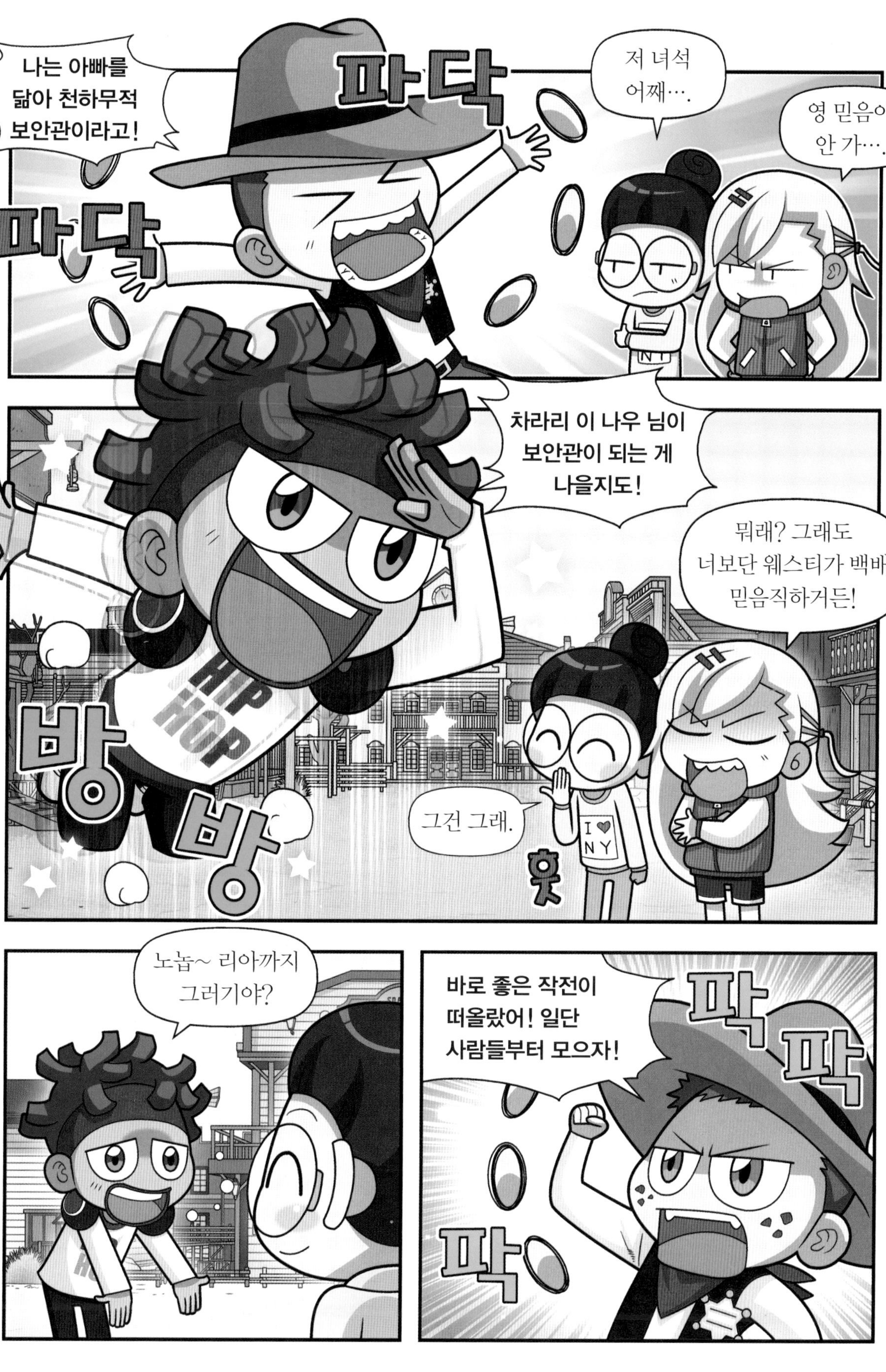

나는 아빠를 닮아 천하무적 보안관이라고!
파닥
파닥
저 녀석 어째….
영 믿음이 안 가….
차라리 이 나우 님이 보안관이 되는 게 나을지도!
뭐래? 그래도 너보단 웨스티가 백배 믿음직하거든!
HIP HOP
방
방
그건 그래.
훗
노놉~ 리아까지 그러기야?
바로 좋은 작전이 떠올랐어! 일단 사람들부터 모으자!
팍
팍
팍

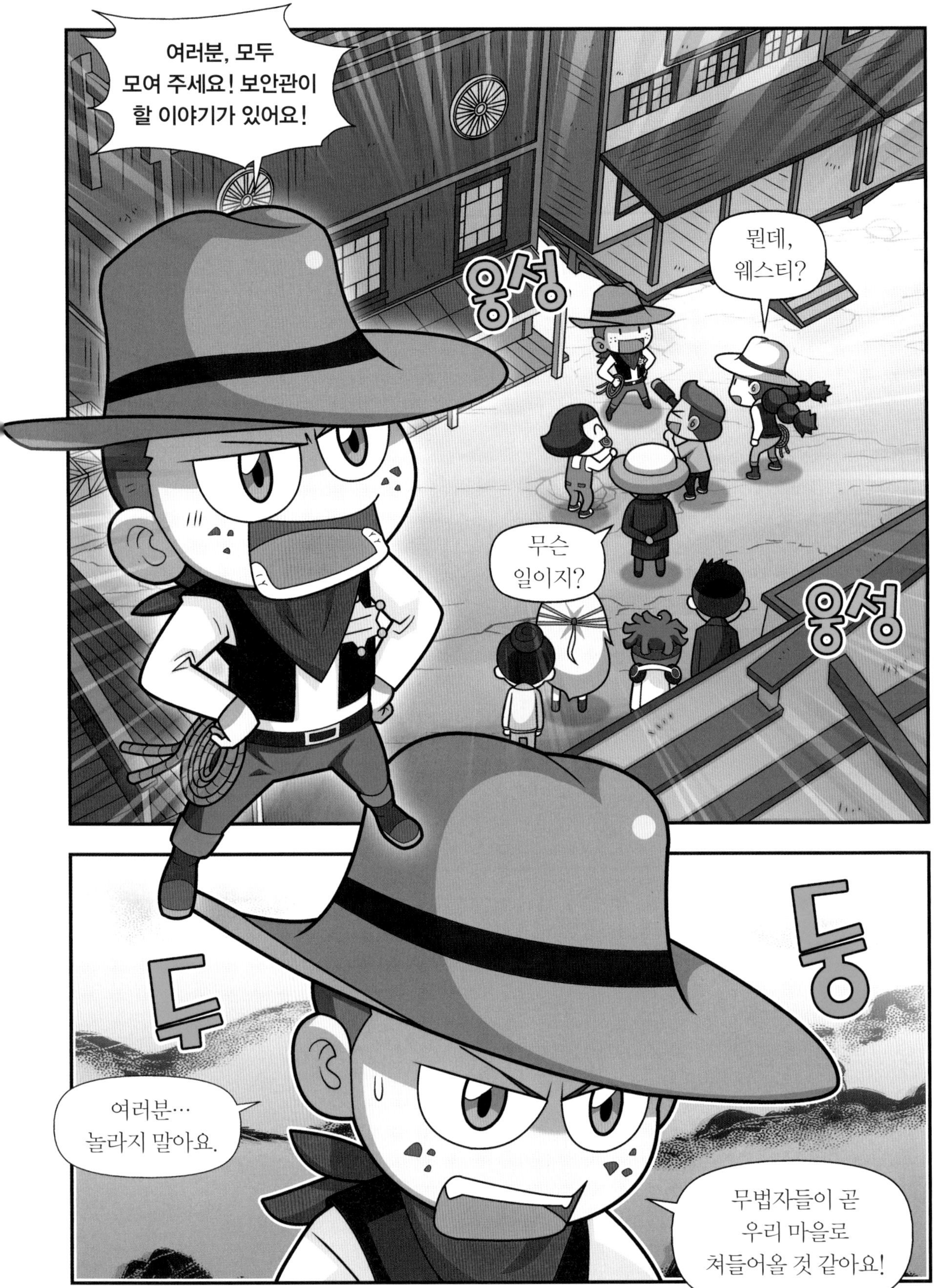
여러분, 모두
모여 주세요! 보안관이
할 이야기가 있어요!
웅성
뭔데,
웨스티?
무슨
일이지?
웅성
두
둥
여러분…
놀라지 말아요.
무법자들이 곧
우리 마을로
쳐들어올 것 같아요!

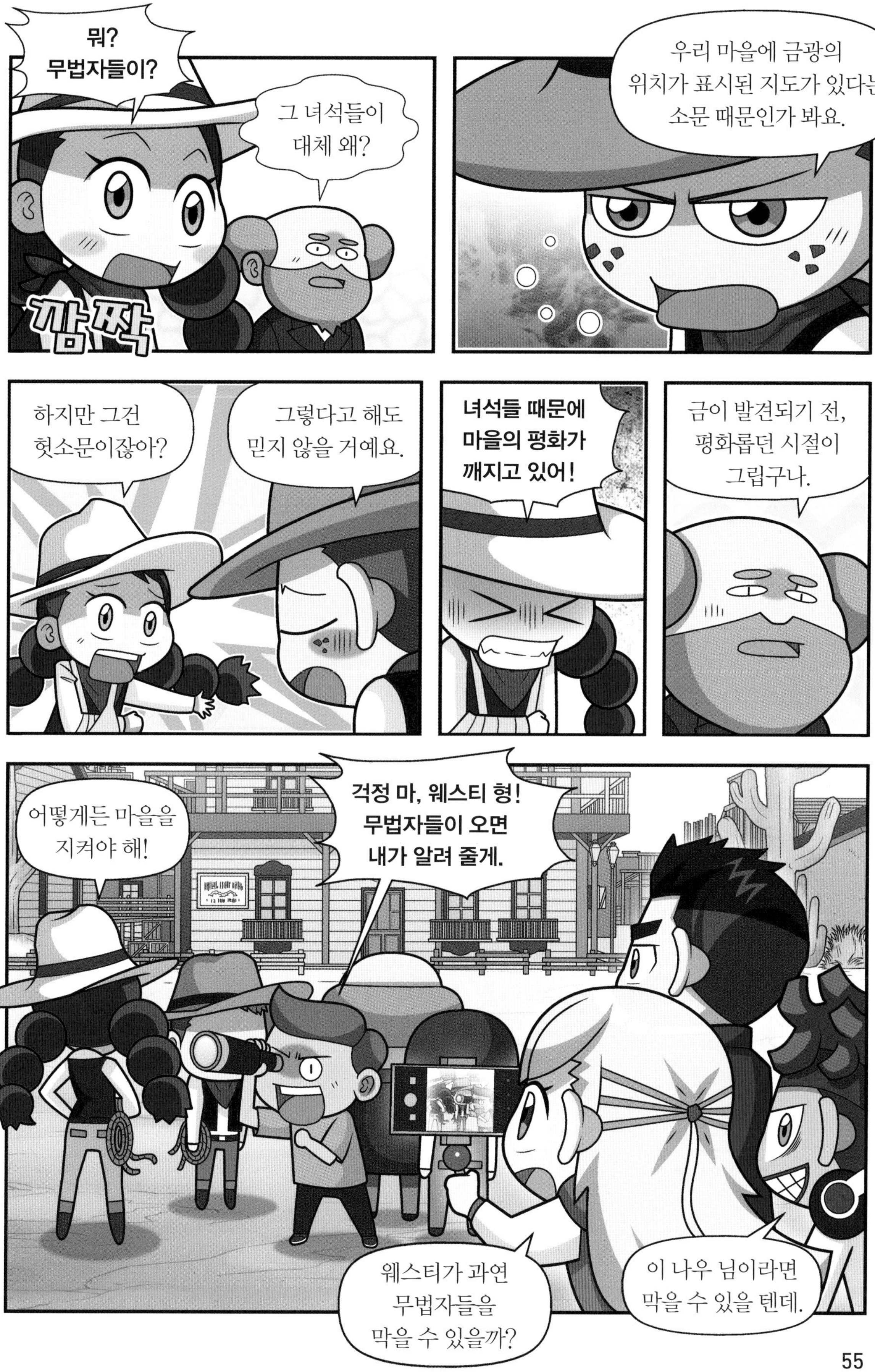
뭐? 무법자들이?
그 녀석들이 대체 왜?
깜짝
우리 마을에 금광의 위치가 표시된 지도가 있다는 소문 때문인가 봐요.
하지만 그건 헛소문이잖아?
그렇다고 해도 믿지 않을 거예요.
녀석들 때문에 마을의 평화가 깨지고 있어!
금이 발견되기 전, 평화롭던 시절이 그립구나.
어떻게든 마을을 지켜야 해!
걱정 마, 웨스티 형! 무법자들이 오면 내가 알려 줄게.
웨스티가 과연 무법자들을 막을 수 있을까?
이 나우 님이라면 막을 수 있을 텐데.

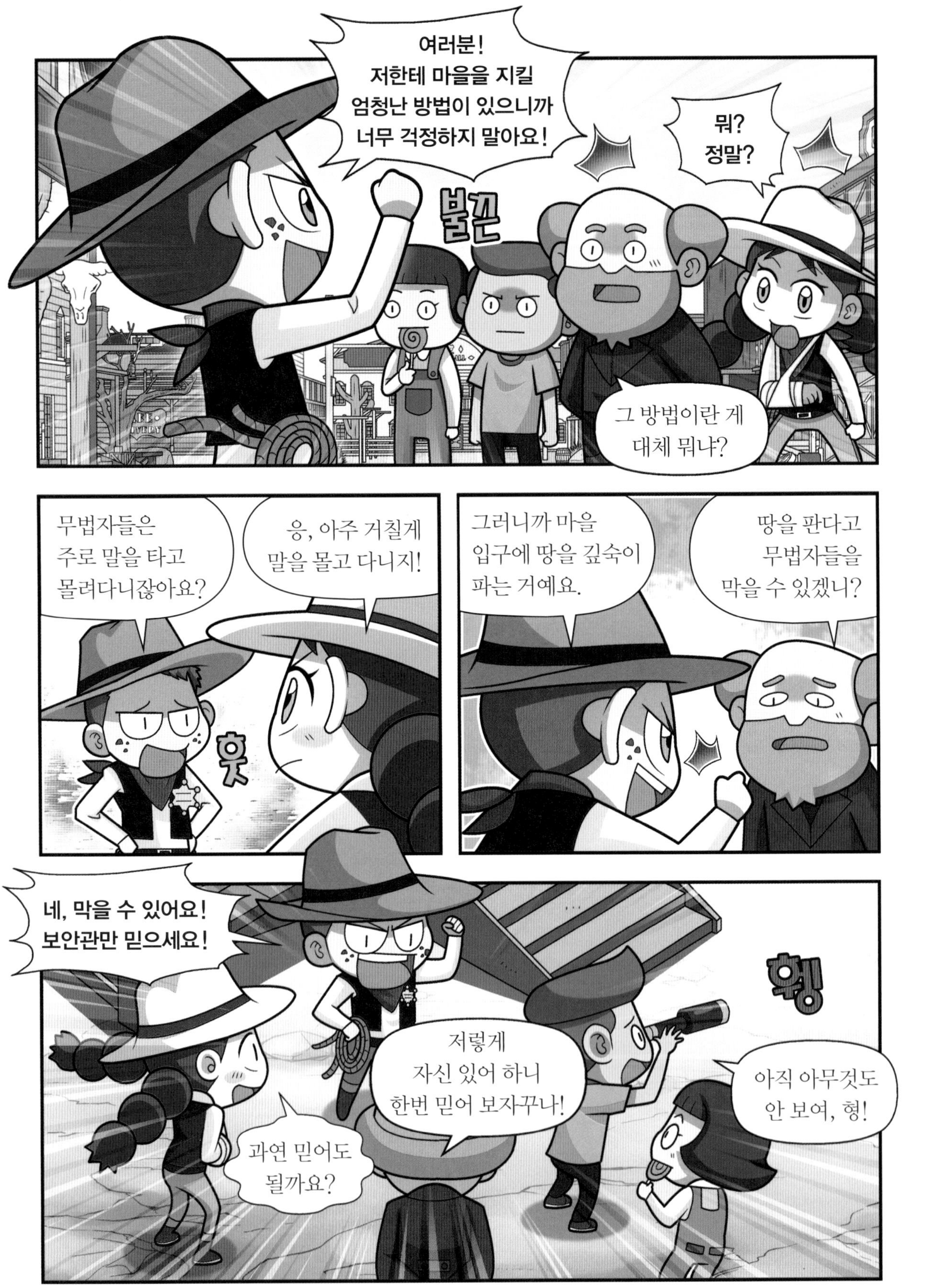
여러분! 저한테 마을을 지킬 엄청난 방법이 있으니까 너무 걱정하지 말아요!
불끈
뭐? 정말?
그 방법이란 게 대체 뭐냐?
무법자들은 주로 말을 타고 몰려다니잖아요?
응, 아주 거칠게 말을 몰고 다니지!
훗
그러니까 마을 입구에 땅을 깊숙이 파는 거예요.
땅을 판다고 무법자들을 막을 수 있겠니?
네, 막을 수 있어요! 보안관만 믿으세요!
휭
저렇게 자신 있어 하니 한번 믿어 보자꾸나!
과연 믿어도 될까요?
아직 아무것도 안 보여, 형!

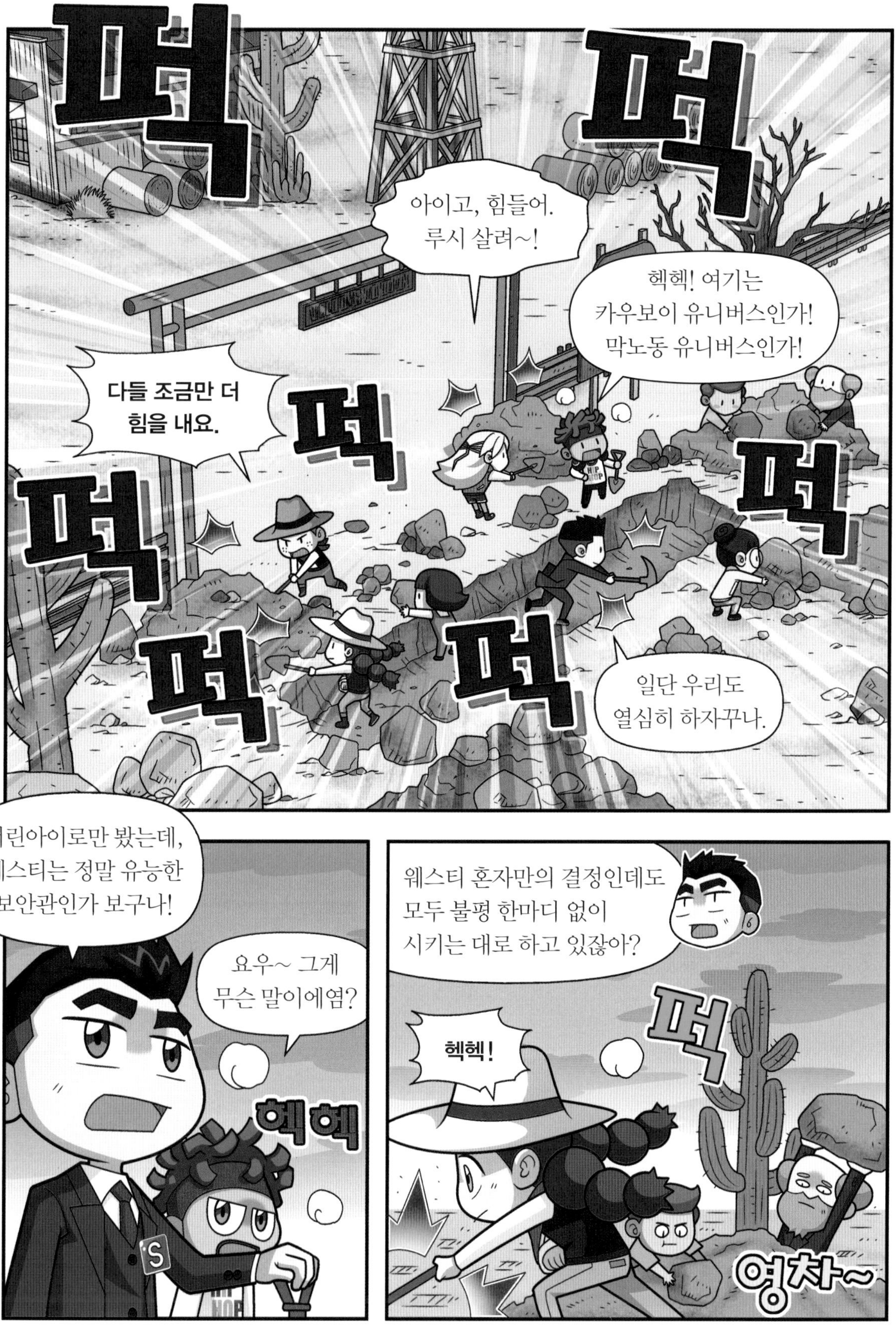

퍽
퍽
아이고, 힘들어. 루시 살려~!
헥헥! 여기는 카우보이 유니버스인가! 막노동 유니버스인가!
다들 조금만 더 힘을 내요.
퍽
퍽
퍽
퍽
퍽
일단 우리도 열심히 하자꾸나.
어린아이로만 봤는데, 웨스티는 정말 유능한 보안관인가 보구나!
요우~ 그게 무슨 말이에염?
헥헥
웨스티 혼자만의 결정인데도 모두 불평 한마디 없이 시키는 대로 하고 있잖아?
퍽
헥헥!
영차~

웨스티가 아빠를 닮아
능력자인가 봐요!

콜록~ 물 좀
마시고 오마.

사실 아직 잘
모르겠어요.

응?

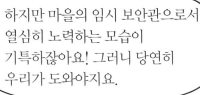

하지만 마을의 임시 보안관으로서
열심히 노력하는 모습이
기특하잖아요! 그러니 당연히
우리가 도와야지요.

이얍!

떡

떡

그래! 웨스티의
이런 진취적인 모습은
참 대단하구나.

아~

그러게요!

우리도
힘껏 도울게요.

댓츠
라잇~!

좋아,
힘내자!

떡

떡

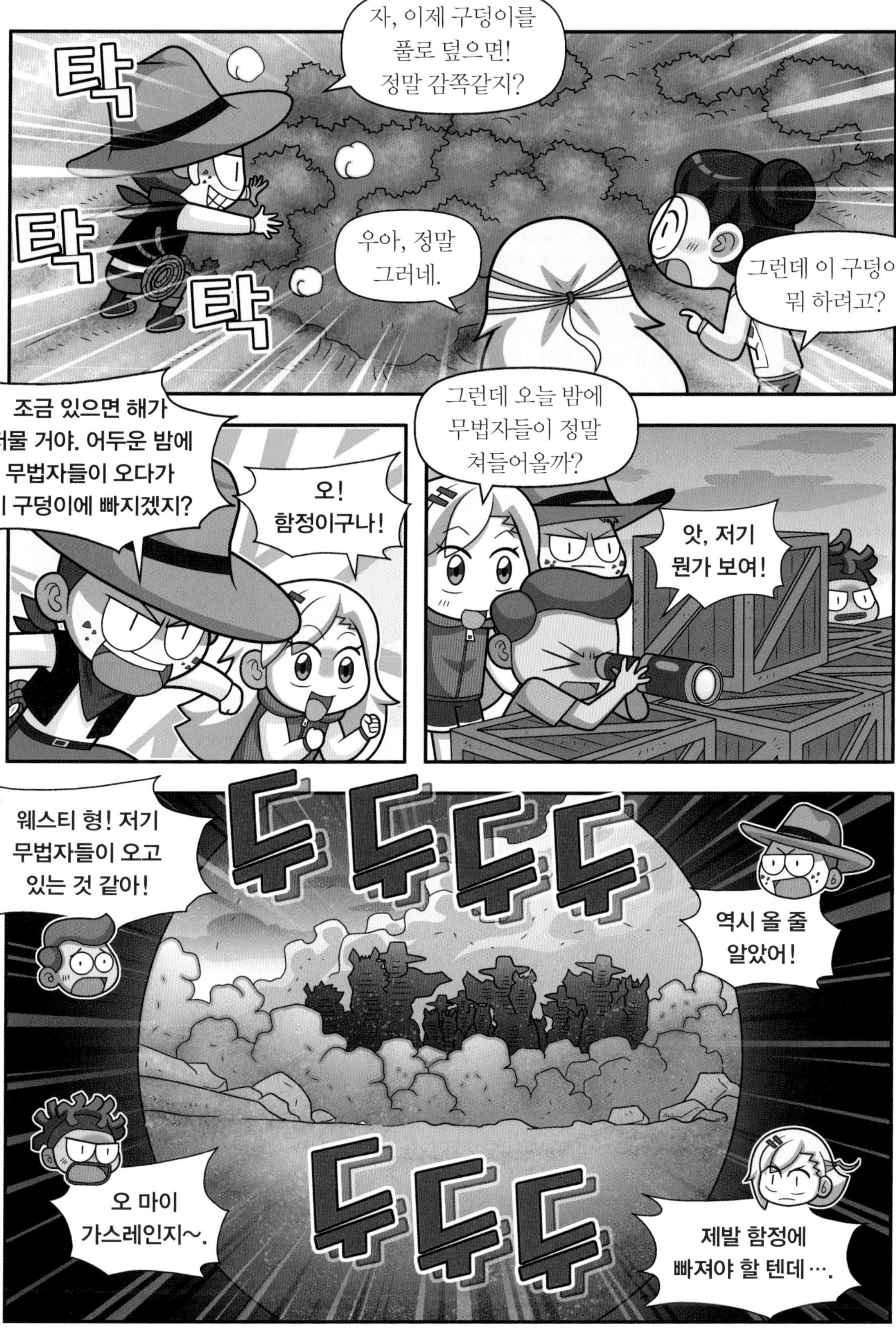

자, 이제 구덩이를 풀로 덮으면! 정말 감쪽같지?
탁
탁
탁
우아, 정말 그러네.
그런데 이 구덩이로 뭐 하려고?
조금 있으면 해가 저물 거야. 어두운 밤에 무법자들이 오다가 이 구덩이에 빠지겠지?
오! 함정이구나!
그런데 오늘 밤에 무법자들이 정말 쳐들어올까?
앗, 저기 뭔가 보여!
웨스티 형! 저기 무법자들이 오고 있는 것 같아!
두두두두
역시 올 줄 알았어!
오 마이 가스레인지~.
두두두
제발 함정에 빠져야 할 텐데….

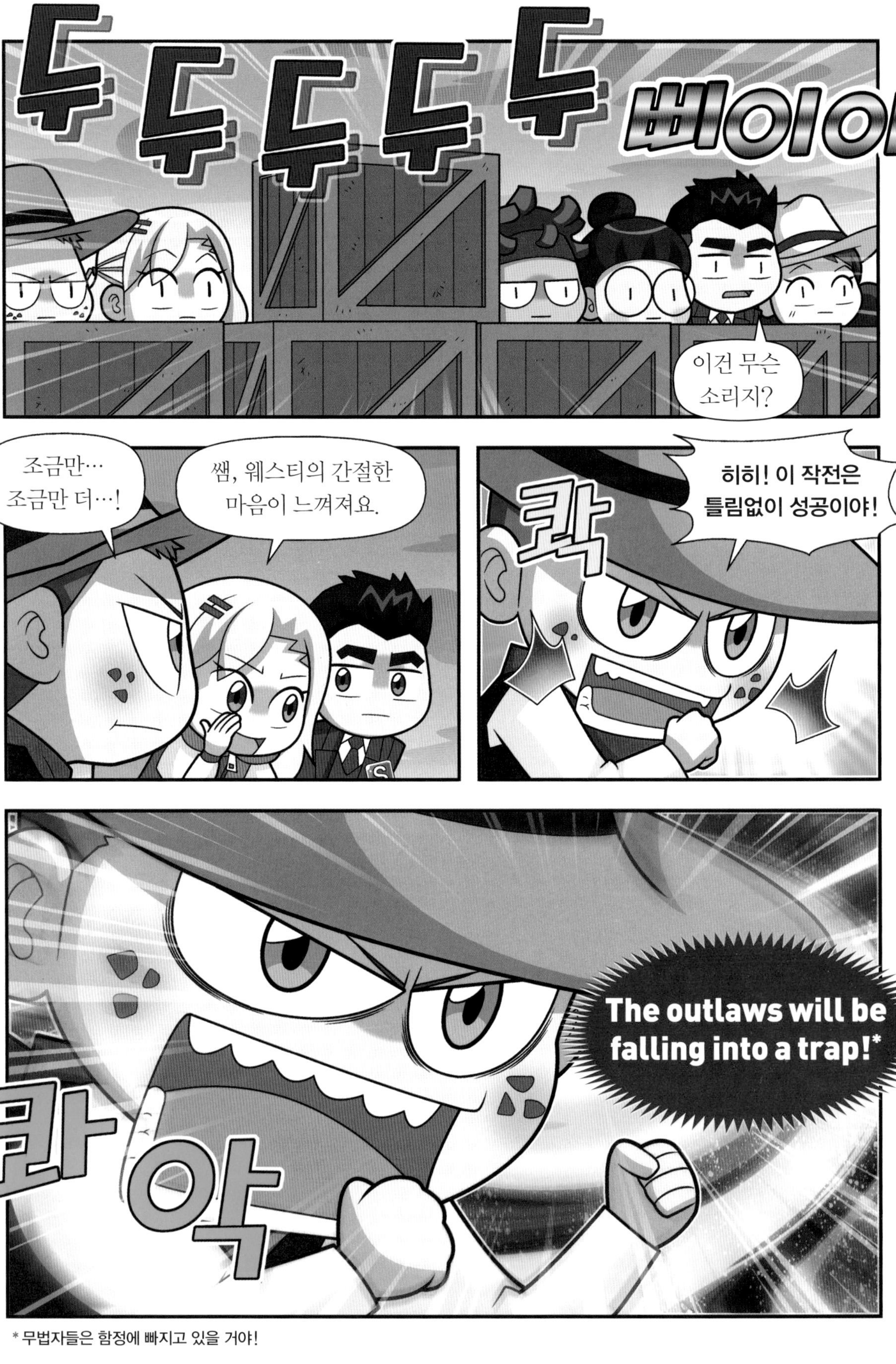
두두두두두
삐이이
이건 무슨 소리지?
조금만… 조금만 더…!
쌤, 웨스티의 간절한 마음이 느껴져요.
콱
히히! 이 작전은 틀림없이 성공이야!
The outlaws will be falling into a trap!*
콰악

* 무법자들은 함정에 빠지고 있을 거야!

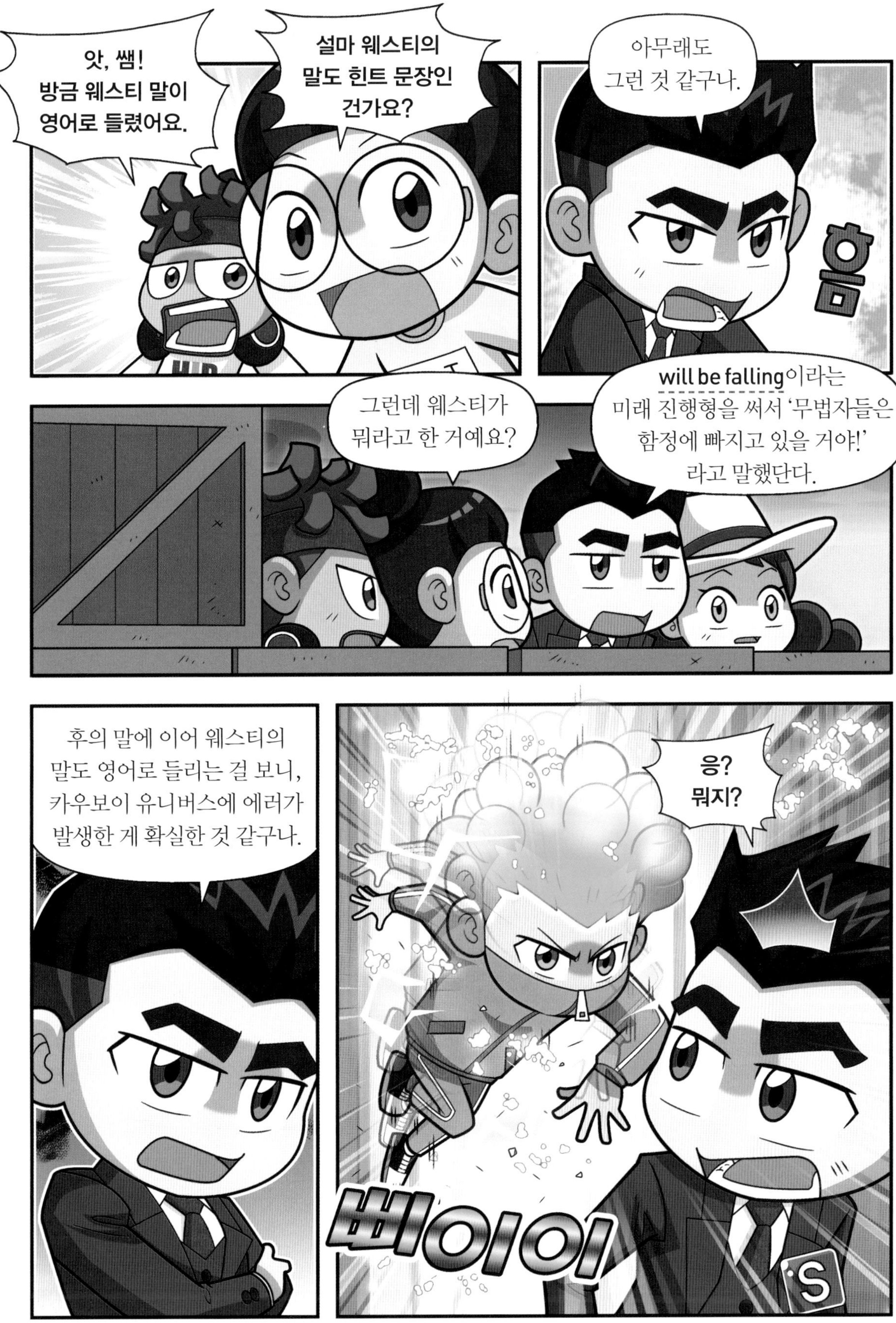
앗, 쌤!
방금 웨스티 말이 영어로 들렸어요.
설마 웨스티의 말도 힌트 문장인 건가요?
아무래도 그런 것 같구나.
흠
그런데 웨스티가 뭐라고 한 거예요?
will be falling이라는 미래 진행형을 써서 '무법자들은 함정에 빠지고 있을 거야!' 라고 말했단다.
후의 말에 이어 웨스티의 말도 영어로 들리는 걸 보니, 카우보이 유니버스에 에러가 발생한 게 확실한 것 같구나.
응? 뭐지?
삐이이

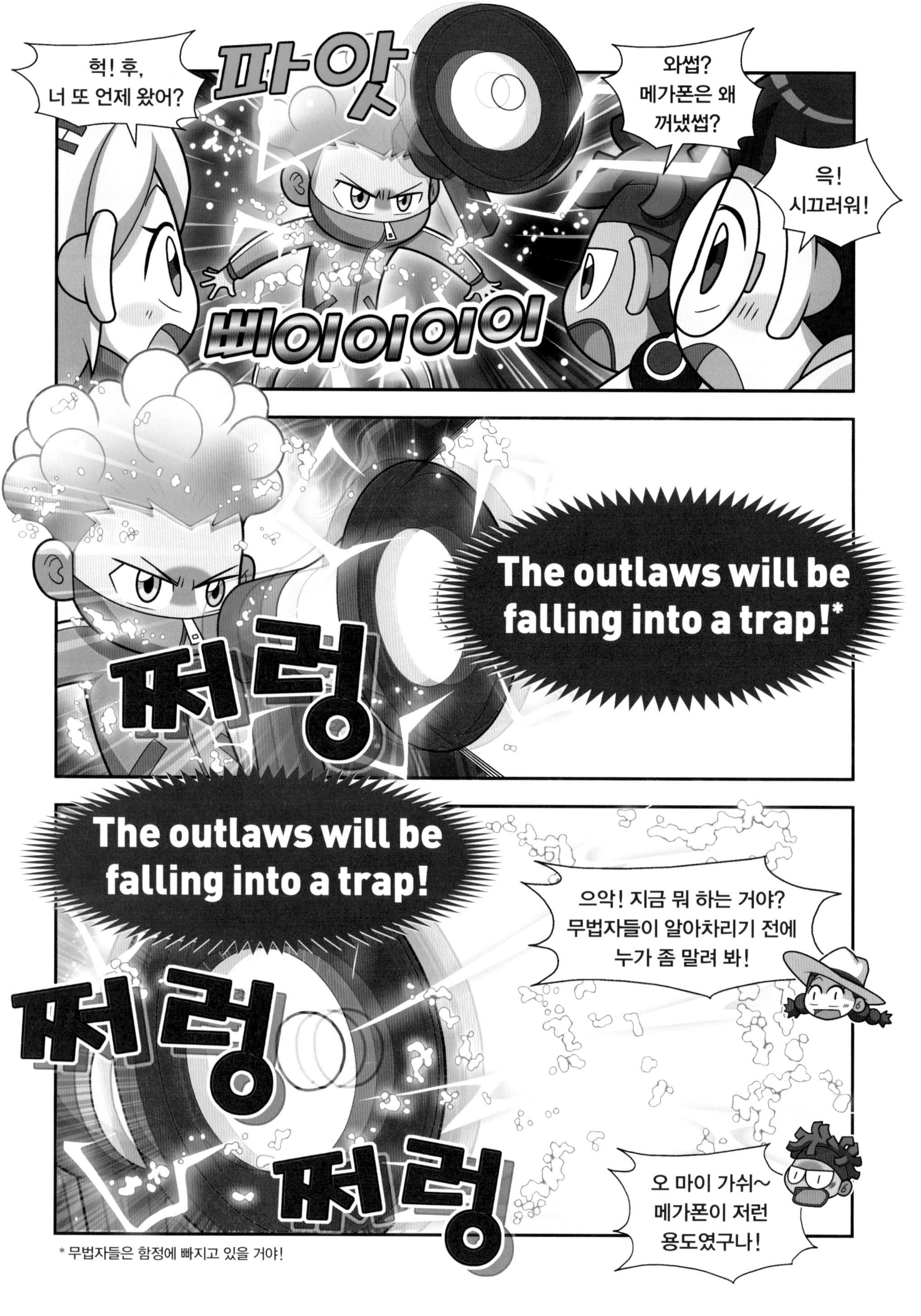

헉! 후,
너 또 언제 왔어?
파앗
와썹?
메가폰은 왜
꺼냈썹?
윽!
시끄러워!
삐이이이이이
The outlaws will be
falling into a trap!*
쩌렁
The outlaws will be
falling into a trap!
으악! 지금 뭐 하는 거야?
무법자들이 알아차리기 전에
누가 좀 말려 봐!
쩌렁
쩌렁
오 마이 가쉬~
메가폰이 저런
용도였구나!

* 무법자들은 함정에 빠지고 있을 거야!

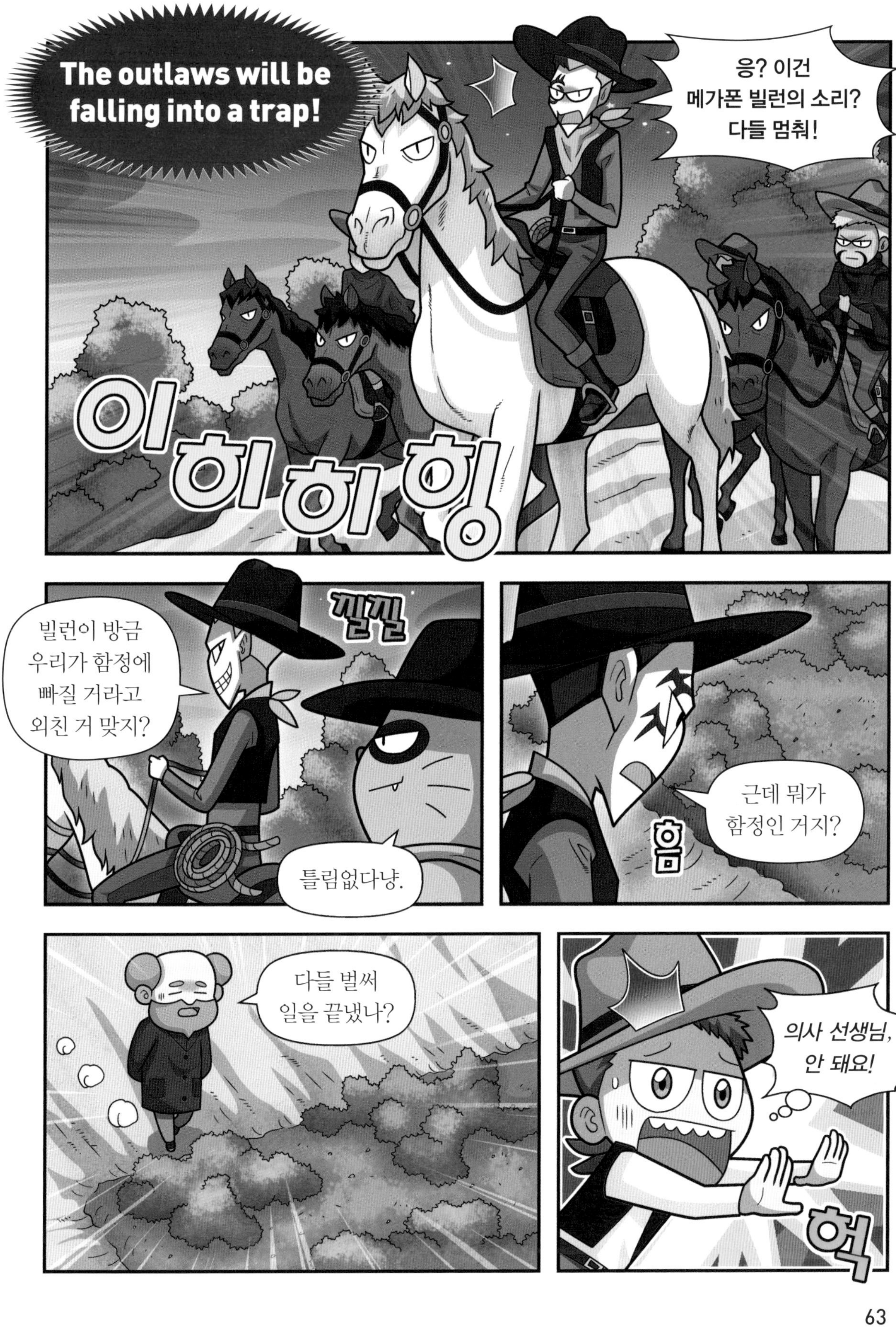
The outlaws will be falling into a trap!
응? 이건
메가폰 빌런의 소리?
다들 멈춰!
이히히힝
낄낄
빌런이 방금 우리가 함정에 빠질 거라고 외친 거 맞지?
틀림없다냥.
근데 뭐가 함정인 거지?
흠
다들 벌써 일을 끝냈나?
의사 선생님, 안 돼요!
헉

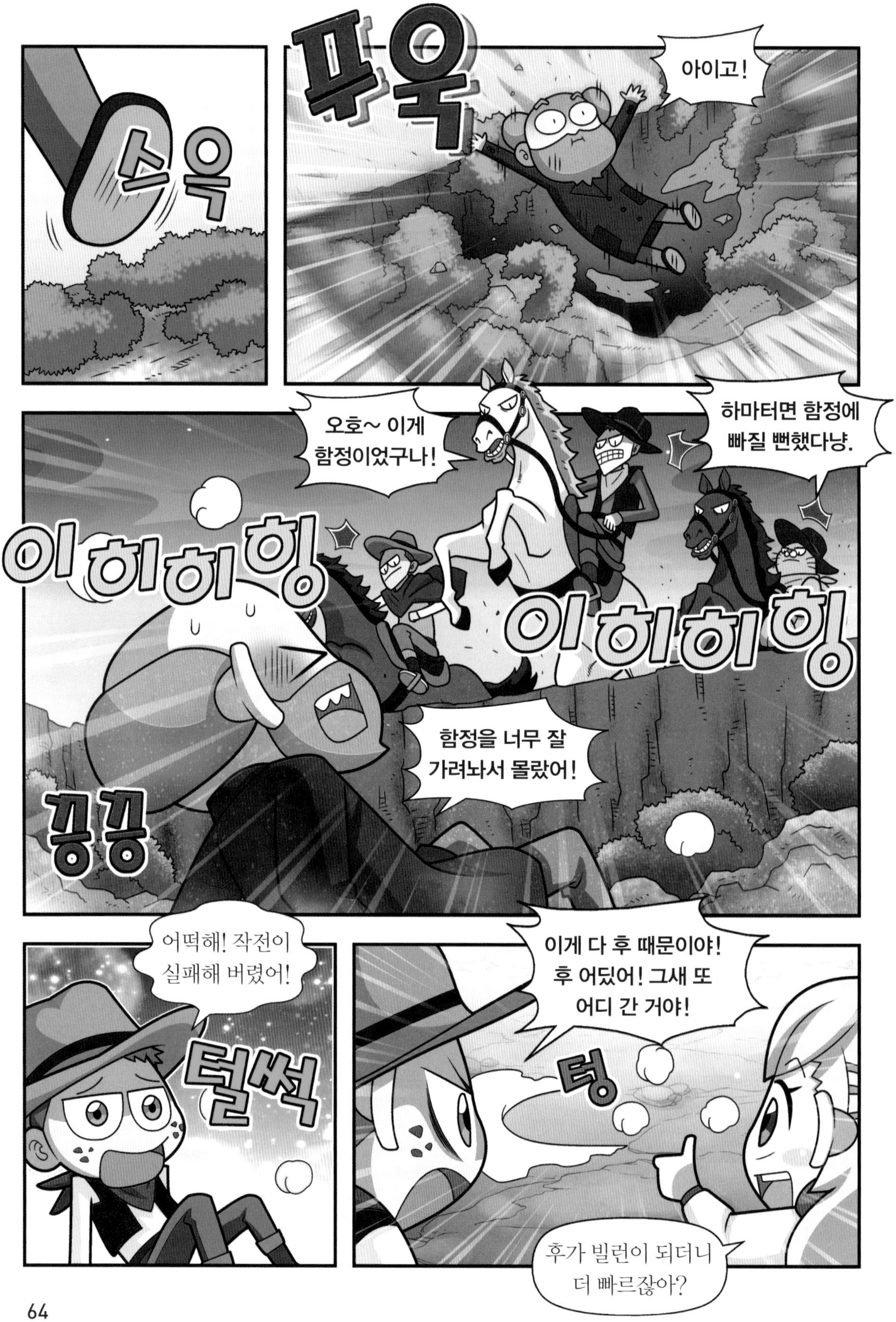
스윽
푸욱
아이고!
오호~ 이게 함정이었구나!
하마터면 함정에 빠질 뻔했다냥.
이히히힝
이히히힝
함정을 너무 잘 가려놔서 몰랐어!
끙끙
어떡해! 작전이 실패해 버렸어!
털썩
이게 다 후 때문이야! 후 어딨어! 그새 또 어디 간 거야!
텅
후가 빌런이 되더니 더 빠르잖아?

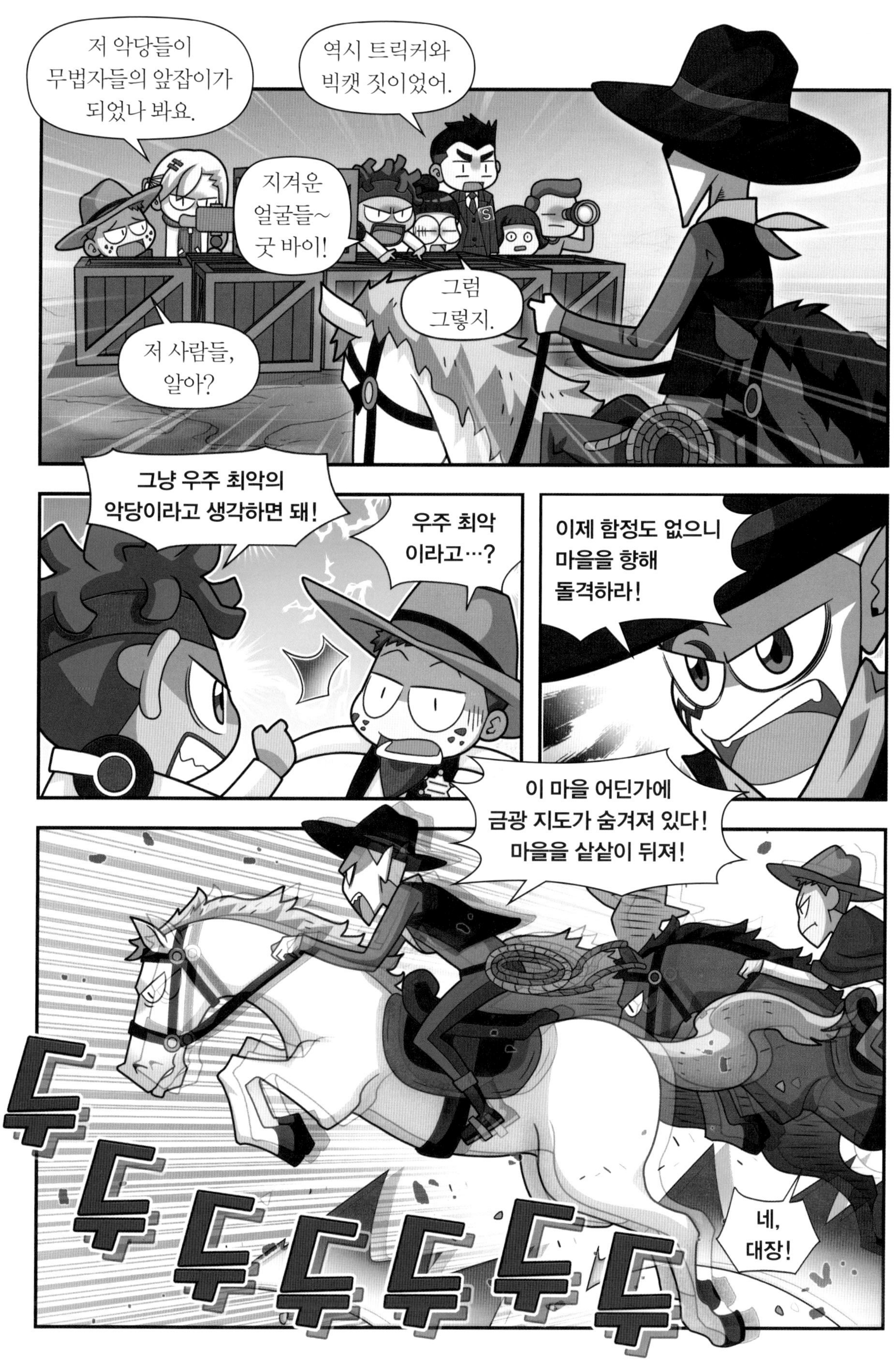
저 사람들, 알아?
역시 트릭커와 빅캣 짓이었어.
저 악당들이 무법자들의 앞잡이가 되었나 봐요.
그럼 그렇지.
지겨운 얼굴들~ 굿 바이!
그냥 우주 최악의 악당이라고 생각하면 돼!
우주 최악이라고…?
이제 함정도 없으니 마을을 향해 돌격하라!
이 마을 어딘가에 금광 지도가 숨겨져 있다! 마을을 샅샅이 뒤져!
네, 대장!
두두두두두두두

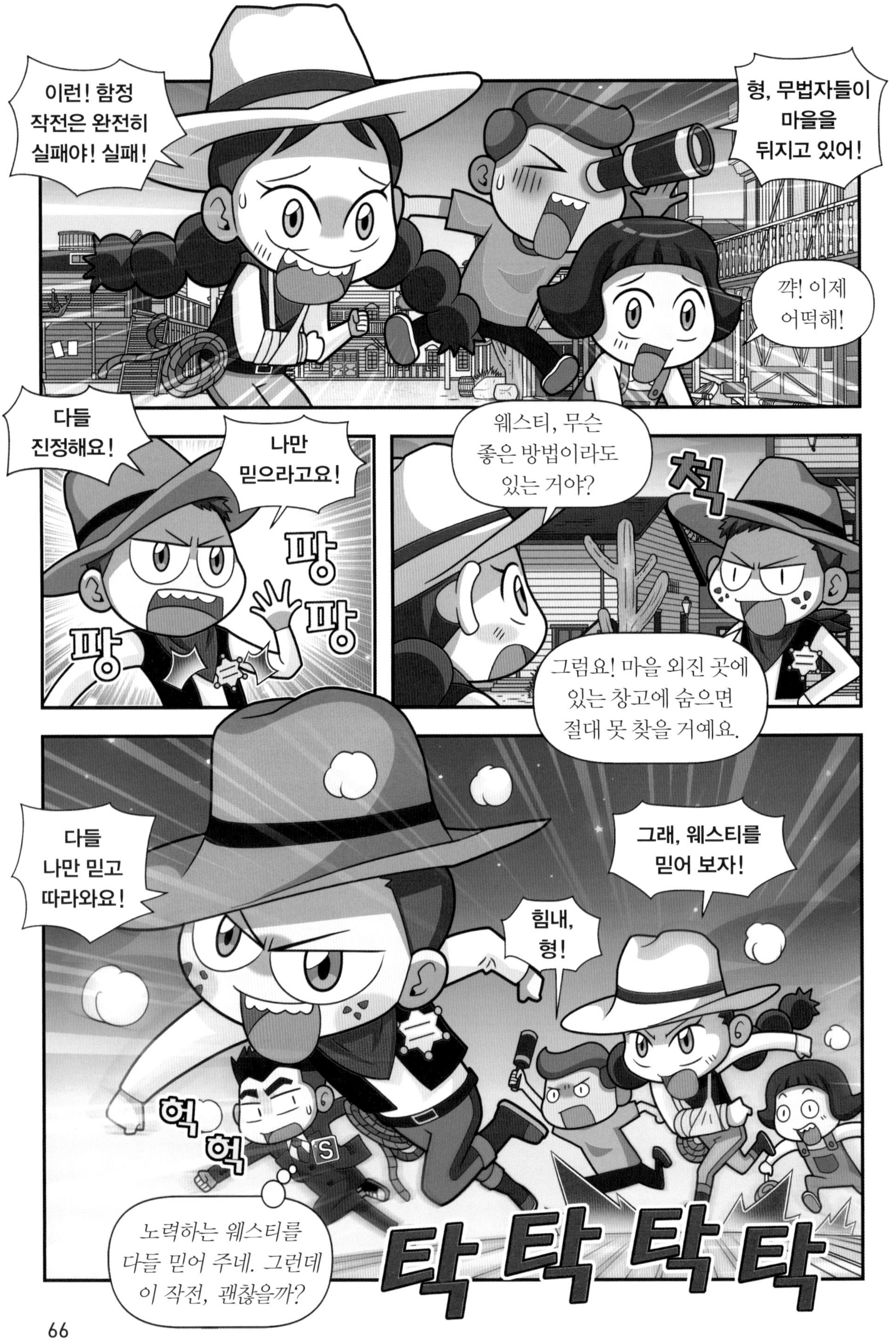

이런! 함정 작전은 완전히 실패야! 실패!
형, 무법자들이 마을을 뒤지고 있어!
꺅! 이제 어떡해!
다들 진정해요!
나만 믿으라고요!
팡
팡
팡
웨스티, 무슨 좋은 방법이라도 있는 거야?
척
그럼요! 마을 외진 곳에 있는 창고에 숨으면 절대 못 찾을 거예요.
다들 나만 믿고 따라와요!
그래, 웨스티를 믿어 보자!
힘내, 형!
헉
헉
노력하는 웨스티를 다들 믿어 주네. 그런데 이 작전, 괜찮을까?
탁 탁 탁 탁

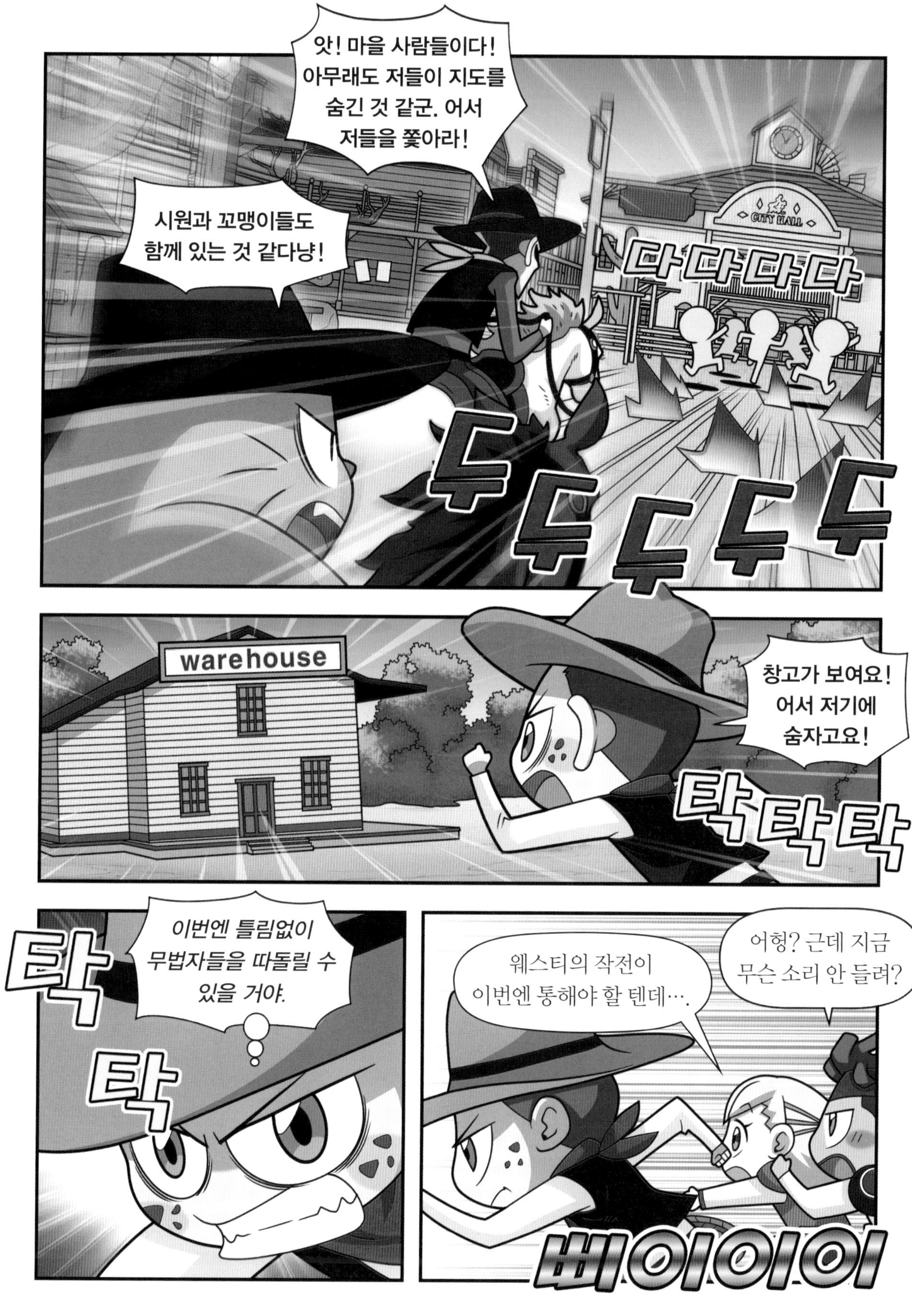

앗! 마을 사람들이다! 아무래도 저들이 지도를 숨긴 것 같군. 어서 저들을 쫓아라!
시원과 꼬맹이들도 함께 있는 것 같다냥!
다다다다다
CITY HALL
두두두두두두
warehouse
창고가 보여요! 어서 저기에 숨자고요!
탁탁탁
탁 탁
이번엔 틀림없이 무법자들을 따돌릴 수 있을 거야.
웨스티의 작전이 이번엔 통해야 할 텐데….
어헝? 근데 지금 무슨 소리 안 들려?
삐이이이이

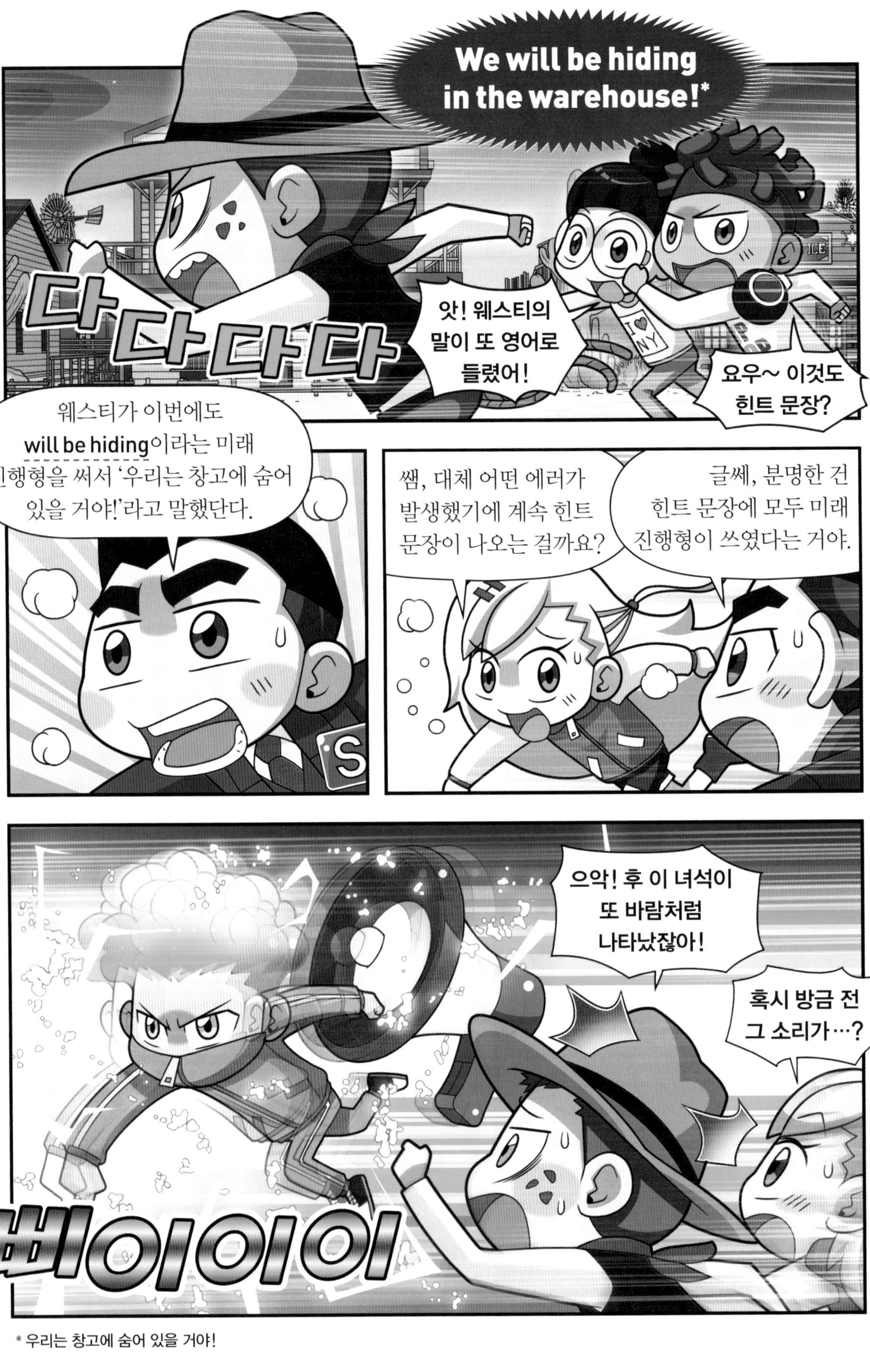

We will be hiding in the warehouse!*
다다다다다
앗! 웨스티의 말이 또 영어로 들렸어!
요우~ 이것도 힌트 문장?
웨스티가 이번에도 will be hiding이라는 미래 진행형을 써서 '우리는 창고에 숨어 있을 거야!'라고 말했단다.
쌤, 대체 어떤 에러가 발생했기에 계속 힌트 문장이 나오는 걸까요?
글쎄, 분명한 건 힌트 문장에 모두 미래 진행형이 쓰였다는 거야.
으악! 후 이 녀석이 또 바람처럼 나타났잖아!
혹시 방금 전 그 소리가…?
삐이이이이

* 우리는 창고에 숨어 있을 거야!

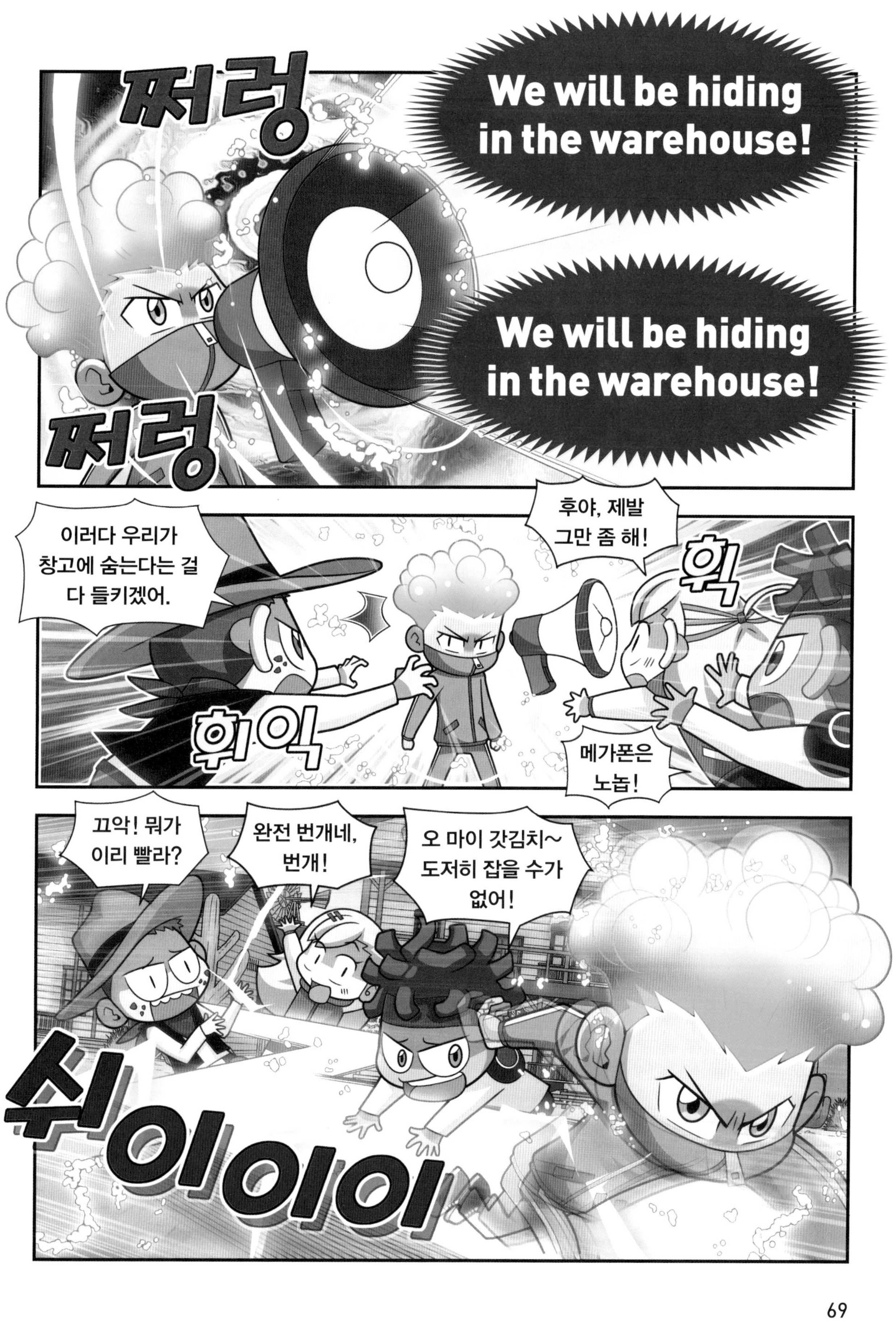
쩌렁
We will be hiding in the warehouse!
We will be hiding in the warehouse!
쩌렁
이러다 우리가 창고에 숨는다는 걸 다 들키겠어.
후야, 제발 그만 좀 해!
확
휘익
메가폰은 노놉!
끄악! 뭐가 이리 빨라?
완전 번개네, 번개!
오 마이 갓김치~ 도저히 잡을 수가 없어!
쉬이이이이

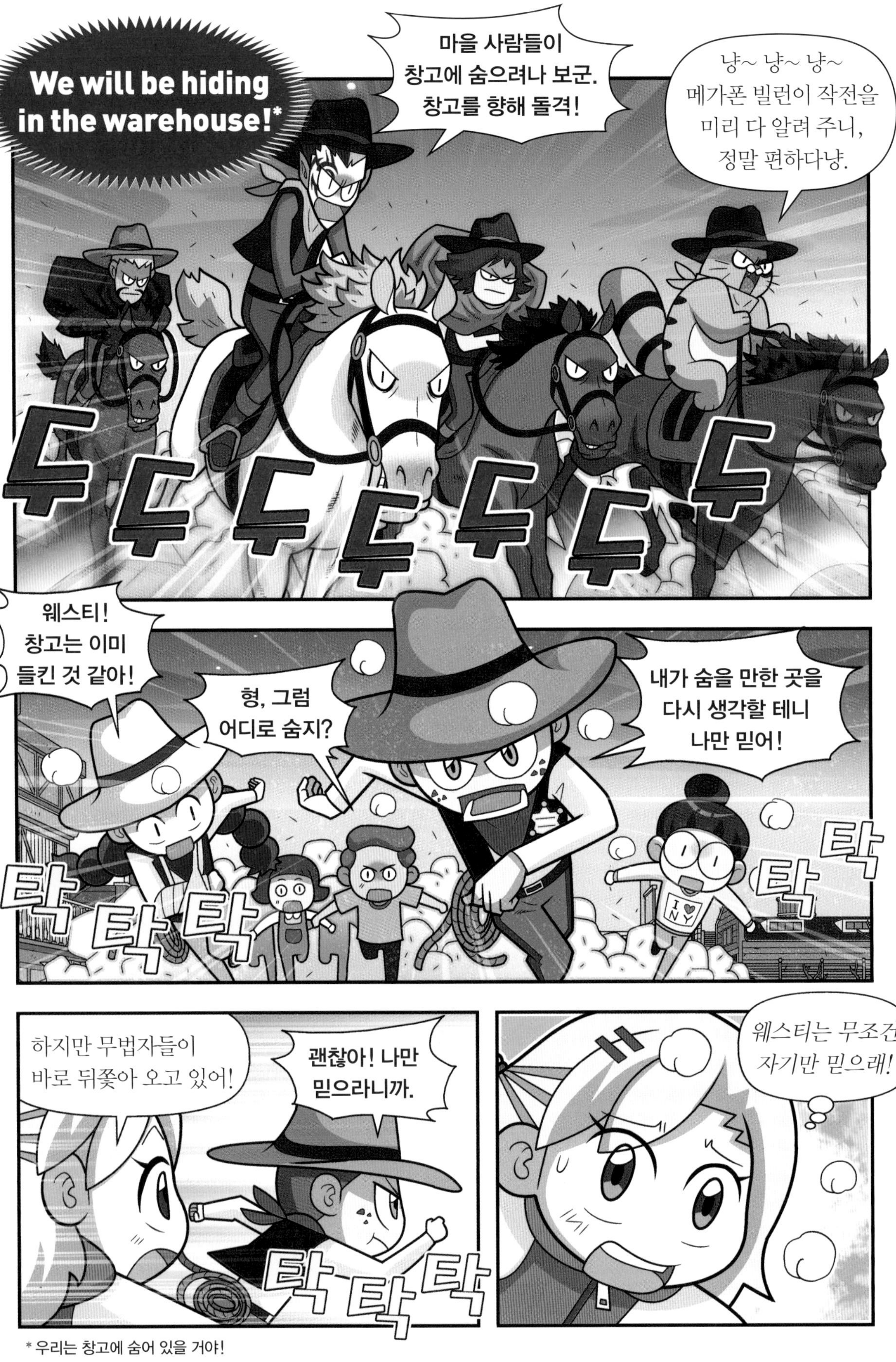

We will be hiding in the warehouse!*
마을 사람들이 창고에 숨으려나 보군. 창고를 향해 돌격!
냥~ 냥~ 냥~ 메가폰 빌런이 작전을 미리 다 알려 주니, 정말 편하다냥.
두두두두두두두
웨스티! 창고는 이미 들킨 것 같아!
형, 그럼 어디로 숨지?
내가 숨을 만한 곳을 다시 생각할 테니 나만 믿어!
탁 탁 탁
탁 탁
하지만 무법자들이 바로 뒤쫓아 오고 있어!
괜찮아! 나만 믿으라니까.
탁 탁 탁
웨스티는 무조건 자기만 믿으래!

* 우리는 창고에 숨어 있을 거야!

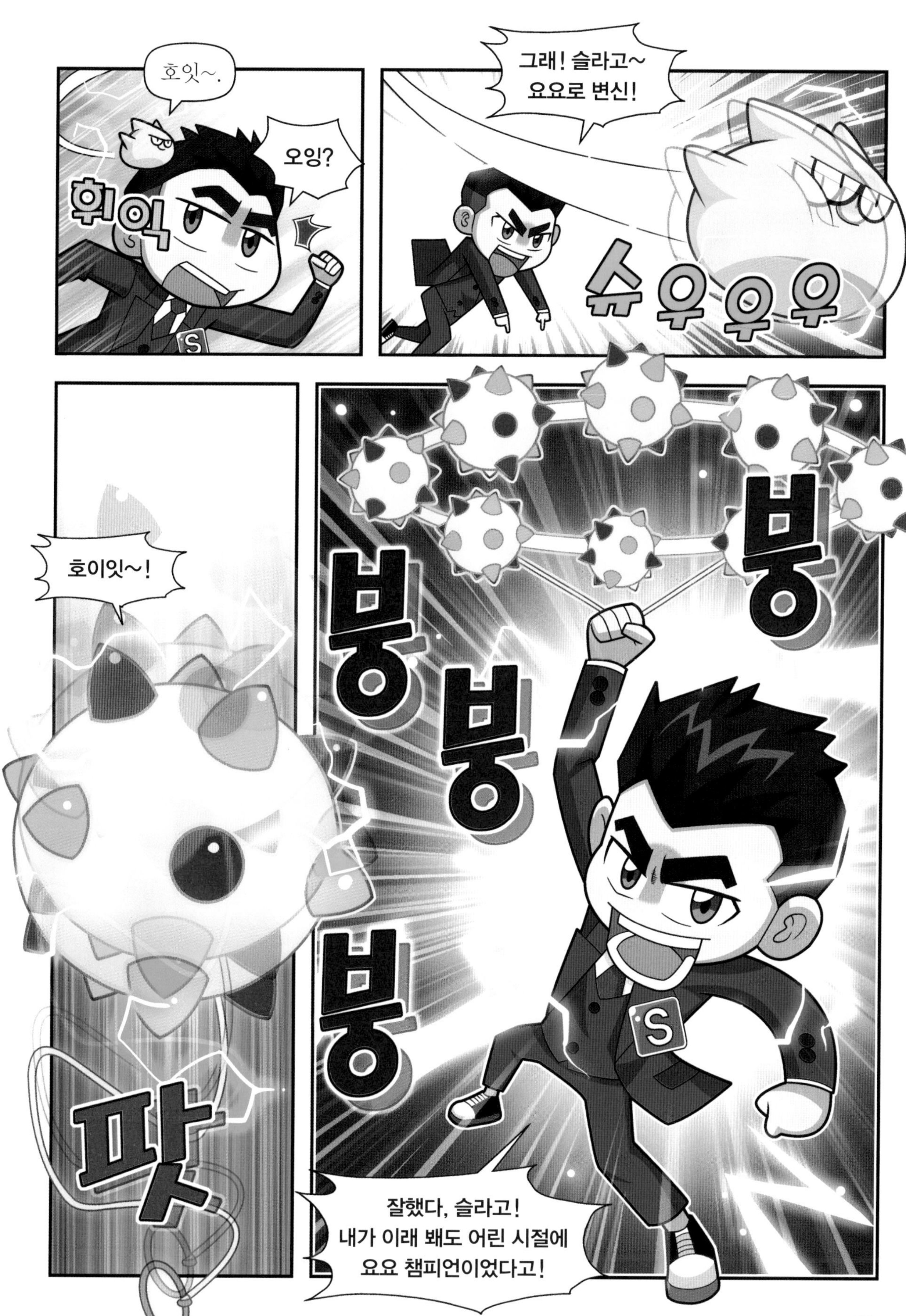
호잇~.
오잉?
휘익
그래! 슬라고~
요요로 변신!
슈우우우
호이잇~!
붕
붕
붕
붕
파앗
잘했다, 슬라고!
내가 이래 봬도 어린 시절에
요요 챔피언이었다고!

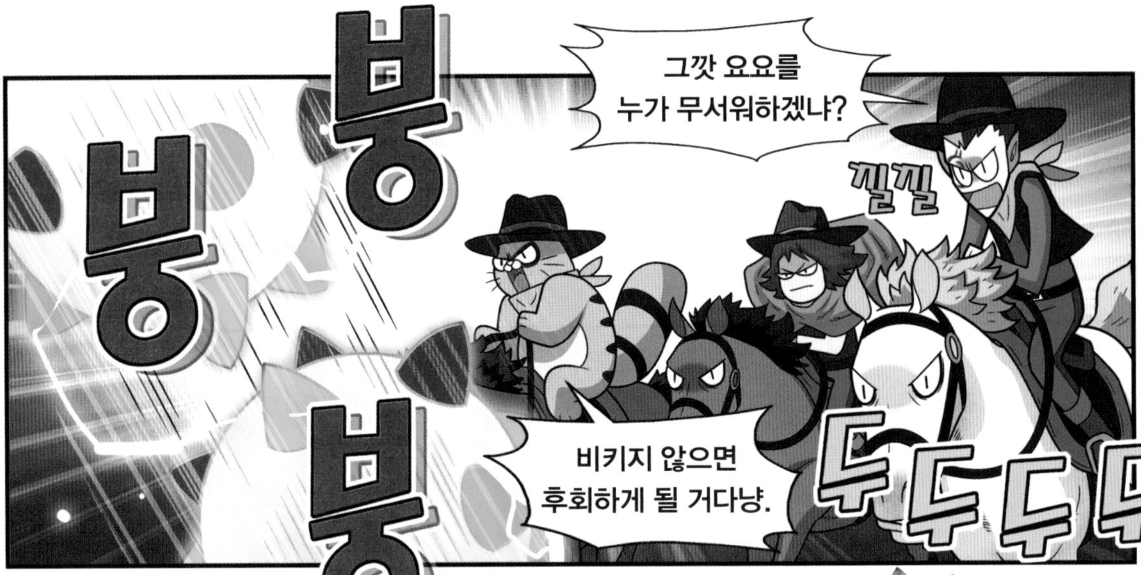
붕
붕
그깟 요요를
누가 무서워하겠냐?
낄낄
붕
비키지 않으면
후회하게 될 거다냥.
두두두두

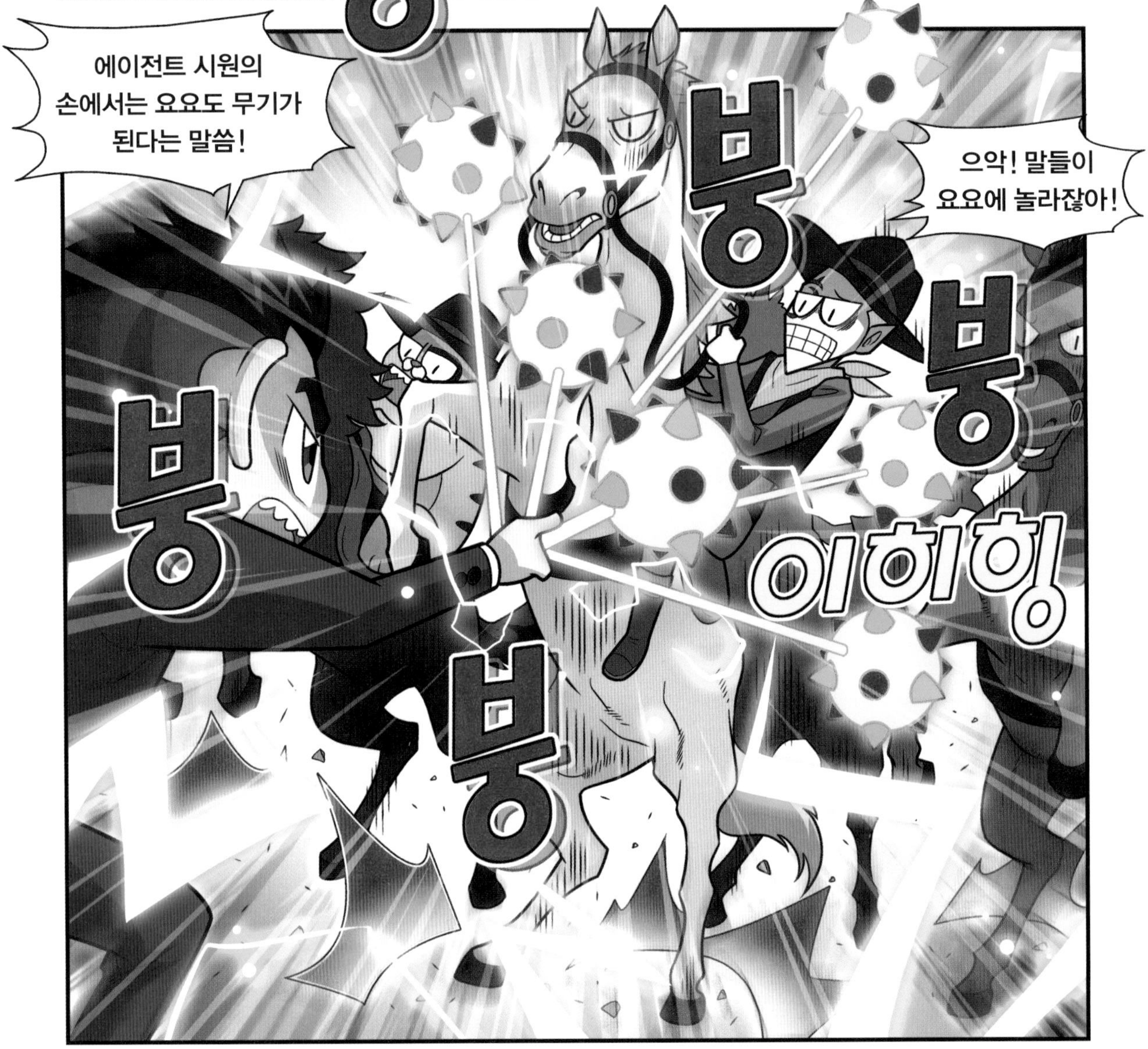
에이전트 시원의
손에서는 요요도 무기가
된다는 말씀!
붕
으악! 말들이
요요에 놀라잖아!
붕
붕
이히힝
붕

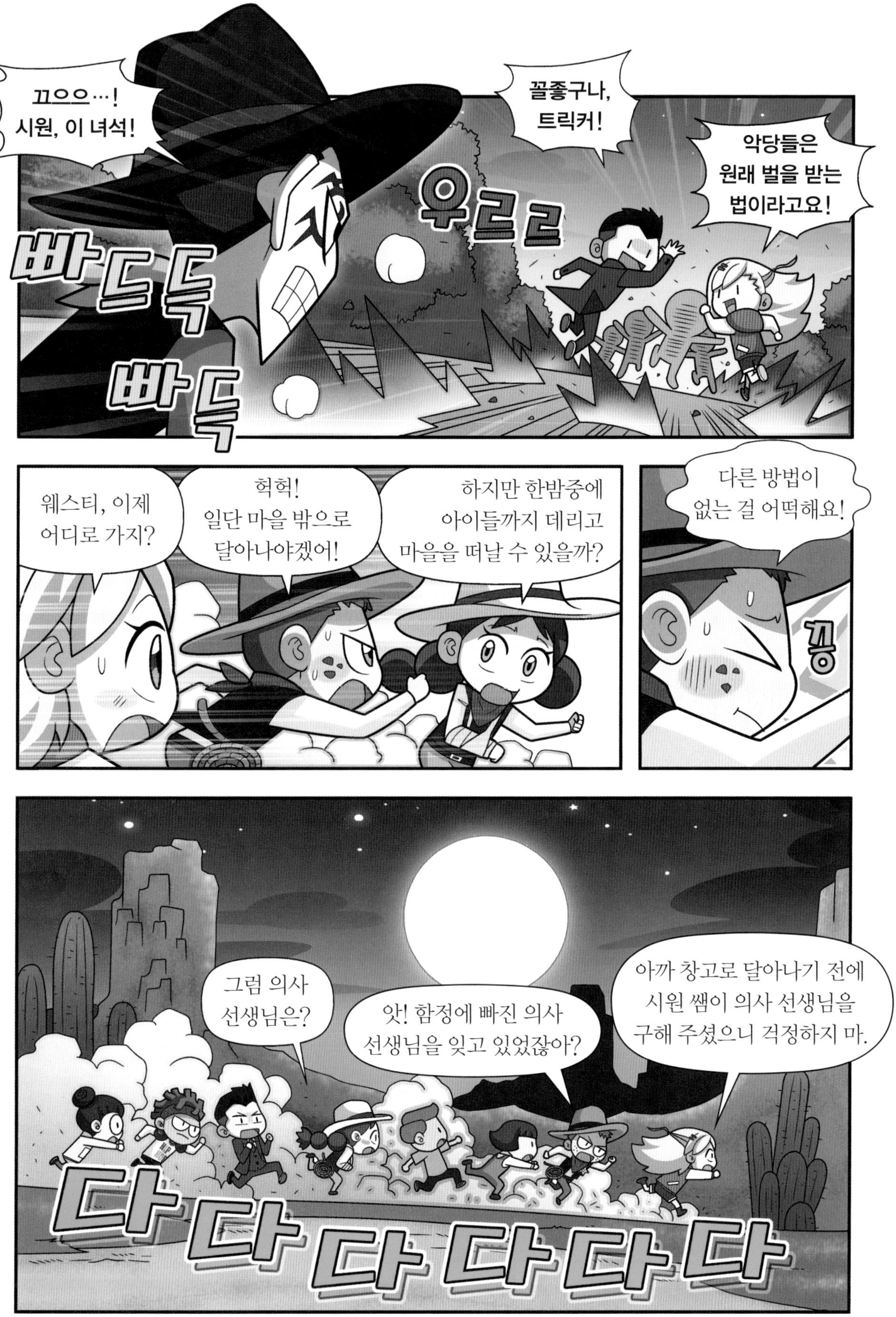
끄으으…!
시원, 이 녀석!
빠드득
빠드득
우르르
꼴좋구나,
트릭커!
악당들은
원래 벌을 받는
법이라고요!
웨스티, 이제
어디로 가지?
헉헉!
일단 마을 밖으로
달아나야겠어!
하지만 한밤중에
아이들까지 데리고
마을을 떠날 수 있을까?
다른 방법이
없는 걸 어떡해요!
끙
그럼 의사
선생님은?
앗! 함정에 빠진 의사
선생님을 잊고 있었잖아?
아까 창고로 달아나기 전에
시원 쌤이 의사 선생님을
구해 주셨으니 걱정하지 마.
다다다다다다다

Chapter 4

마을 지키기 대작전

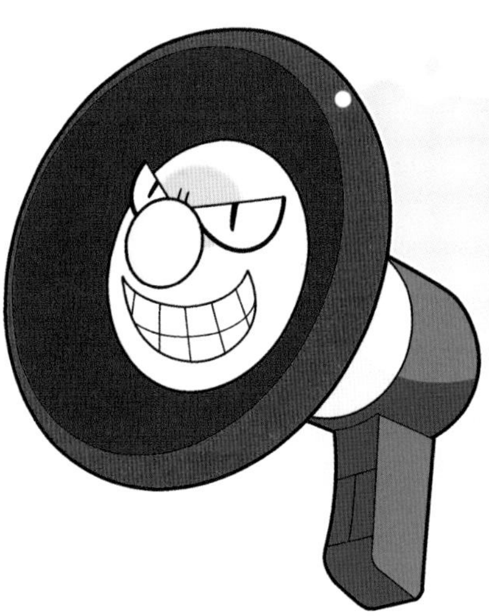

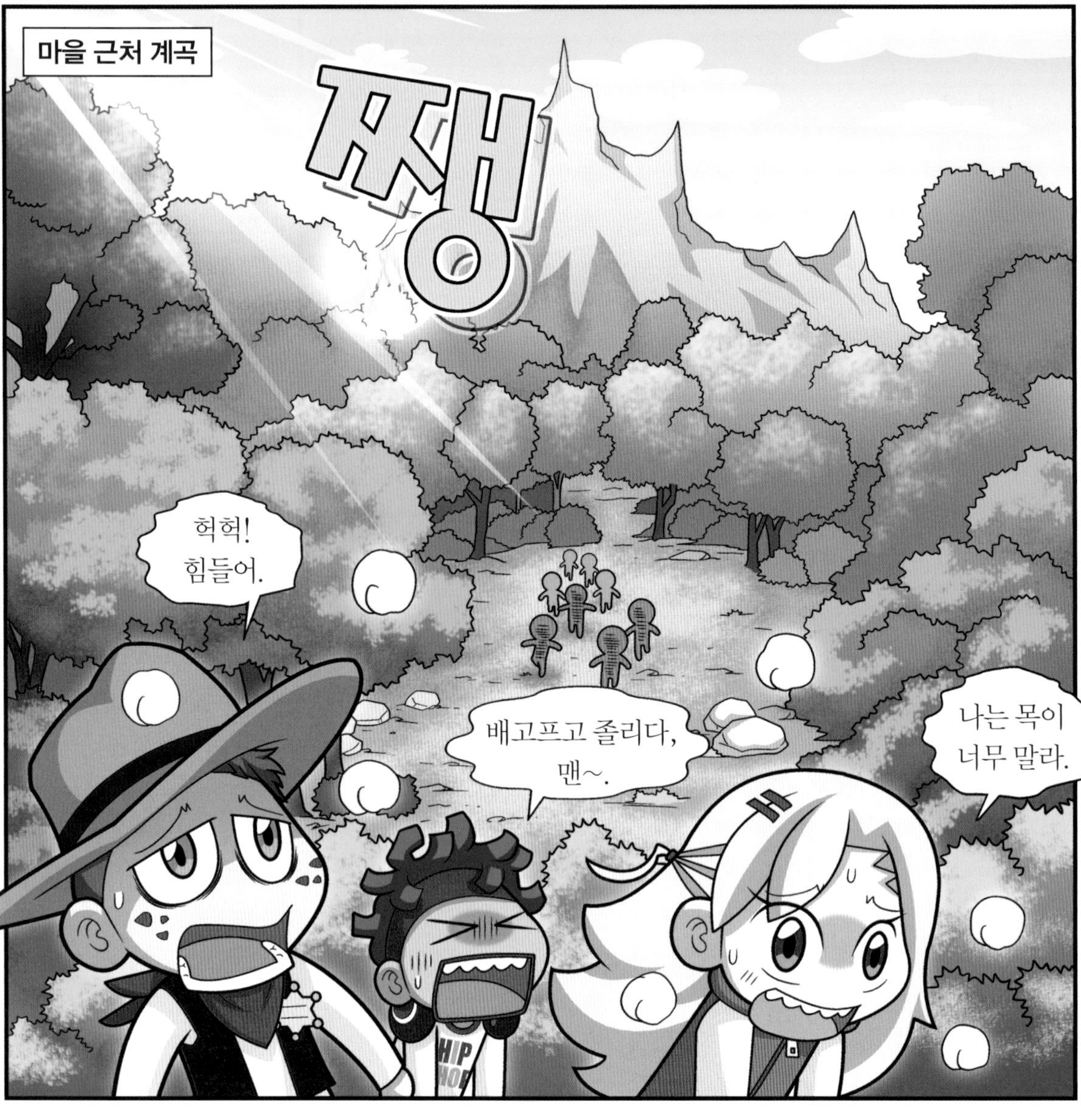

마을 근처 계곡
쨍
헉헉! 힘들어.
배고프고 졸리다, 맨~.
나는 목이 너무 말라.

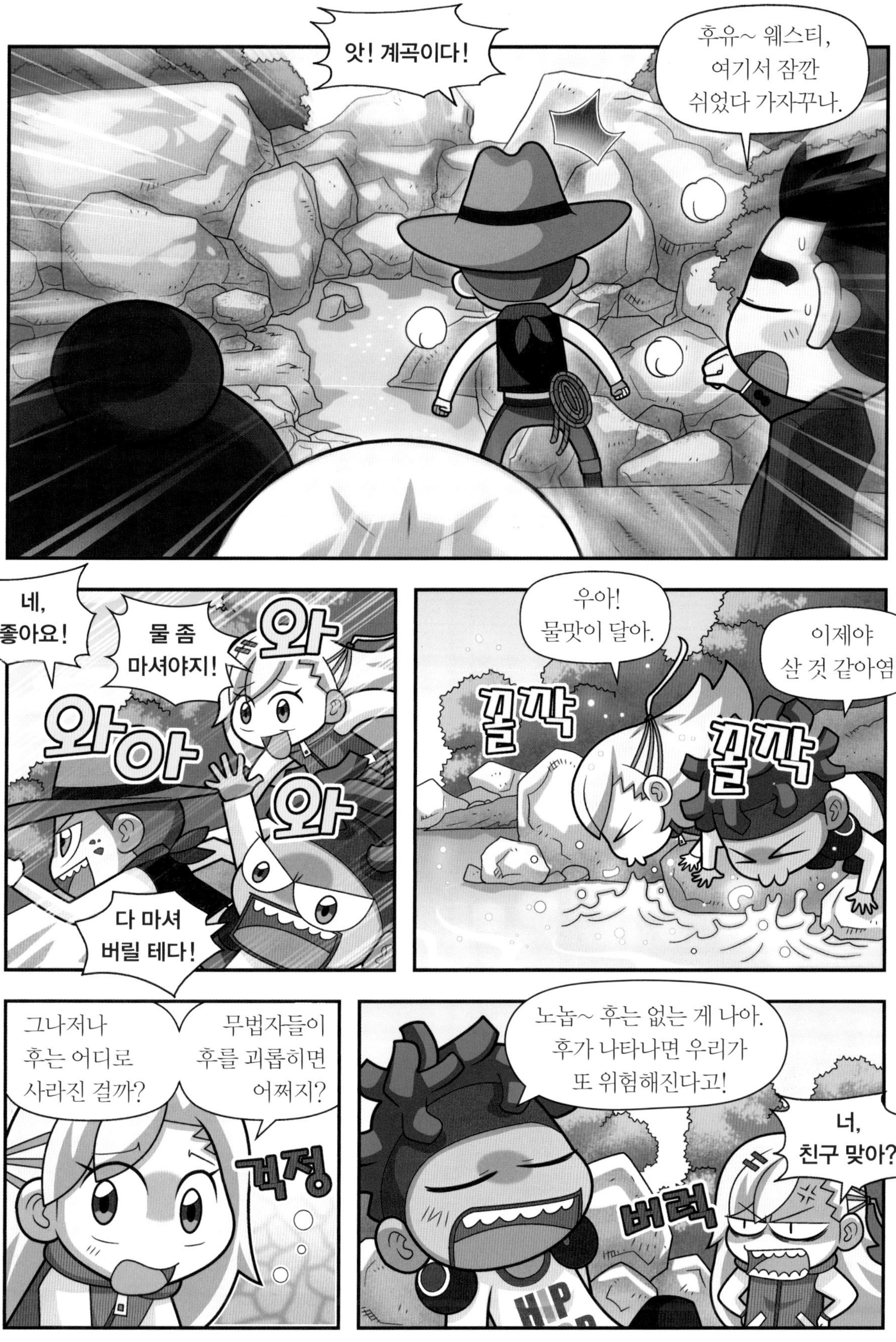
앗! 계곡이다!
후유~ 웨스티, 여기서 잠깐 쉬었다 가자꾸나.
네, 좋아요!
물 좀 마셔야지!
와
와아
와
다 마셔 버릴 테다!
우아! 물맛이 달아.
이제야 살 것 같아염!
꿀꺽
꿀꺽
그나저나 후는 어디로 사라진 걸까?
무법자들이 후를 괴롭히면 어쩌지?
걱정
노놉~ 후는 없는 게 나아. 후가 나타나면 우리가 또 위험해진다고!
너, 친구 맞아?
버럭
HIP

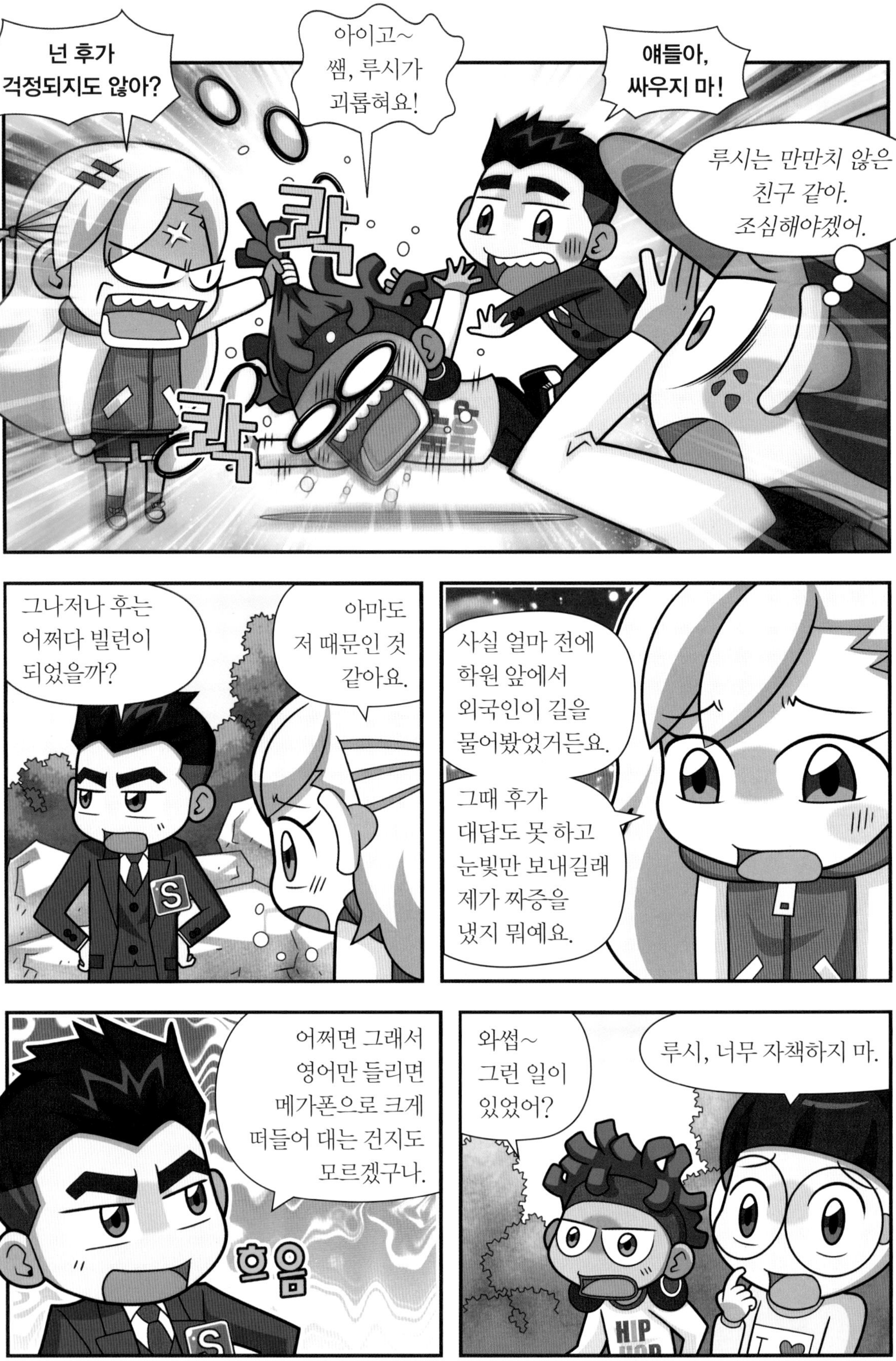
넌 후가
걱정되지도 않아?
아이고~
쌤, 루시가
괴롭혀요!
얘들아,
싸우지 마!
루시는 만만치 않은
친구 같아.
조심해야겠어.
콱
콱
그나저나 후는
어쩌다 빌런이
되었을까?
아마도
저 때문인 것
같아요.
사실 얼마 전에
학원 앞에서
외국인이 길을
물어봤었거든요.
그때 후가
대답도 못 하고
눈빛만 보내길래
제가 짜증을
냈지 뭐예요.
어쩌면 그래서
영어만 들리면
메가폰으로 크게
떠들어 대는 건지도
모르겠구나.
흐음
와썹~
그런 일이
있었어?
루시, 너무 자책하지 마.

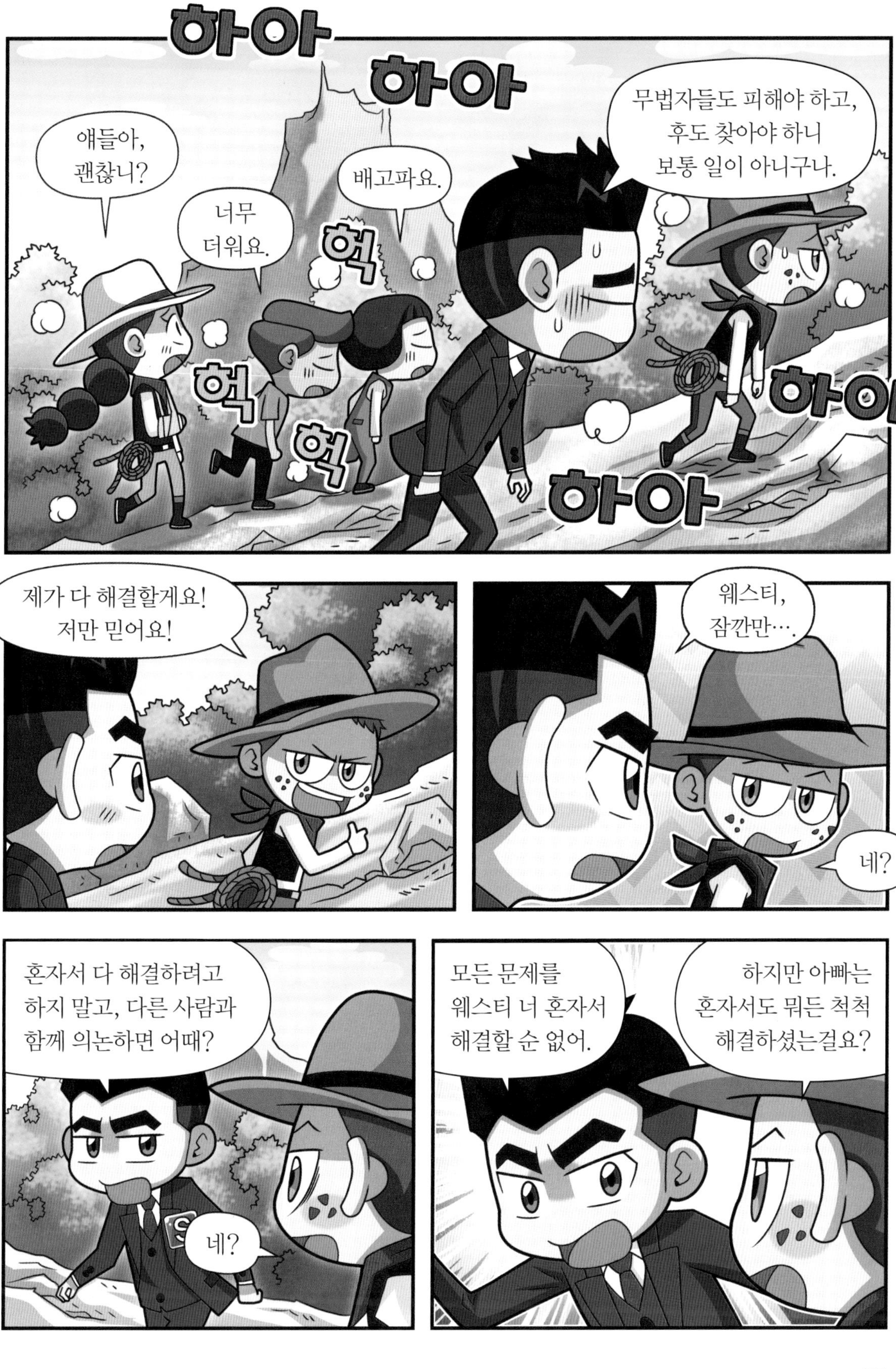

하아
하아
애들아, 괜찮니?
너무 더워요.
배고파요.
무법자들도 피해야 하고, 후도 찾아야 하니 보통 일이 아니구나.
헉
헉
헉
하아
하아
제가 다 해결할게요! 저만 믿어요!
웨스티, 잠깐만….
네?
혼자서 다 해결하려고 하지 말고, 다른 사람과 함께 의논하면 어때?
네?
모든 문제를 웨스티 너 혼자서 해결할 순 없어.
하지만 아빠는 혼자서도 뭐든 척척 해결하셨는걸요?

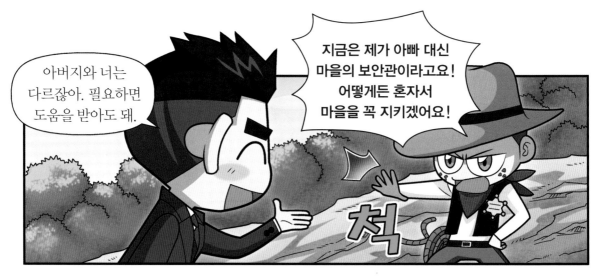

아버지와 너는 다르잖아. 필요하면 도움을 받아도 돼.

지금은 제가 아빠 대신 마을의 보안관이라고요! 어떻게든 혼자서 마을을 꼭 지키겠어요!

척

그… 그래. 하지만 네가 힘들 땐 꼭 사람들한테 도움을 청하면 좋겠구나.

생각은 해 볼게요~.

휙 휙 휙

지금은 웨스티의 고집을 꺾을 수 없겠어. 스스로 깨달을 수밖에….

흠

으악! 형, 무법자들이 이쪽으로 오고 있어!

헉! 벌써?

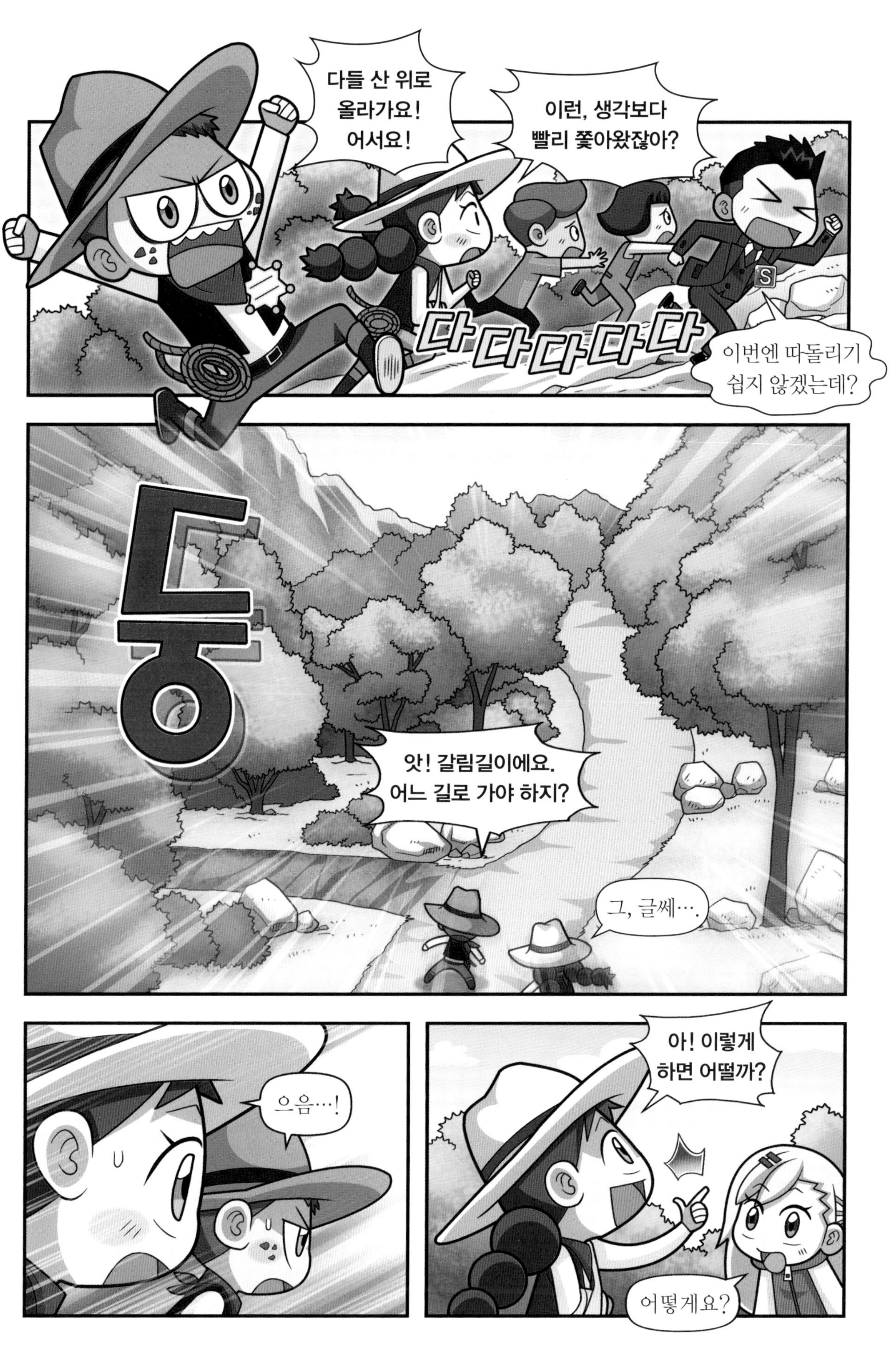

다들 산 위로
올라가요!
어서요!
이런, 생각보다
빨리 쫓아왔잖아?
다다다다다다
이번엔 따돌리기
쉽지 않겠는데?
둥
앗! 갈림길이에요.
어느 길로 가야 하지?
그, 글쎄….
으음…!
아! 이렇게
하면 어떨까?
어떻게요?

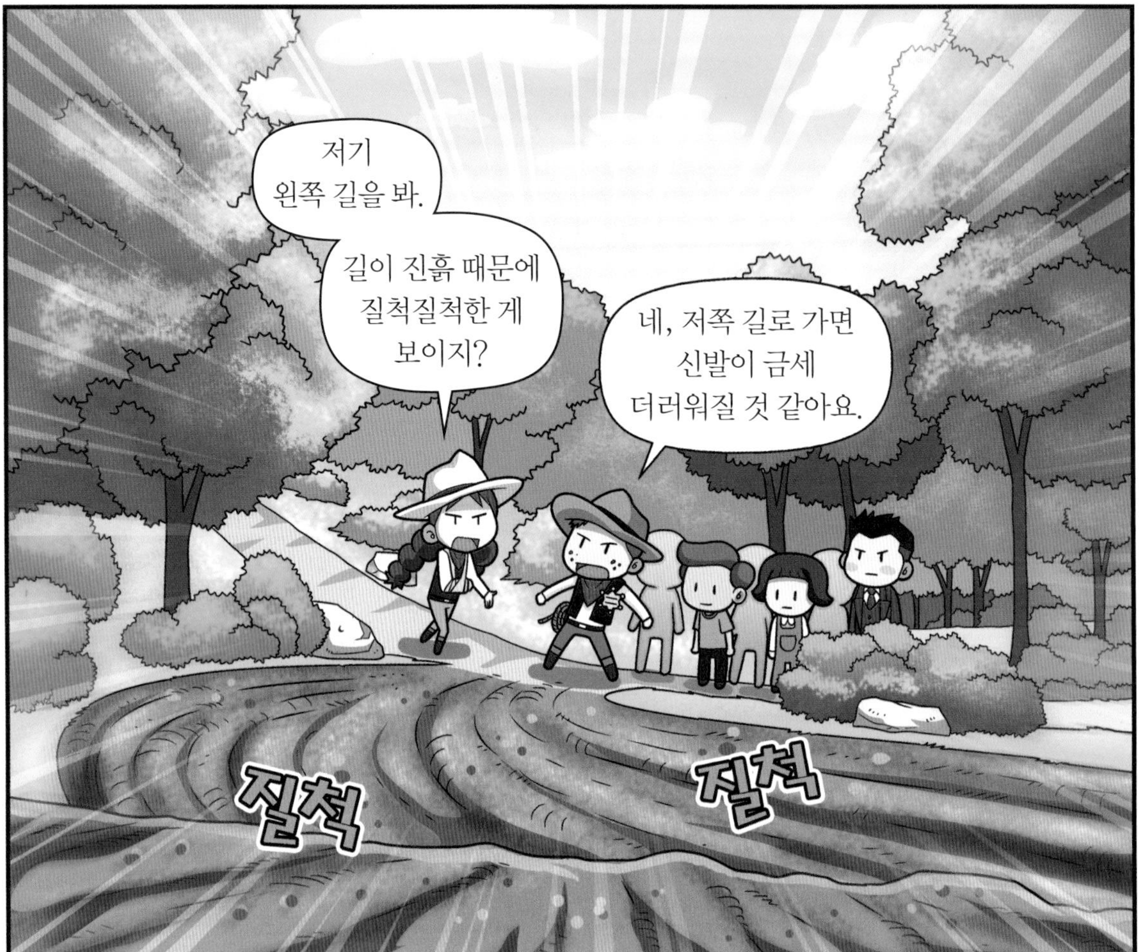
저기
왼쪽 길을 봐.
길이 진흙 때문에
질척질척한 게
보이지?
네, 저쪽 길로 가면
신발이 금세
더러워질 것 같아요.
질척
질척

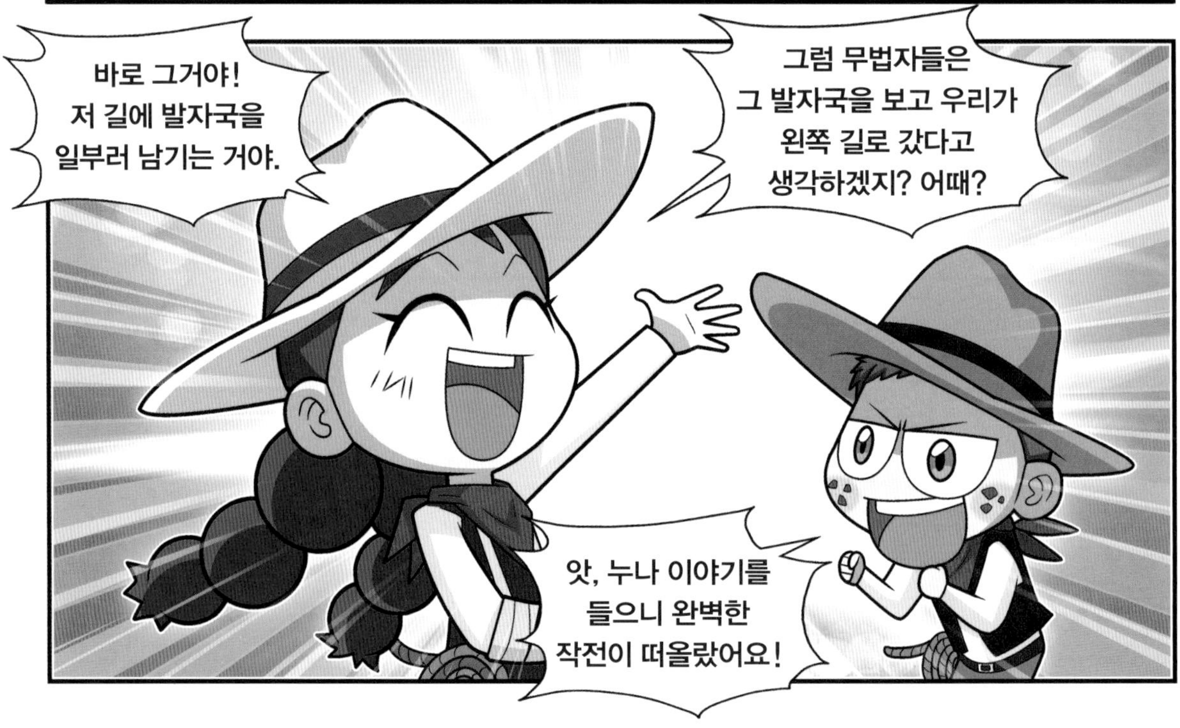
바로 그거야!
저 길에 발자국을
일부러 남기는 거야.
그럼 무법자들은
그 발자국을 보고 우리가
왼쪽 길로 갔다고
생각하겠지? 어때?
앗, 누나 이야기를
들으니 완벽한
작전이 떠올랐어요!

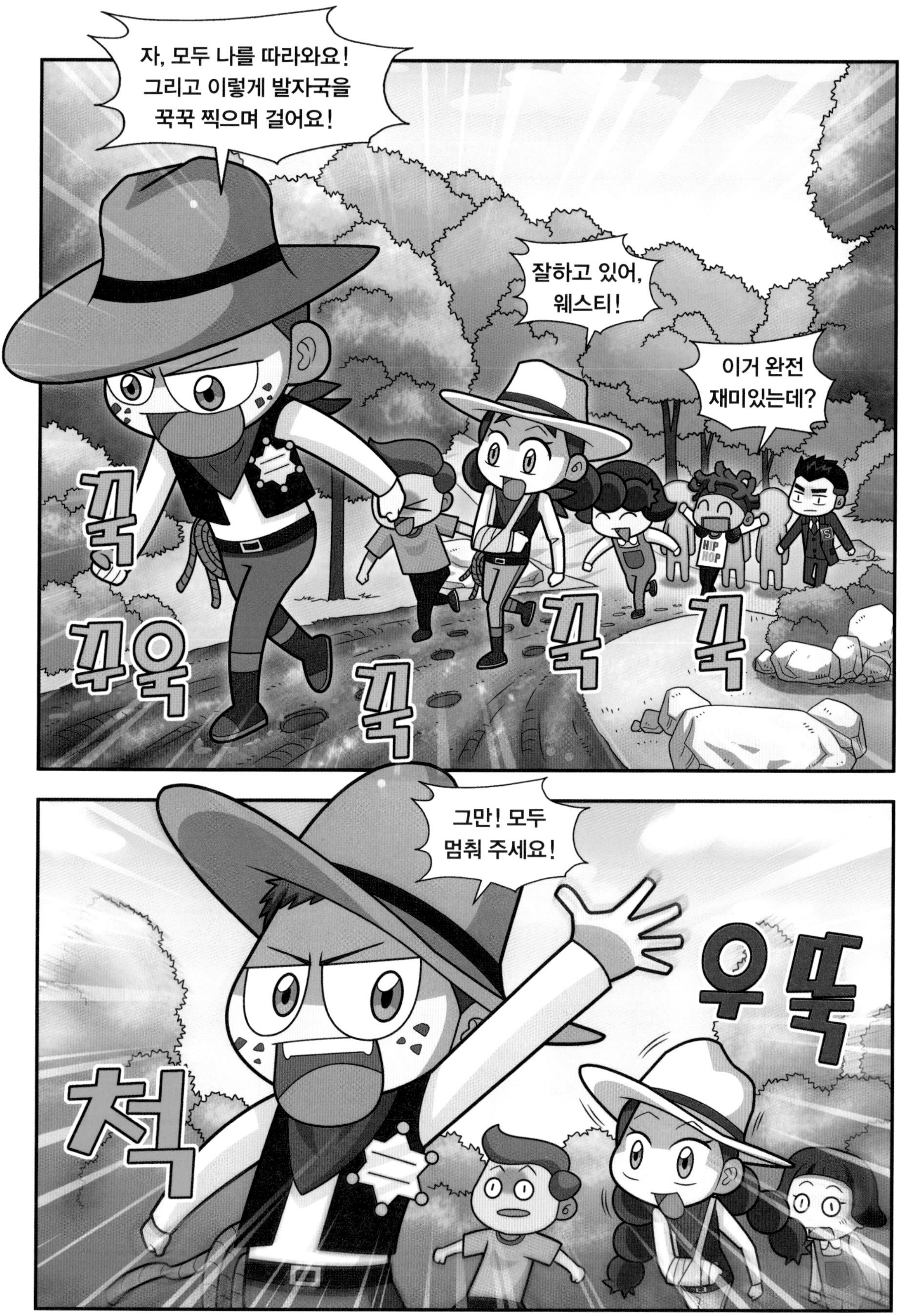

자, 모두 나를 따라와요! 그리고 이렇게 발자국을 꾹꾹 찍으며 걸어요!
잘하고 있어, 웨스티!
이거 완전 재미있는데?
꾹
꾸욱
꾹
꾹
꾹
그만! 모두 멈춰 주세요!
우뚝
척

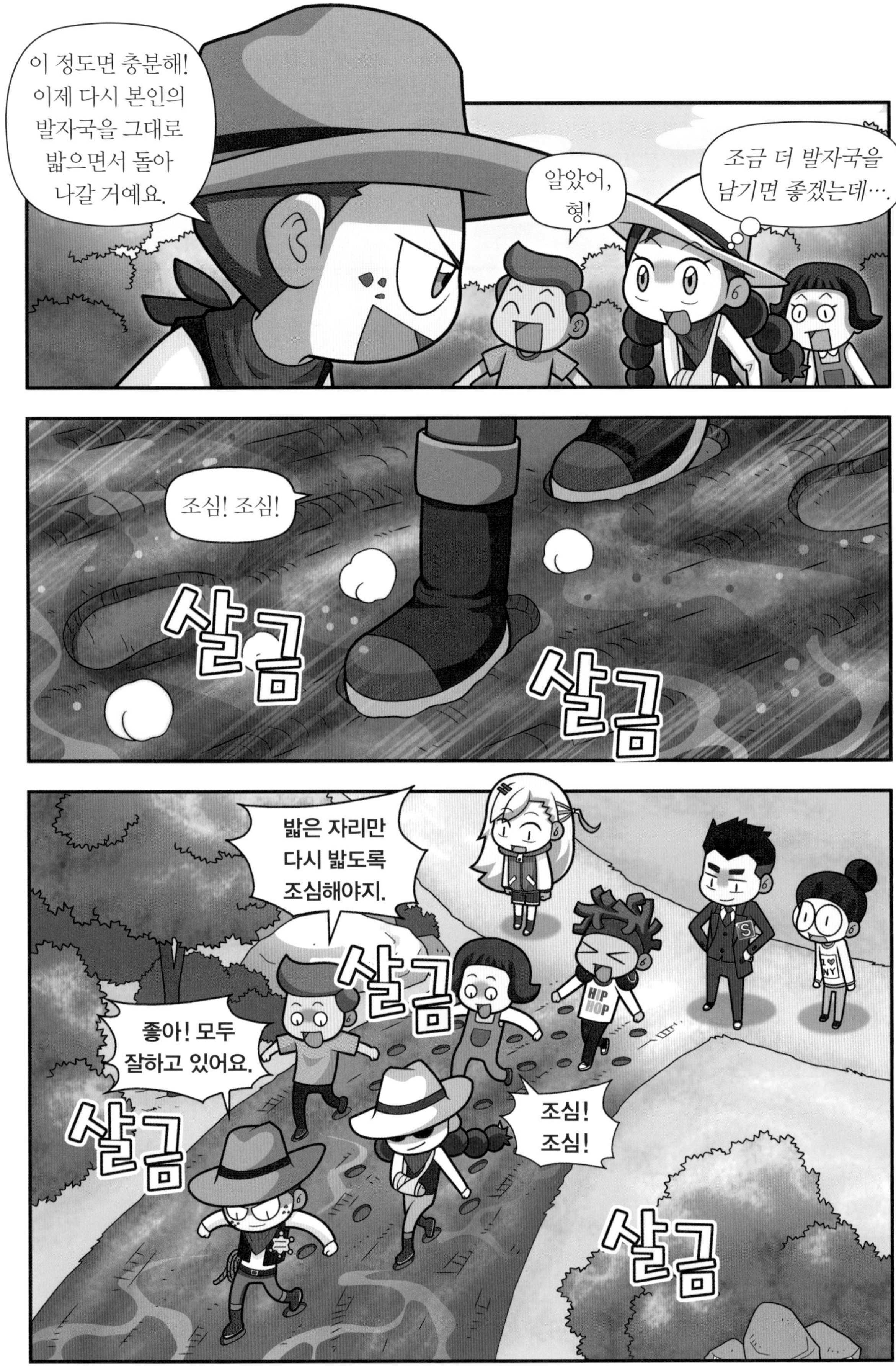

이 정도면 충분해! 이제 다시 본인의 발자국을 그대로 밟으면서 돌아 나갈 거예요.
알았어, 형!
조금 더 발자국을 남기면 좋겠는데….
조심! 조심!
살금
살금
밟은 자리만 다시 밟도록 조심해야지.
살금
좋아! 모두 잘하고 있어요.
살금
조심! 조심!
살금

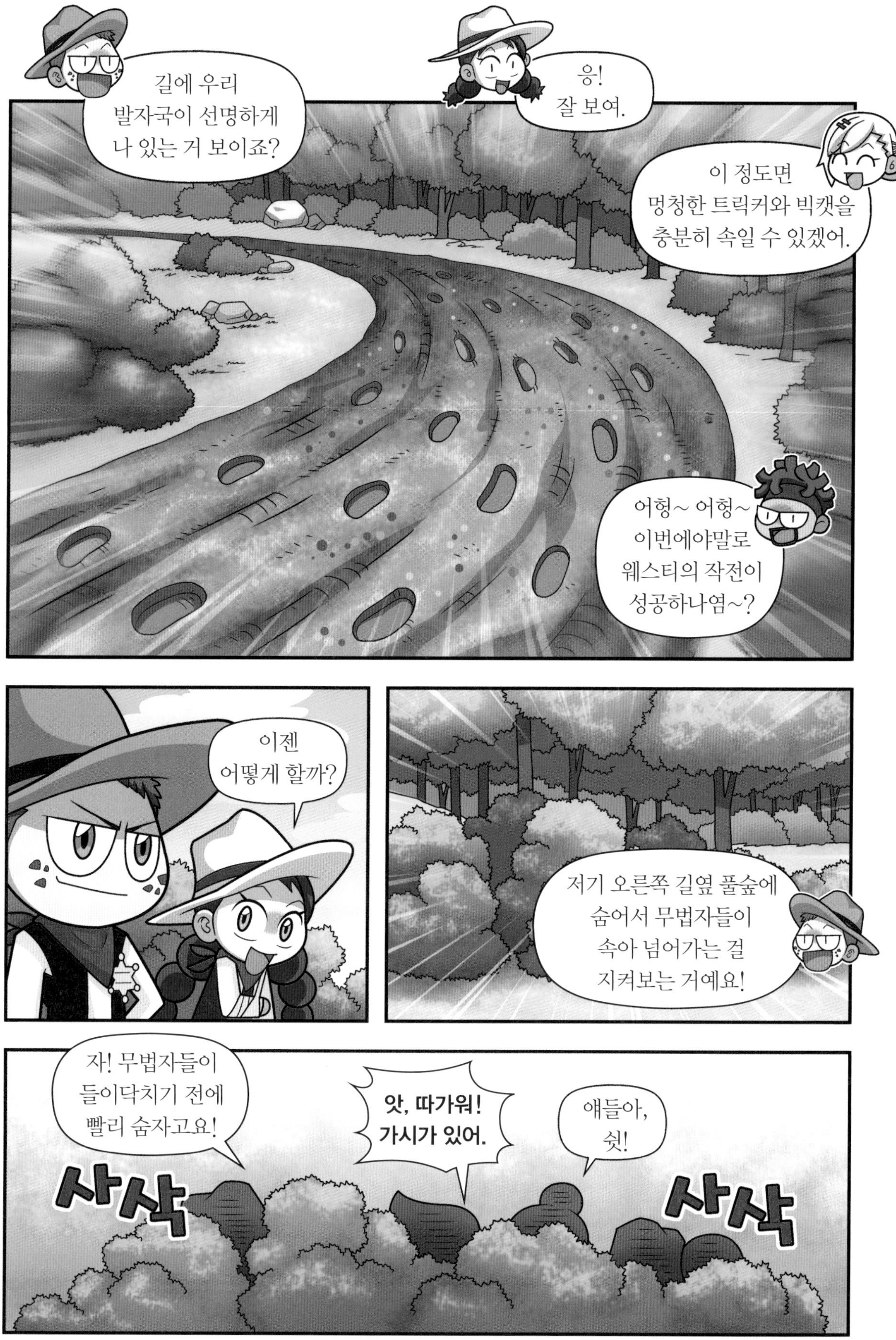

길에 우리 발자국이 선명하게 나 있는 거 보이죠?
응! 잘 보여.
이 정도면 멍청한 트릭커와 빅캣을 충분히 속일 수 있겠어.
어헝~ 어헝~ 이번에야말로 웨스티의 작전이 성공하나염~?
이젠 어떻게 할까?
저기 오른쪽 길옆 풀숲에 숨어서 무법자들이 속아 넘어가는 걸 지켜보는 거예요!
자! 무법자들이 들이닥치기 전에 빨리 숨자고요!
앗, 따가워! 가시가 있어.
애들아, 쉿!
사삭
사삭

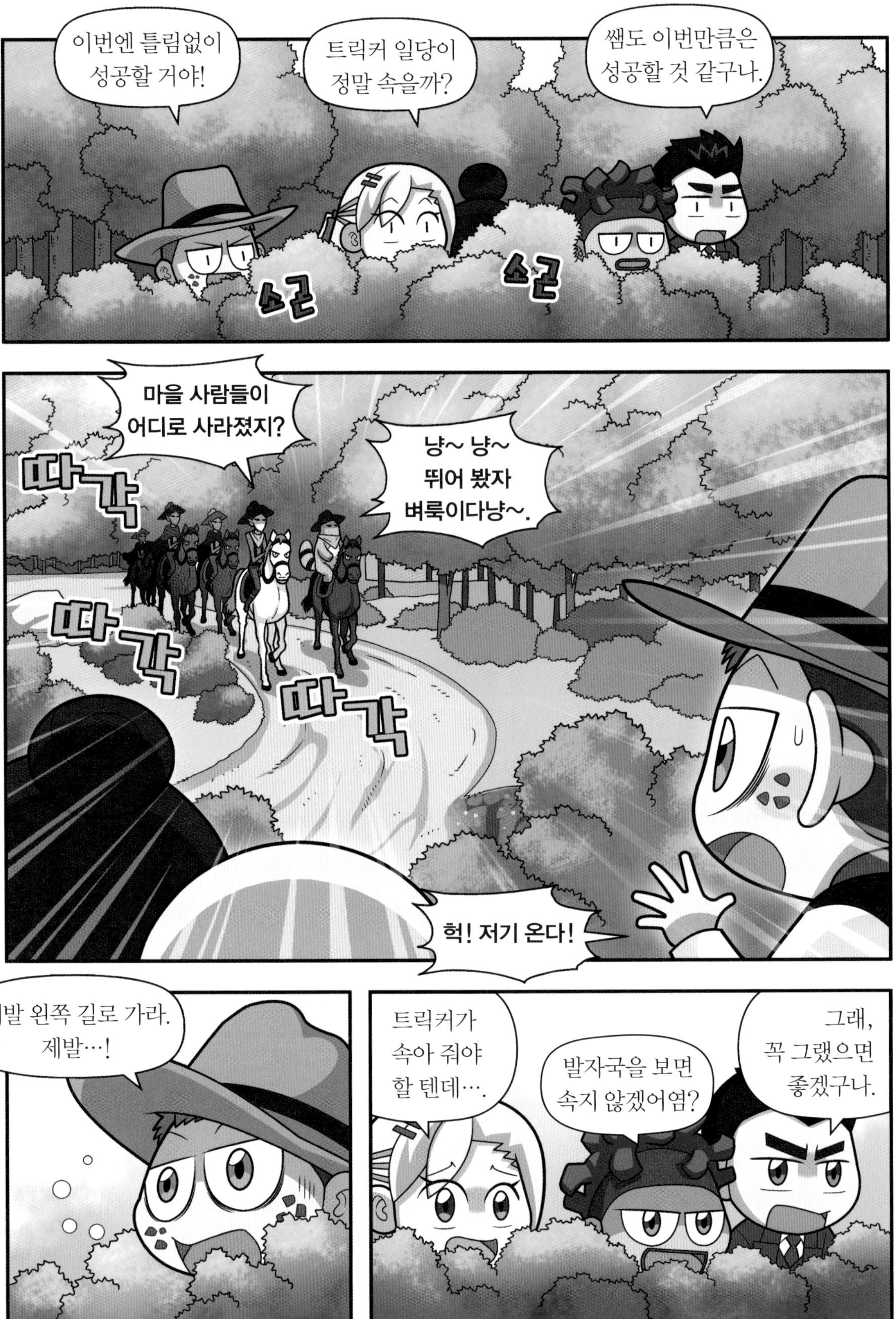

이번엔 틀림없이 성공할 거야!
트릭커 일당이 정말 속을까?
쌤도 이번만큼은 성공할 것 같구나.
소곤
소곤
마을 사람들이 어디로 사라졌지?
냥~ 냥~ 뛰어 봤자 벼룩이다냥~.
따각
따각
따각
헉! 저기 온다!
제발 왼쪽 길로 가라. 제발…!
트릭커가 속아 줘야 할 텐데….
발자국을 보면 속지 않겠어염?
그래, 꼭 그랬으면 좋겠구나.

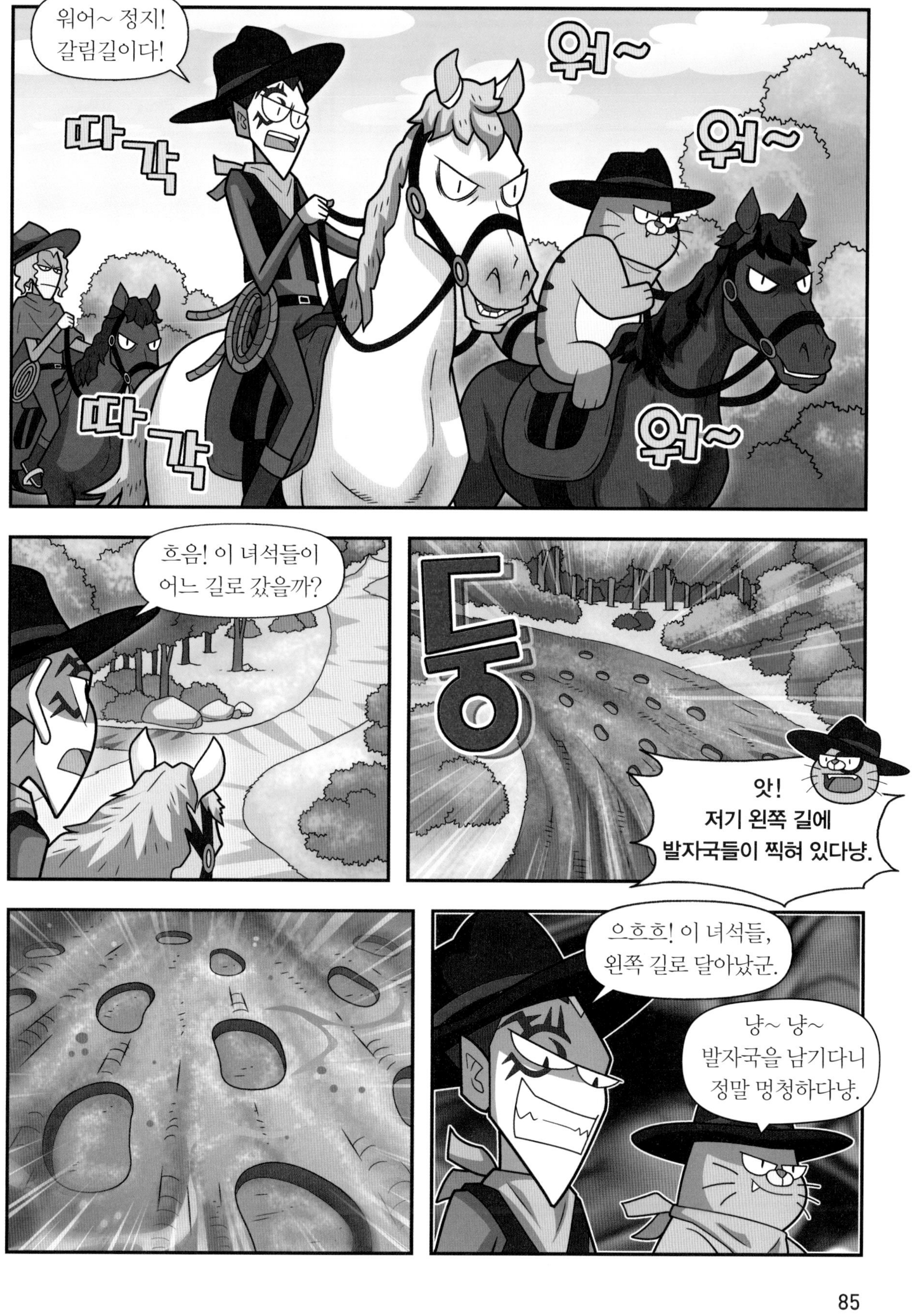
워어~ 정지! 갈림길이다!
따각
워~
워~
따각
워~
흐음! 이 녀석들이 어느 길로 갔을까?
둥
앗! 저기 왼쪽 길에 발자국들이 찍혀 있다냥.
으흐흐! 이 녀석들, 왼쪽 길로 달아났군.
냥~ 냥~ 발자국을 남기다니 정말 멍청하다냥.

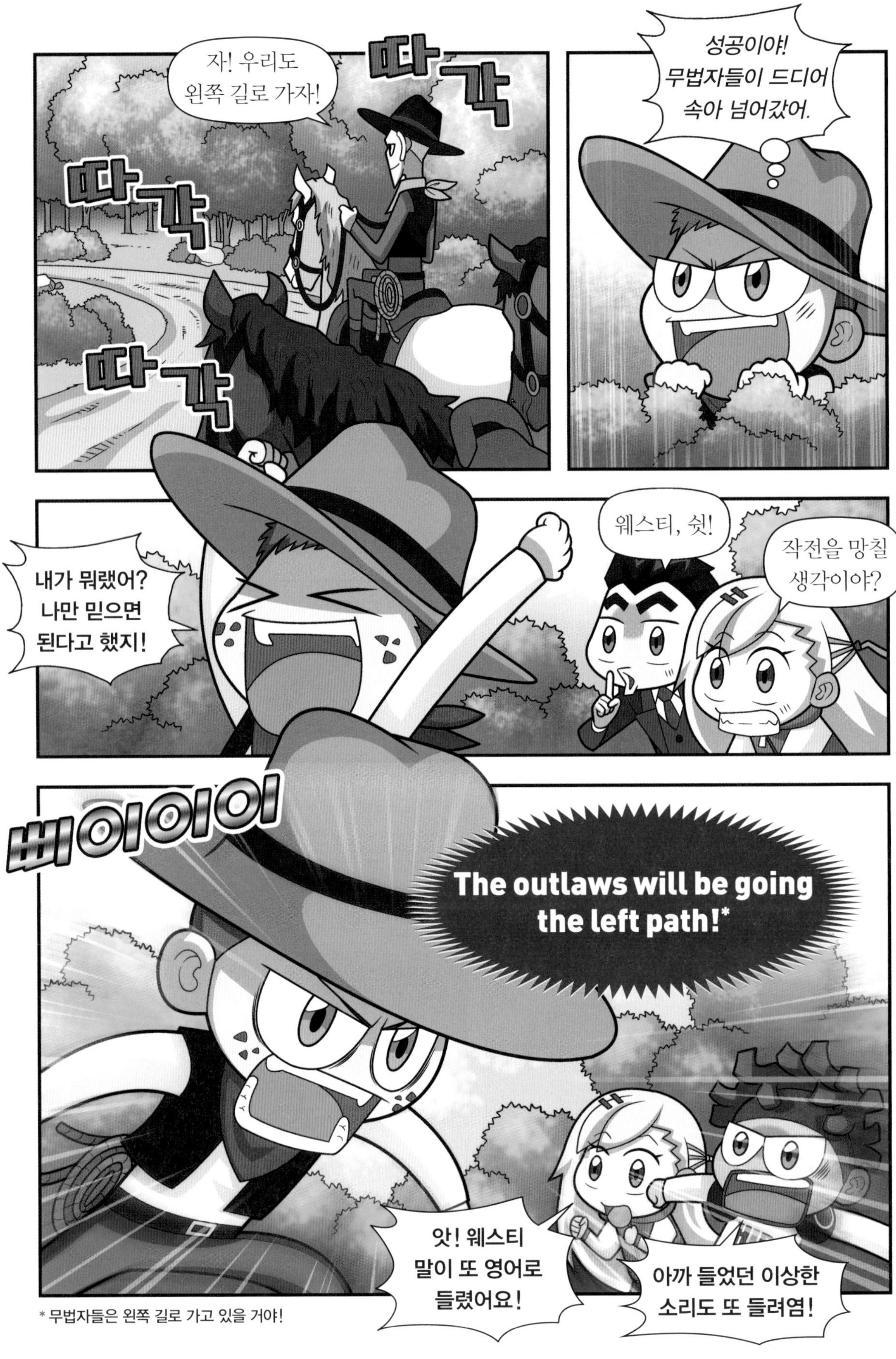

자! 우리도 왼쪽 길로 가자!
따각
따각
따각
성공이야! 무법자들이 드디어 속아 넘어갔어.
내가 뭐랬어? 나만 믿으면 된다고 했지!
웨스티, 쉿!
작전을 망칠 생각이야?
삐이이이
The outlaws will be going the left path!*
앗! 웨스티 말이 또 영어로 들렸어요!
아까 들었던 이상한 소리도 또 들려염!

* 무법자들은 왼쪽 길로 가고 있을 거야!

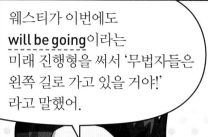

웨스티가 이번에도 **will be going**이라는 미래 진행형을 써서 '무법자들은 왼쪽 길로 가고 있을 거야!' 라고 말했어.

여기서 왼쪽은 영어로 left, 오른쪽은 영어로 right 이라고 한단다.

요우~ 그런데 쌤, 웨스티 말이 왜 자꾸 힌트 문장이 되는 걸까염?

지금까지 영어로 들린 웨스티의 작전은 모두 실패했어. 아마도 실패하는 작전이 힌트 문장이 되는 것 같아.

앗! 정말 그런가 봐요.

후가 작전을 미리 퍼뜨리니 실패할 수밖에!

삐이이이이이~

깜짝

또 그 소리다! 역시 후야!

헉! 이 소리는…!

* 분홍색 단어의 발음이 궁금하다면 143쪽을 펼쳐 보세요.

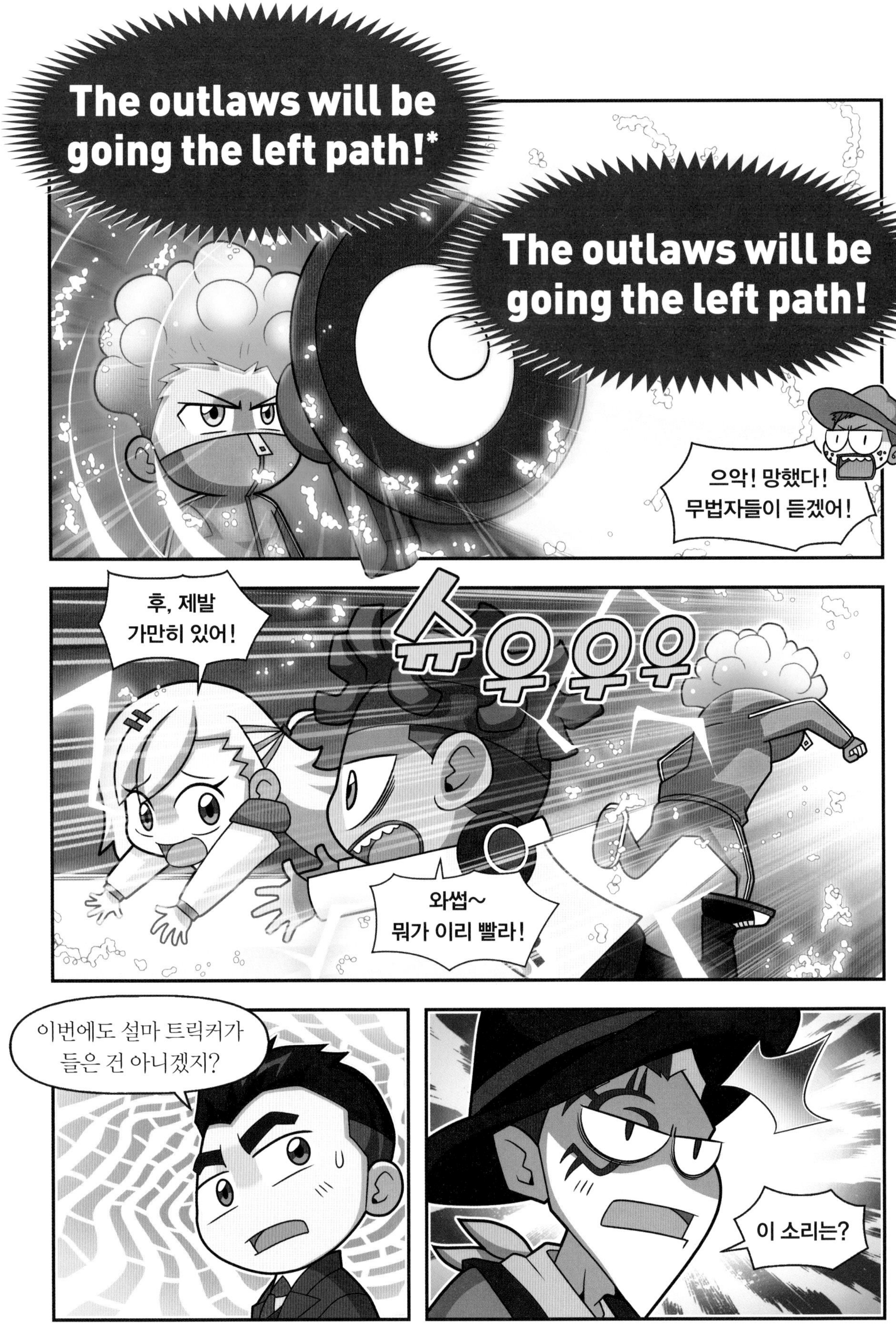
The outlaws will be going the left path!*
The outlaws will be going the left path!
으악! 망했다! 무법자들이 듣겠어!
후, 제발 가만히 있어!
슈우우우
와썹~ 뭐가 이리 빨라!
이번에도 설마 트릭커가 들은 건 아니겠지?
이 소리는?

* 무법자들은 왼쪽 길로 가고 있을 거야!

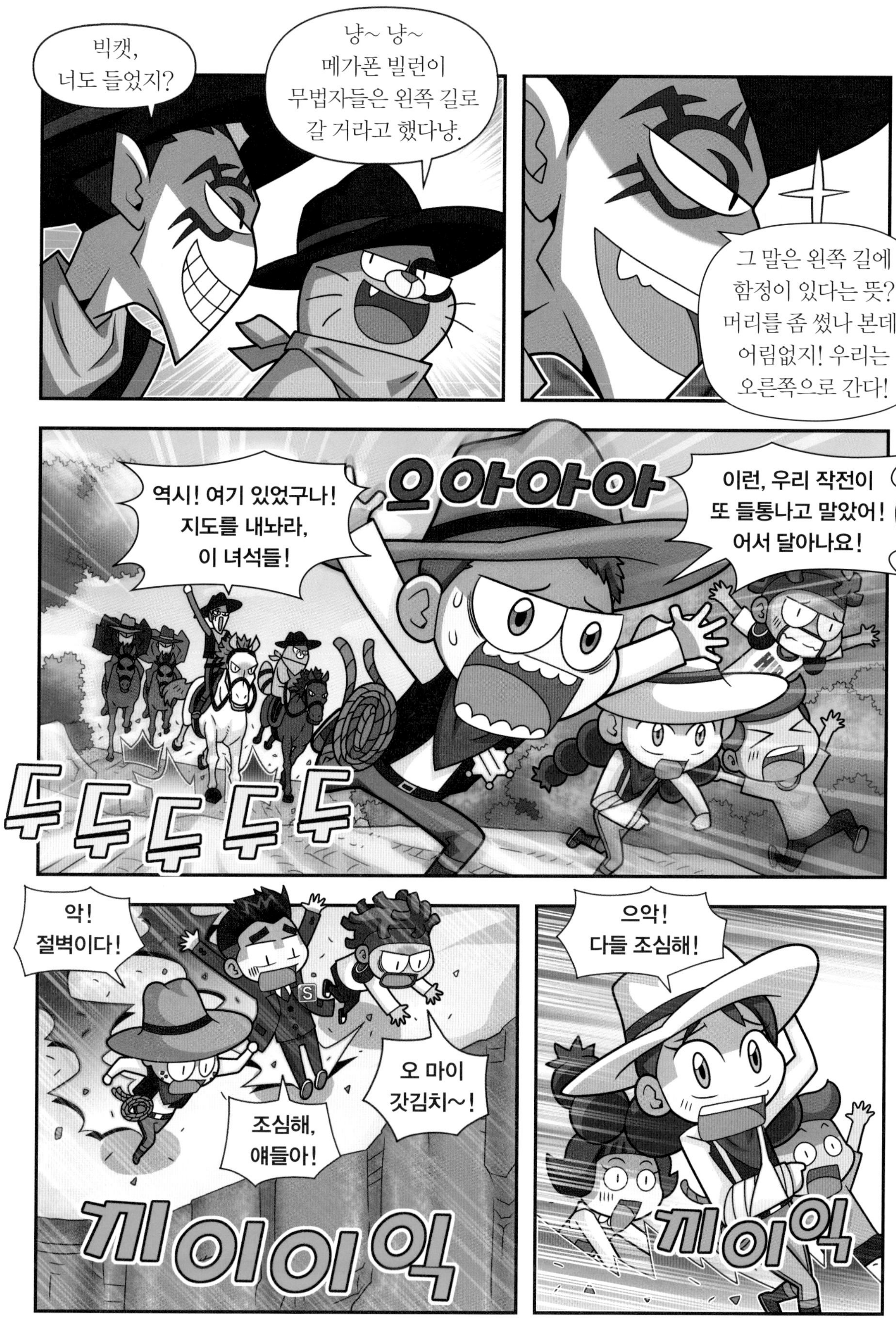
빅캣,
너도 들었지?
냥~ 냥~
메가폰 빌런이
무법자들은 왼쪽 길로
갈 거라고 했다냥.
그 말은 왼쪽 길에
함정이 있다는 뜻?
머리를 좀 썼나 본데,
어림없지! 우리는
오른쪽으로 간다!
역시! 여기 있었구나!
지도를 내놔라,
이 녀석들!
오아아아아
이런, 우리 작전이
또 들통나고 말았어!
어서 달아나요!
두두두두두
악!
절벽이다!
오 마이
갓김치~!
조심해,
얘들아!
끼이이익
으악!
다들 조심해!
끼이익

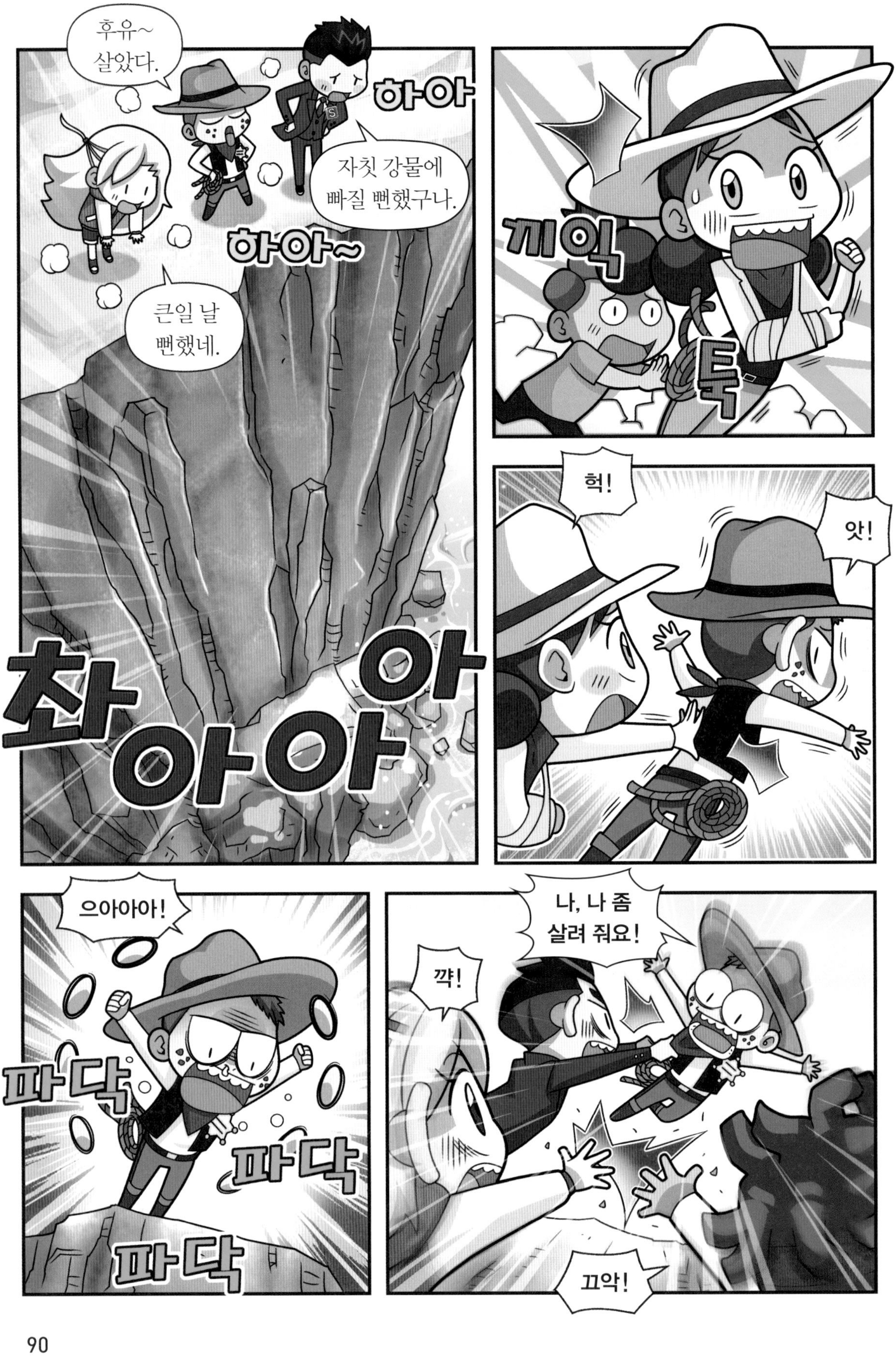
후유~ 살았다.
하아
자칫 강물에 빠질 뻔했구나.
하아~
큰일 날 뻔했네.
촤아아아
끼익
툭
헉!
앗!
으아아아!
파닥
파닥
파닥
나, 나 좀 살려 줘요!
꺅!
끄악!

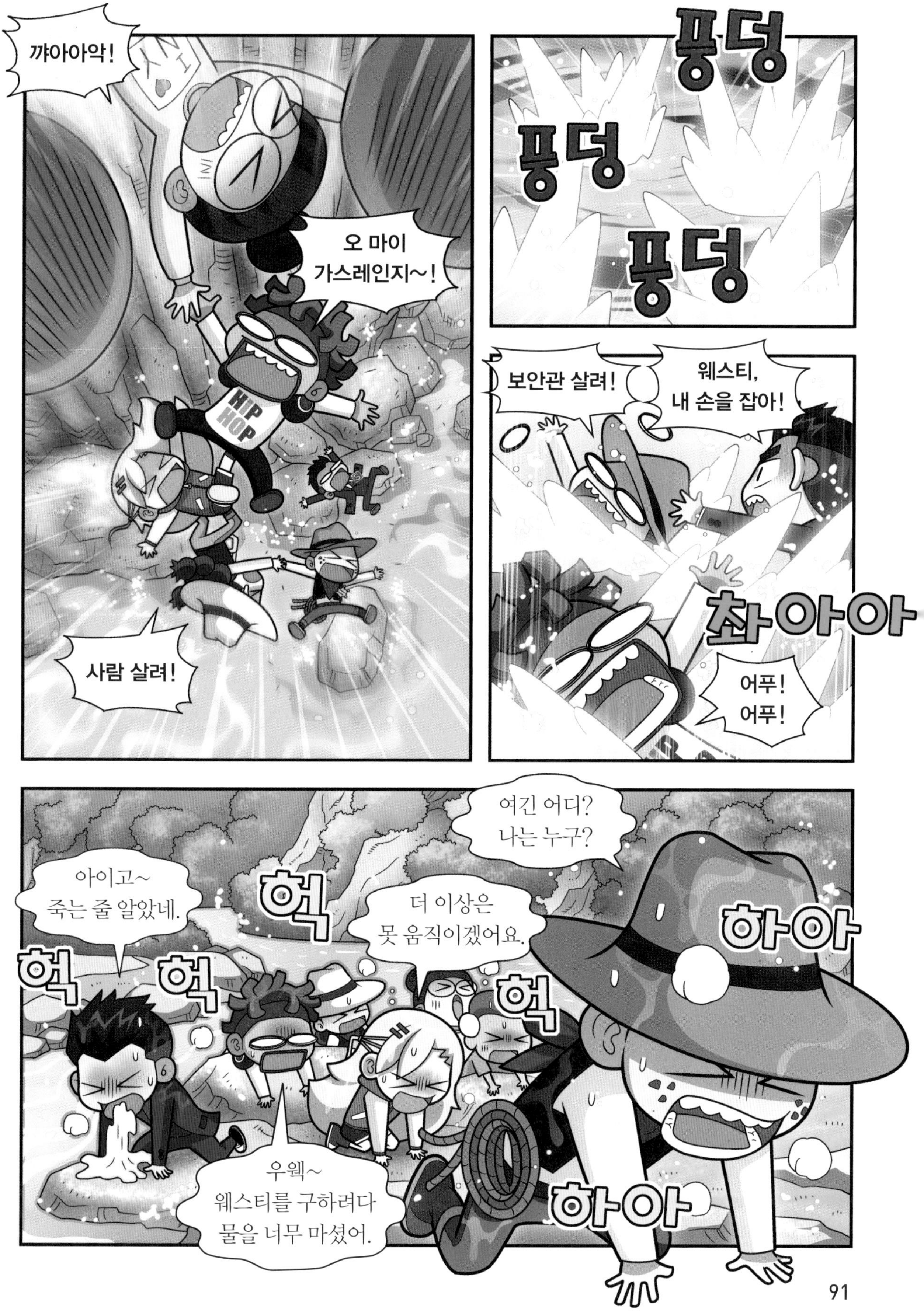

꺄아아악!
오 마이
가스레인지~!
사람 살려!
풍덩
풍덩
풍덩
웨스티,
내 손을 잡아!
보안관 살려!
촤아아
어푸!
어푸!
여긴 어디?
나는 누구?
아이고~
죽는 줄 알았네.
헉
더 이상은
못 움직이겠어요.
하아
헉
헉
헉
우웩~
웨스티를 구하려다
물을 너무 마셨어.
하아

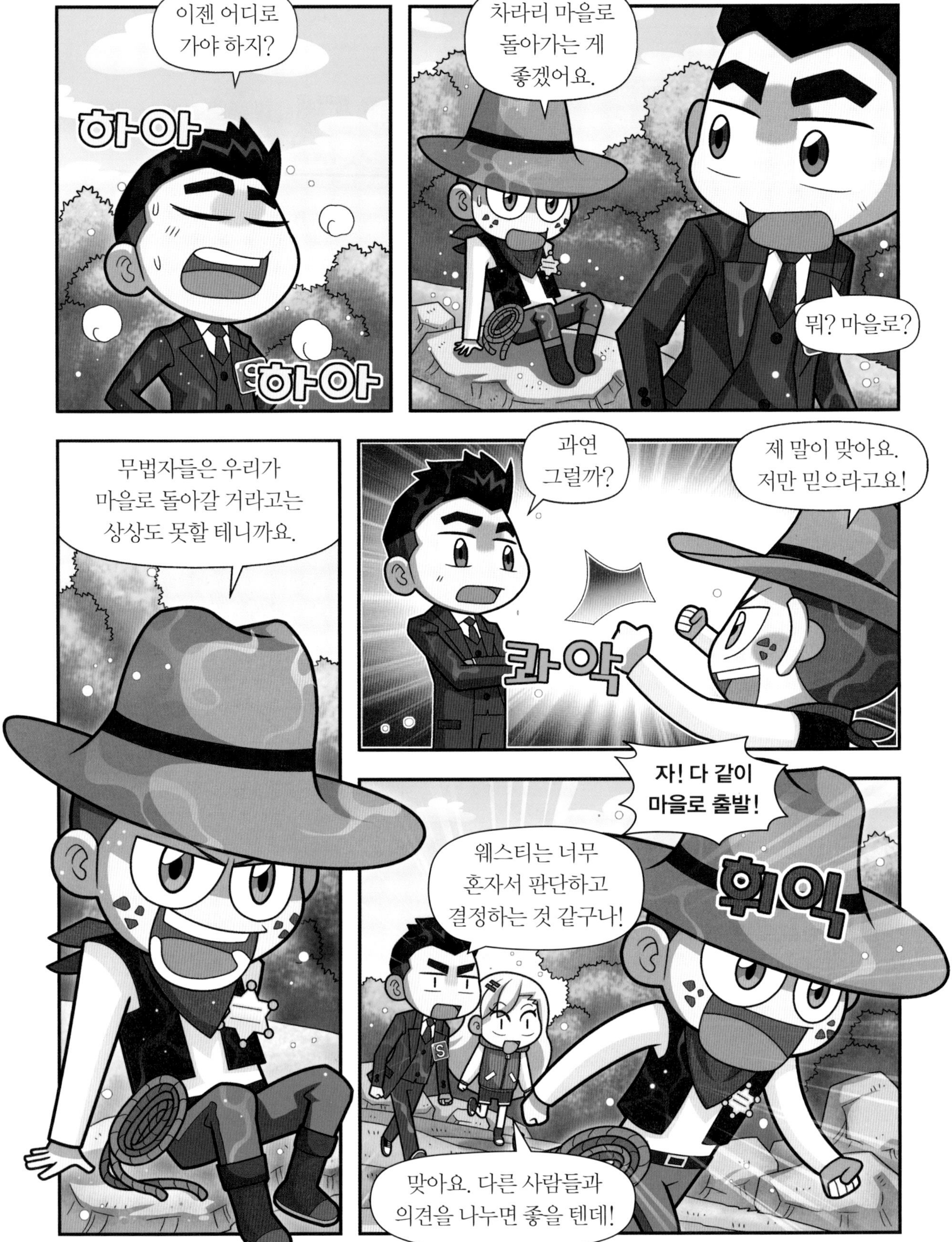
이젠 어디로 가야 하지?
하아
하아
차라리 마을로 돌아가는 게 좋겠어요.
뭐? 마을로?
무법자들은 우리가 마을로 돌아갈 거라고는 상상도 못할 테니까요.
과연 그럴까?
제 말이 맞아요. 저만 믿으라고요!
콰악
자! 다 같이 마을로 출발!
휘익
웨스티는 너무 혼자서 판단하고 결정하는 것 같구나!
맞아요. 다른 사람들과 의견을 나누면 좋을 텐데!

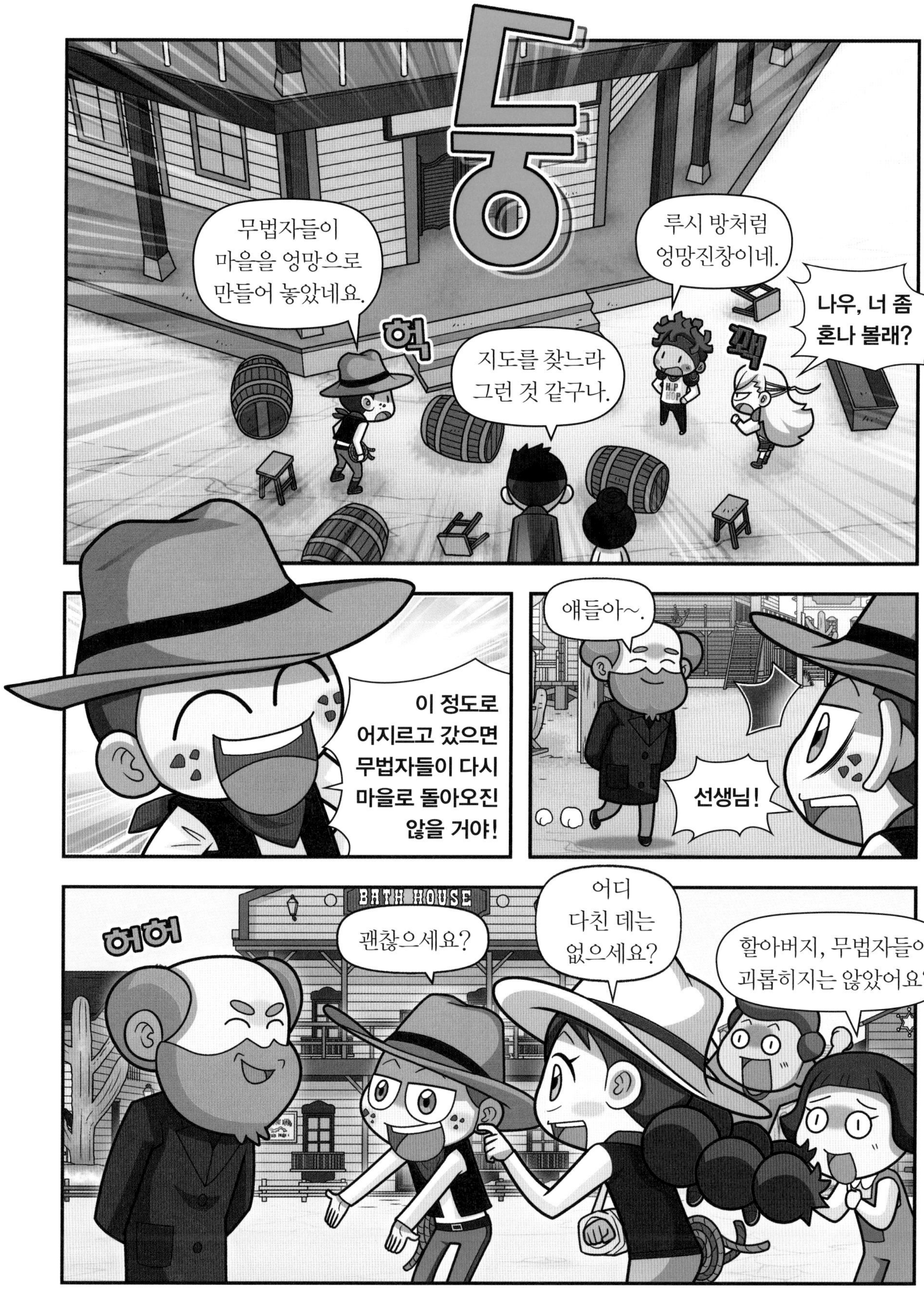
둥
무법자들이 마을을 엉망으로 만들어 놓았네요.
헉
지도를 찾느라 그런 것 같구나.
루시 방처럼 엉망진창이네.
꽥
나우, 너 좀 혼나 볼래?
이 정도로 어지르고 갔으면 무법자들이 다시 마을로 돌아오진 않을 거야!
애들아~.
선생님!
허허
BATH HOUSE
괜찮으세요?
어디 다친 데는 없으세요?
할아버지, 무법자들이 괴롭히지는 않았어요?

Chapter 5

무법자와의 정면 승부

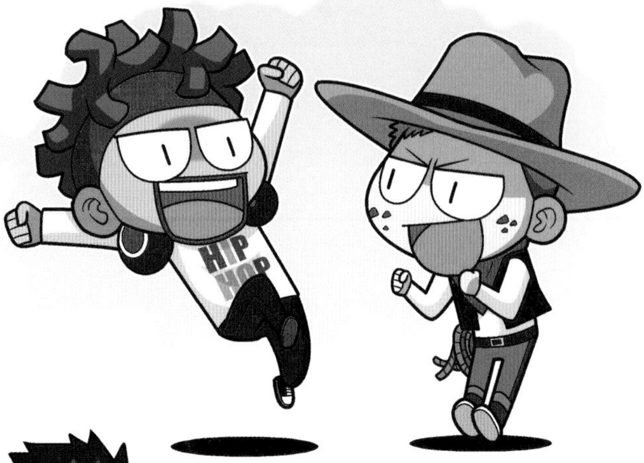
HIP HOP

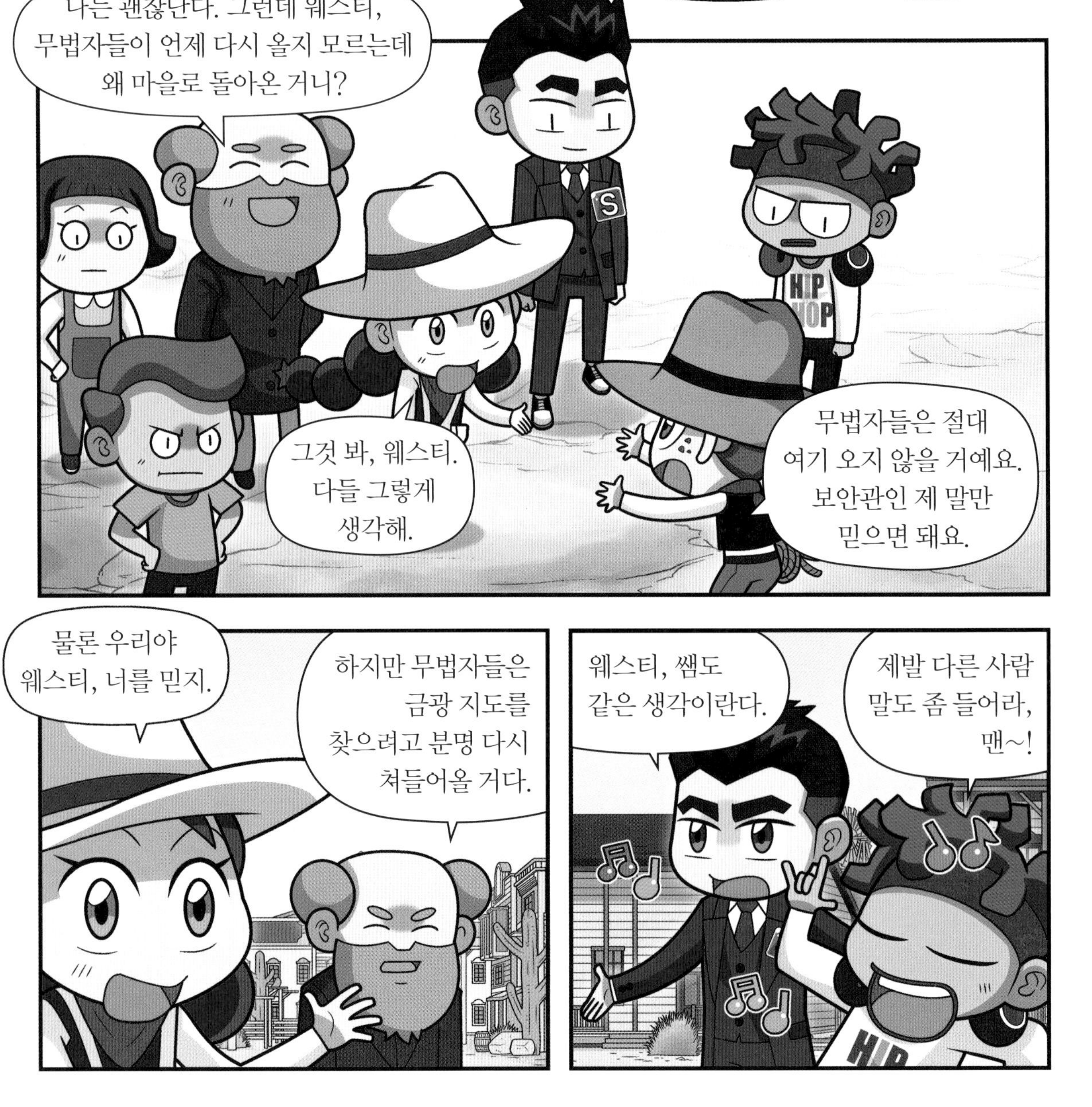
나는 괜찮단다. 그런데 웨스티, 무법자들이 언제 다시 올지 모르는데 왜 마을로 돌아온 거니?
무법자들은 절대 여기 오지 않을 거예요. 보안관인 제 말만 믿으면 돼요.
그것 봐, 웨스티. 다들 그렇게 생각해.
물론 우리야 웨스티, 너를 믿지.
하지만 무법자들은 금광 지도를 찾으려고 분명 다시 쳐들어올 거다.
웨스티, 쌤도 같은 생각이란다.
제발 다른 사람 말도 좀 들어라, 맨~!

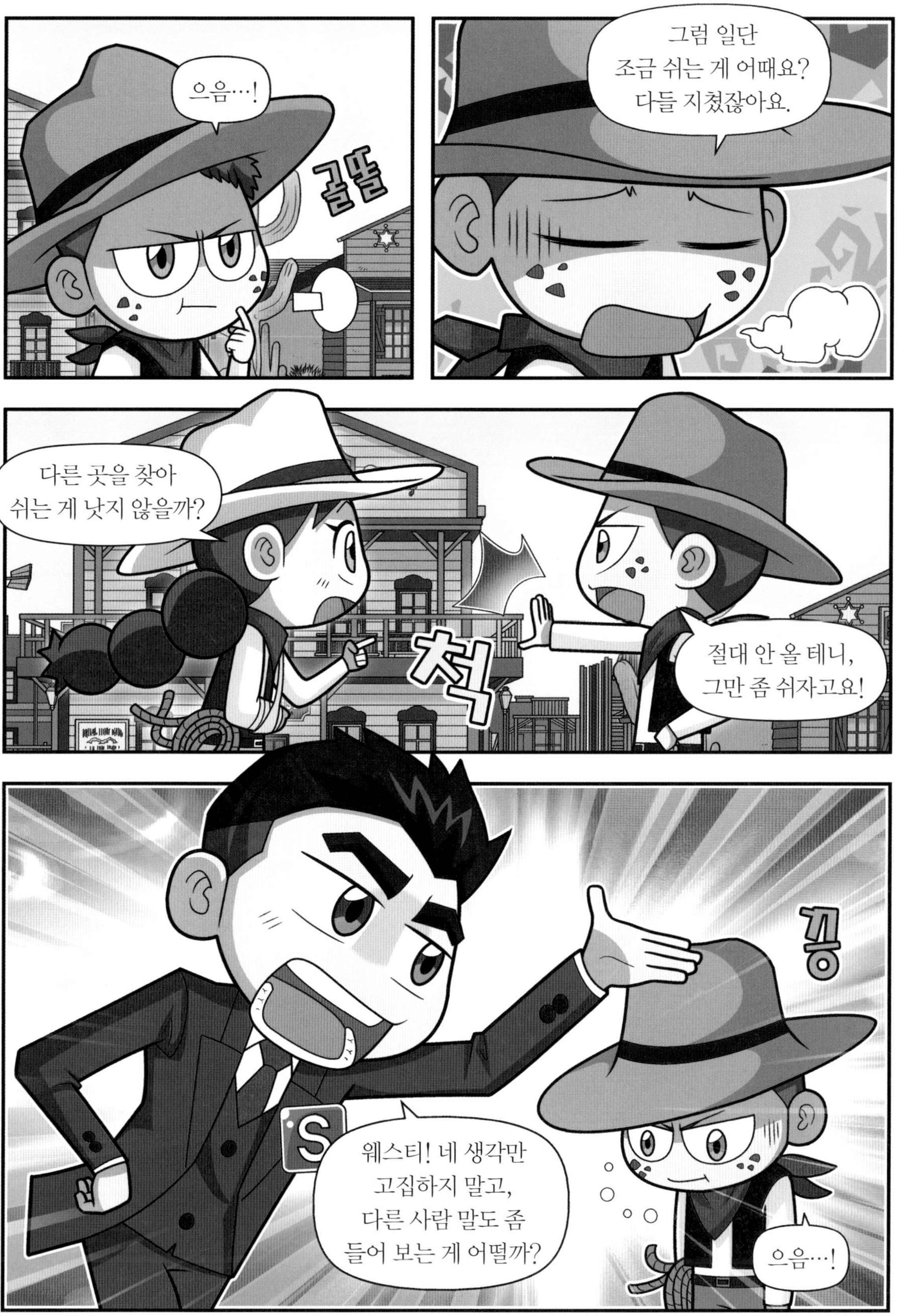
으음…!
골똘
그럼 일단
조금 쉬는 게 어때요?
다들 지쳤잖아요.
다른 곳을 찾아
쉬는 게 낫지 않을까?
척
절대 안 올 테니,
그만 좀 쉬자고요!
웨스티! 네 생각만
고집하지 말고,
다른 사람 말도 좀
들어 보는 게 어떨까?
끙
으음…!

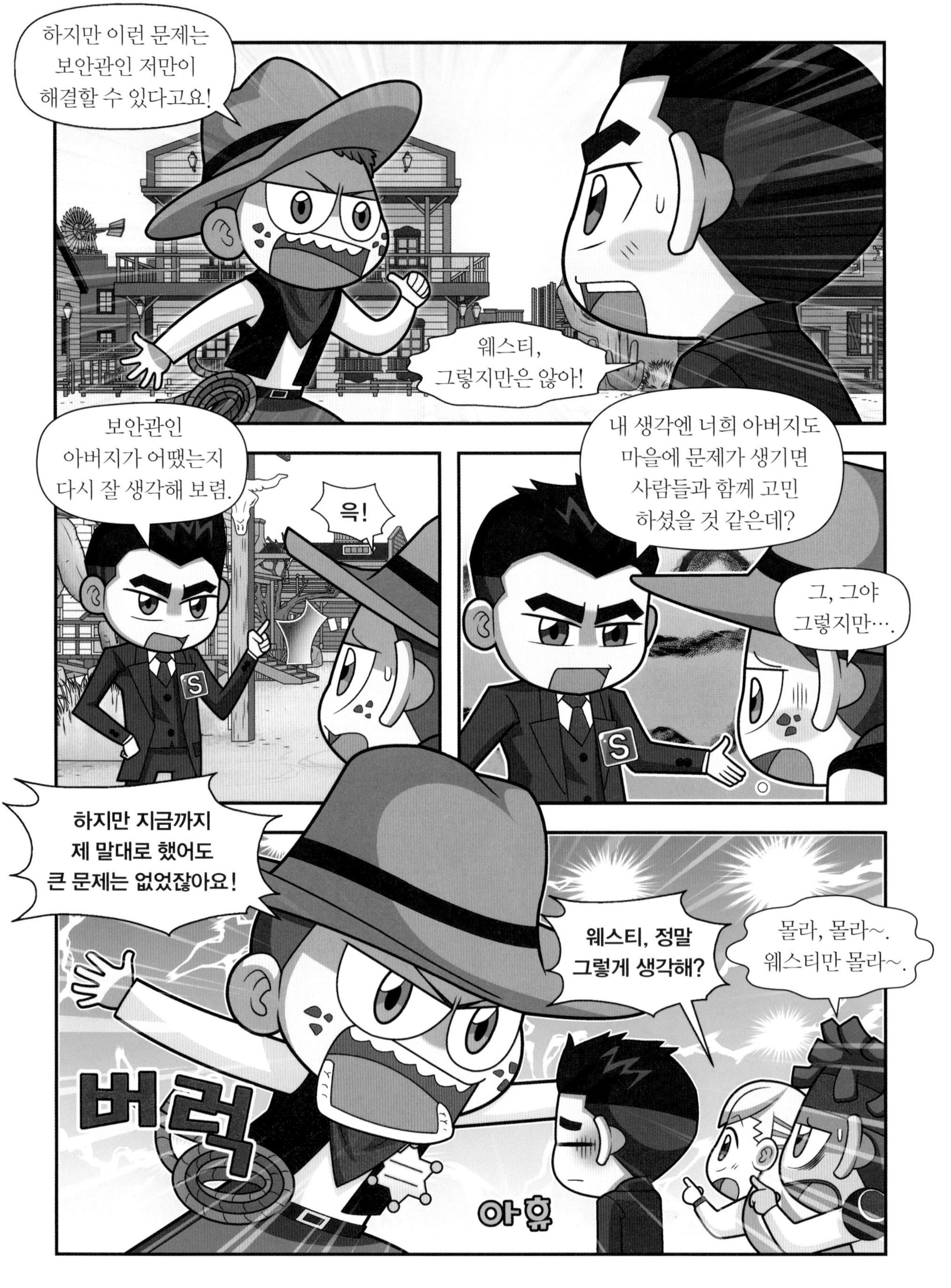

하지만 이런 문제는 보안관인 저만이 해결할 수 있다고요!
웨스티, 그렇지만은 않아!
보안관인 아버지가 어땠는지 다시 잘 생각해 보렴.
윽!
내 생각엔 너희 아버지도 마을에 문제가 생기면 사람들과 함께 고민 하셨을 것 같은데?
그, 그야 그렇지만….
하지만 지금까지 제 말대로 했어도 큰 문제는 없었잖아요!
웨스티, 정말 그렇게 생각해?
몰라, 몰라~. 웨스티만 몰라~.
버럭
아휴

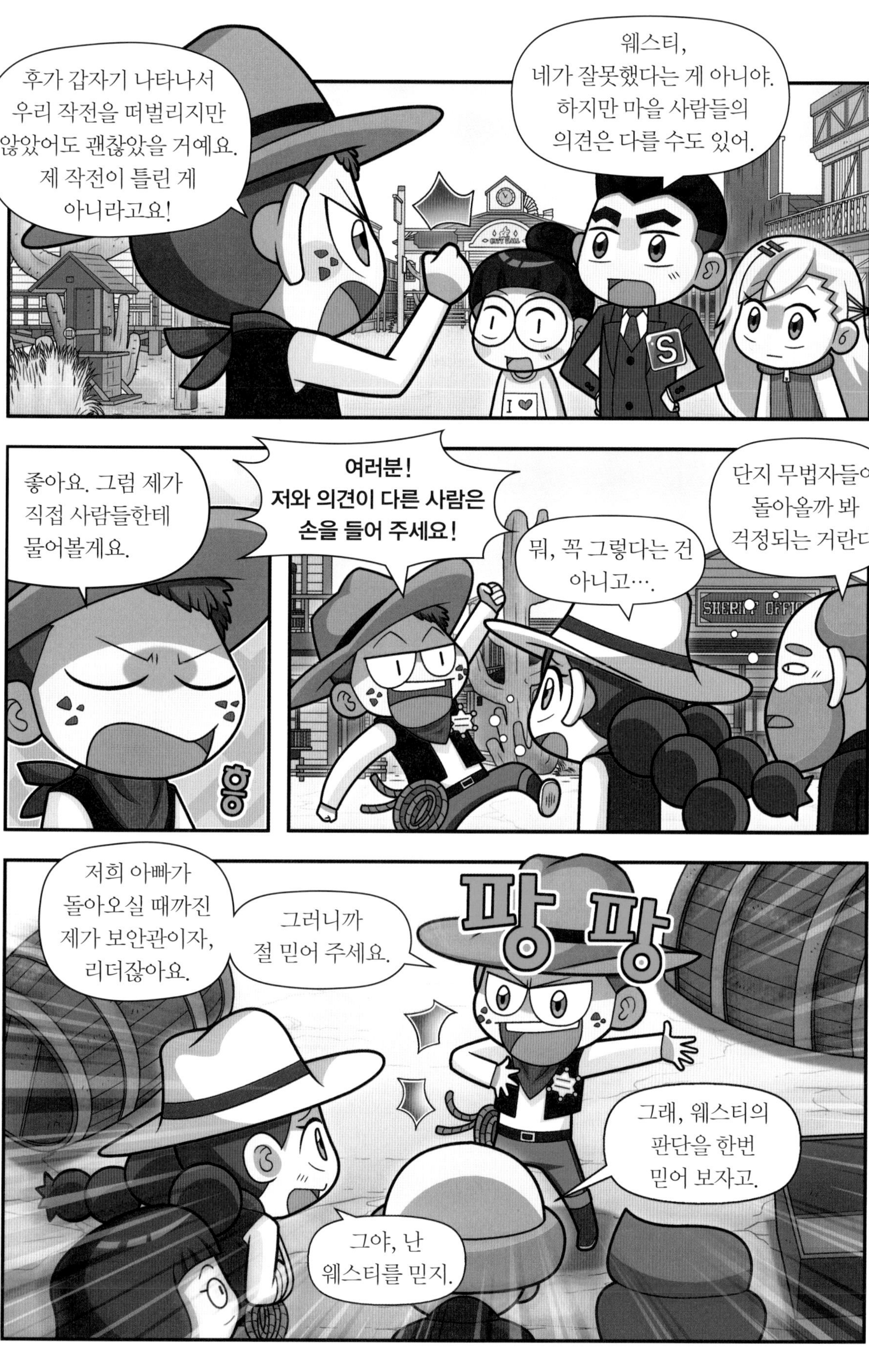
후가 갑자기 나타나서 우리 작전을 떠벌리지만 않았어도 괜찮았을 거예요. 제 작전이 틀린 게 아니라고요!
웨스티, 네가 잘못했다는 게 아니야. 하지만 마을 사람들의 의견은 다를 수도 있어.
좋아요. 그럼 제가 직접 사람들한테 물어볼게요.
흥
여러분! 저와 의견이 다른 사람은 손을 들어 주세요!
뭐, 꼭 그렇다는 건 아니고….
단지 무법자들이 돌아올까 봐 걱정되는 거란다.
저희 아빠가 돌아오실 때까진 제가 보안관이자, 리더잖아요.
그러니까 절 믿어 주세요.
팡 팡
그래, 웨스티의 판단을 한번 믿어 보자고.
그야, 난 웨스티를 믿지.

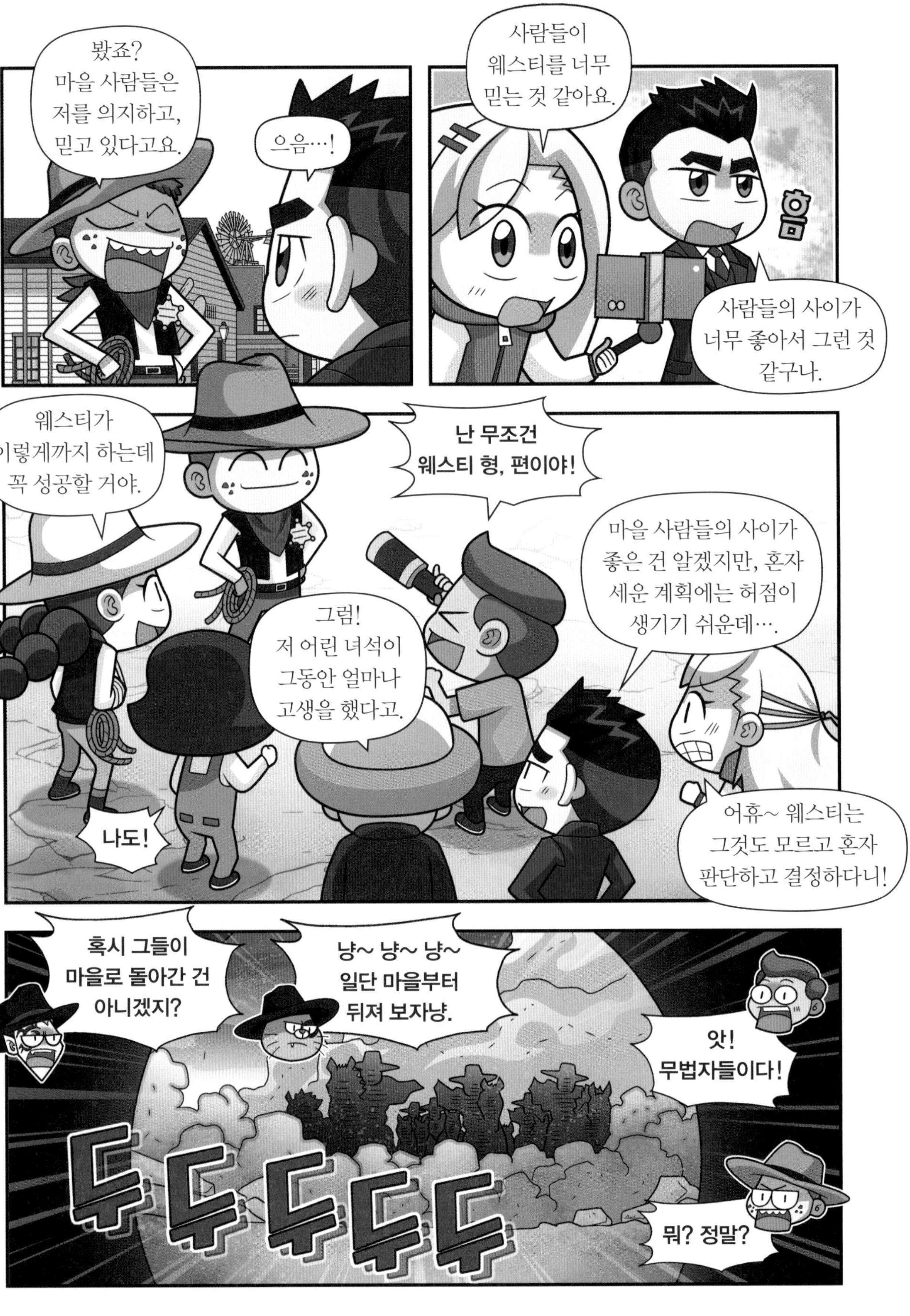

봤죠?
마을 사람들은
저를 의지하고,
믿고 있다고요.
으음…!
사람들이
웨스티를 너무
믿는 것 같아요.
흠
사람들의 사이가
너무 좋아서 그런 것
같구나.
웨스티가
이렇게까지 하는데
꼭 성공할 거야.
난 무조건
웨스티 형, 편이야!
마을 사람들의 사이가
좋은 건 알겠지만, 혼자
세운 계획에는 허점이
생기기 쉬운데….
그럼!
저 어린 녀석이
그동안 얼마나
고생을 했다고.
나도!
어휴~ 웨스티는
그것도 모르고 혼자
판단하고 결정하다니!
혹시 그들이
마을로 돌아간 건
아니겠지?
냥~ 냥~ 냥~
일단 마을부터
뒤져 보자냥.
앗!
무법자들이다!
두두두두두
뭐? 정말?

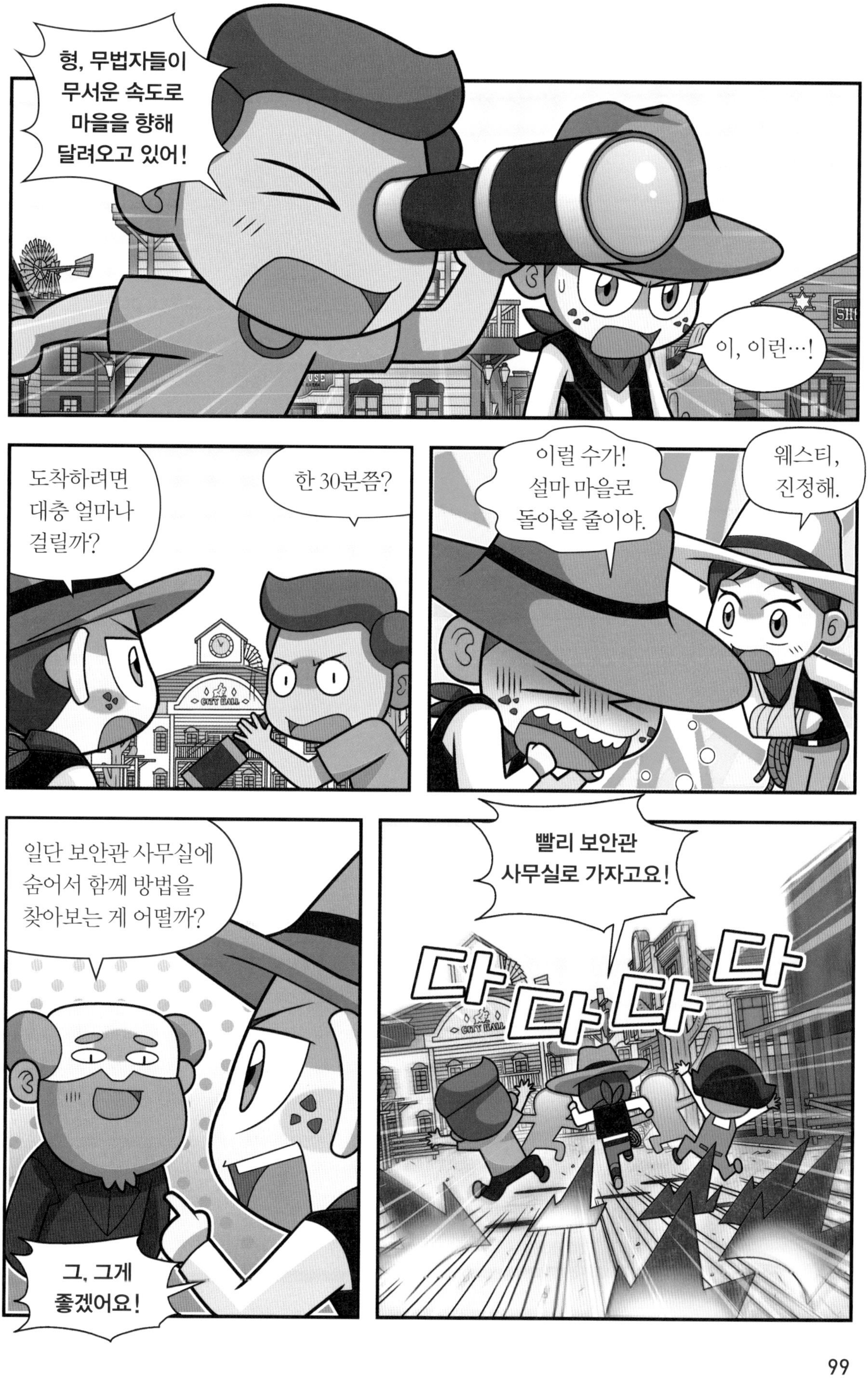
형, 무법자들이
무서운 속도로
마을을 향해
달려오고 있어!
이, 이런…!
도착하려면
대충 얼마나
걸릴까?
한 30분쯤?
이럴 수가!
설마 마을로
돌아올 줄이야.
웨스티,
진정해.
일단 보안관 사무실에
숨어서 함께 방법을
찾아보는 게 어떨까?
그, 그게
좋겠어요!
빨리 보안관
사무실로 가자고요!
다다다다
CITY HALL

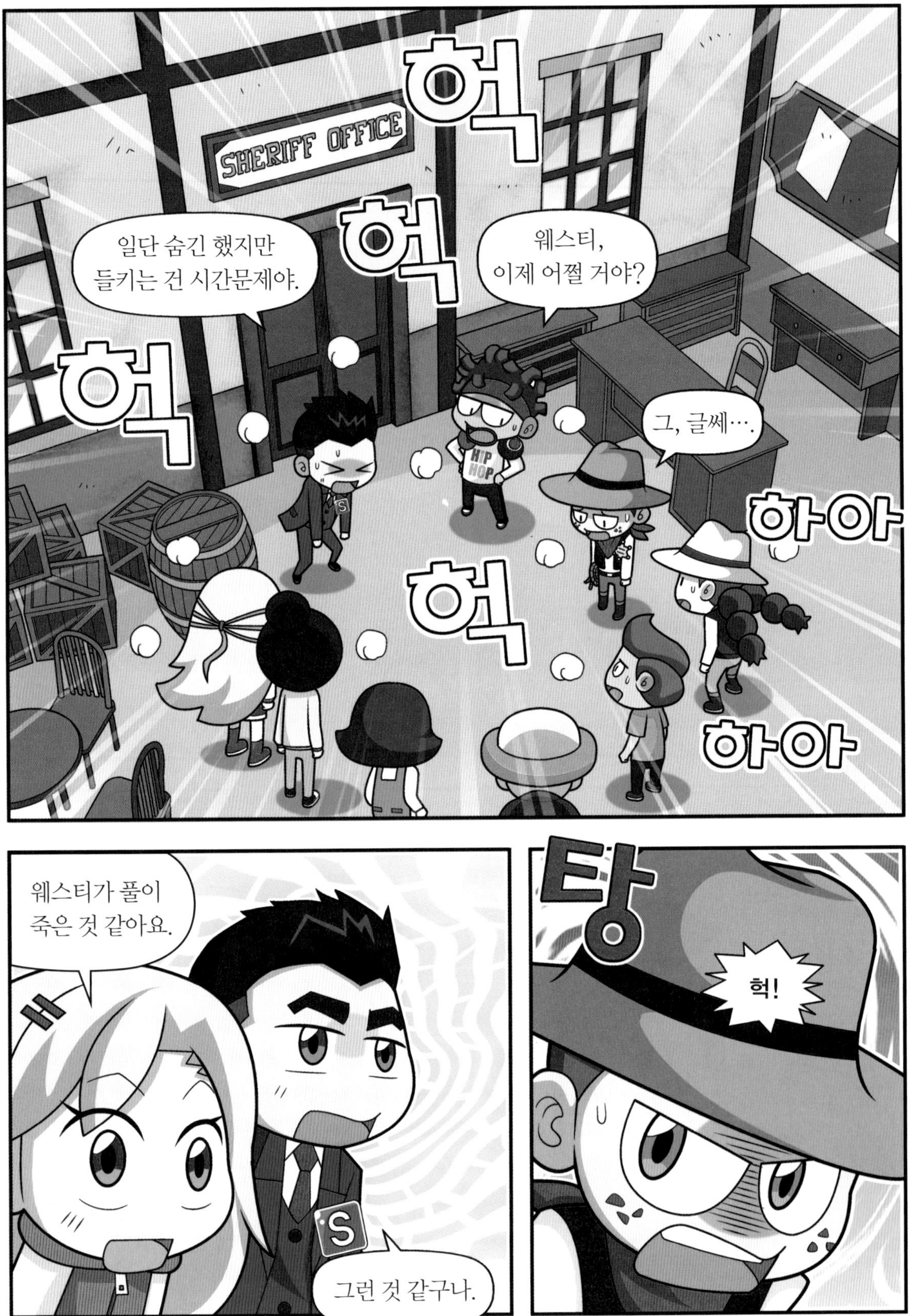
SHERIFF OFFICE
헉
헉
일단 숨긴 했지만 들키는 건 시간문제야.
웨스티, 이제 어쩔 거야?
헉
그, 글쎄….
하아
헉
하아
웨스티가 풀이 죽은 것 같아요.
그런 것 같구나.
탕
헉!

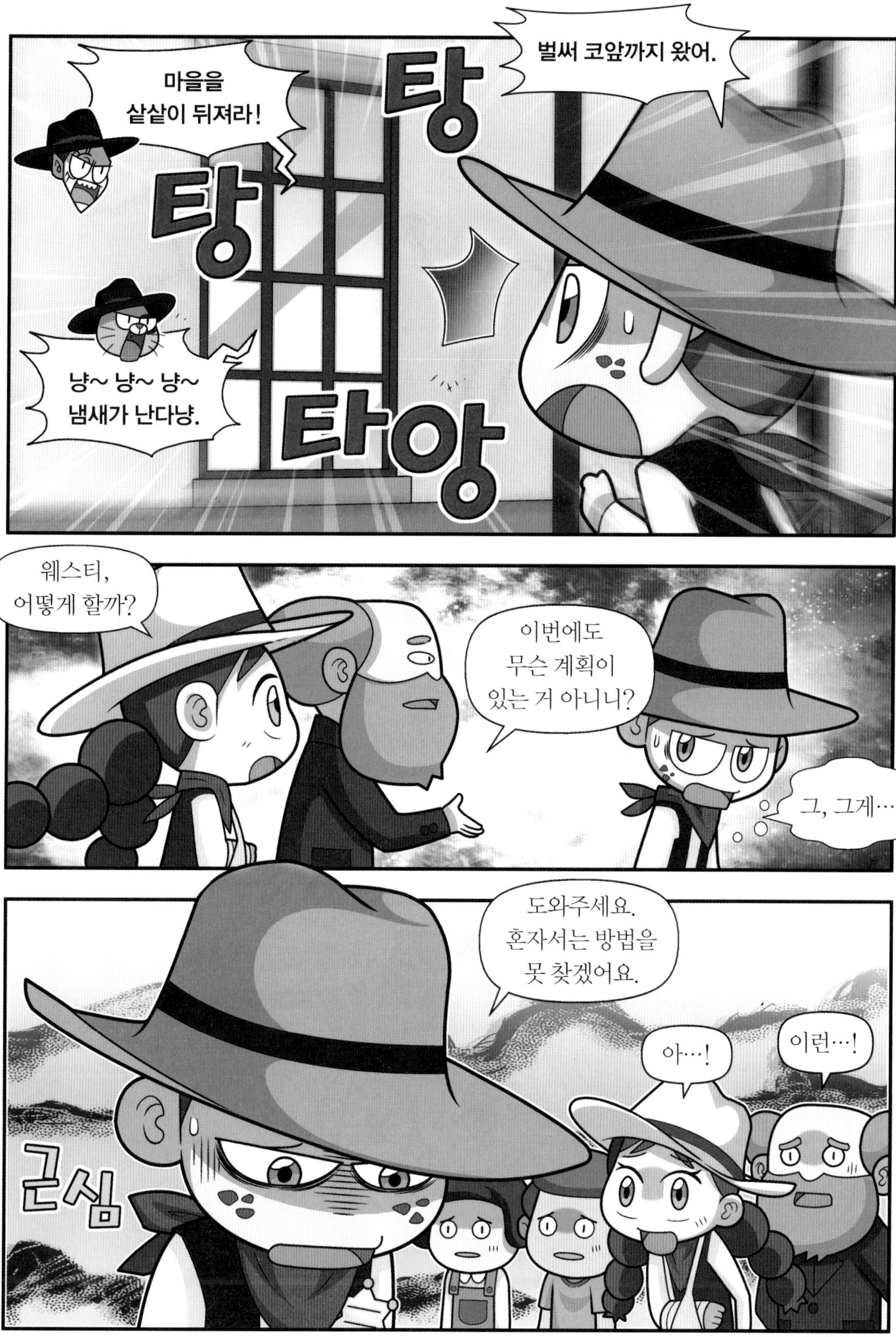
마을을
샅샅이 뒤져라!
탕
벌써 코앞까지 왔어.
탕
냥~ 냥~ 냥~
냄새가 난다냥.
타앙
웨스티,
어떻게 할까?
이번에도
무슨 계획이
있는 거 아니니?
그, 그게….
도와주세요.
혼자서는 방법을
못 찾겠어요.
아…!
이런…!
끄심

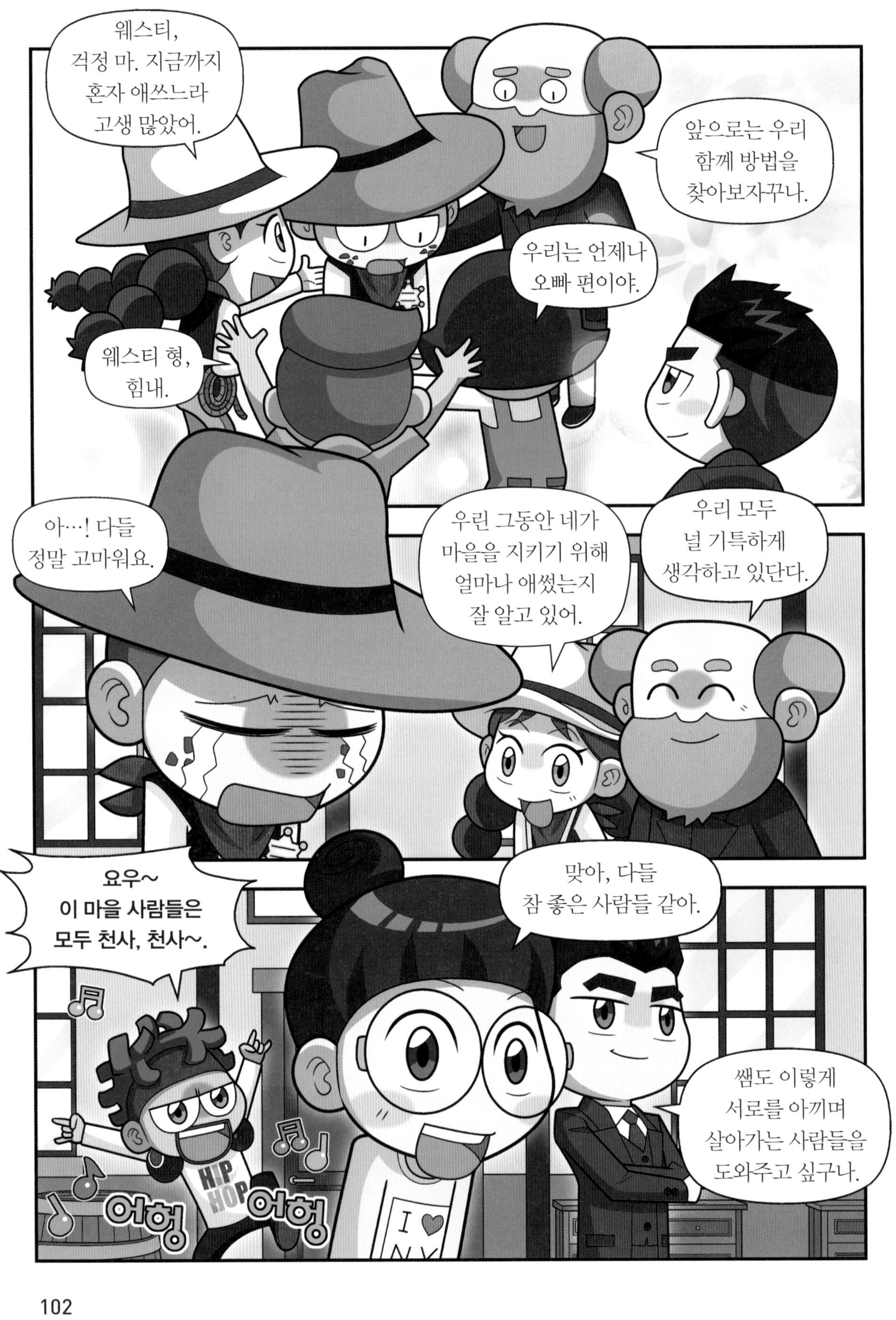
웨스티, 걱정 마. 지금까지 혼자 애쓰느라 고생 많았어.
앞으로는 우리 함께 방법을 찾아보자꾸나.
우리는 언제나 오빠 편이야.
웨스티 형, 힘내.
아…! 다들 정말 고마워요.
우린 그동안 네가 마을을 지키기 위해 얼마나 애썼는지 잘 알고 있어.
우리 모두 널 기특하게 생각하고 있단다.
요우~ 이 마을 사람들은 모두 천사, 천사~.
맞아, 다들 참 좋은 사람들 같아.
쌤도 이렇게 서로를 아끼며 살아가는 사람들을 도와주고 싶구나.
HIP HOP
어헝 어헝

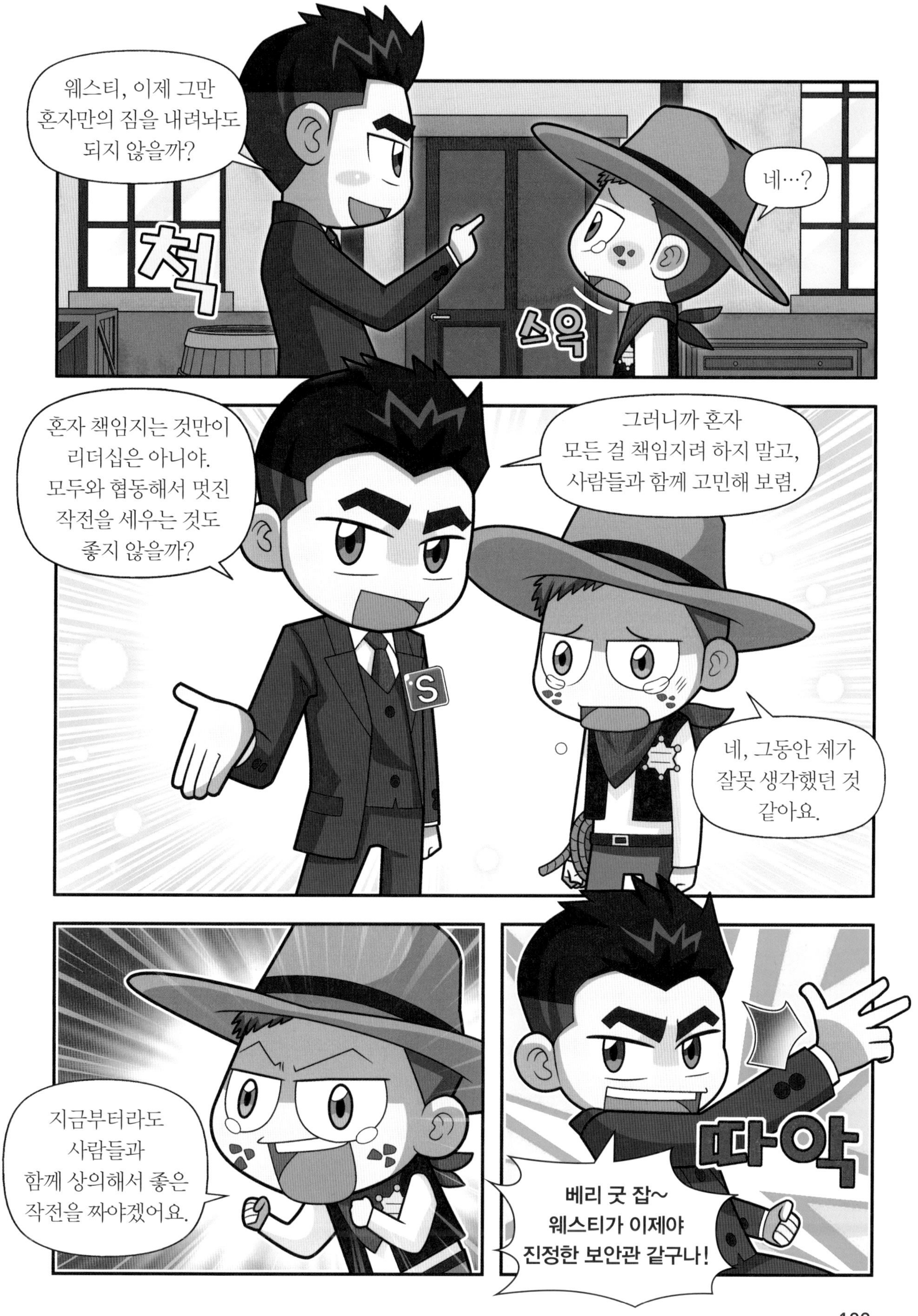
웨스티, 이제 그만 혼자만의 짐을 내려놔도 되지 않을까?
척
네…?
스윽
혼자 책임지는 것만이 리더십은 아니야. 모두와 협동해서 멋진 작전을 세우는 것도 좋지 않을까?
그러니까 혼자 모든 걸 책임지려 하지 말고, 사람들과 함께 고민해 보렴.
네, 그동안 제가 잘못 생각했던 것 같아요.
지금부터라도 사람들과 함께 상의해서 좋은 작전을 짜야겠어요.
따악
베리 굿 잡~ 웨스티가 이제야 진정한 보안관 같구나!

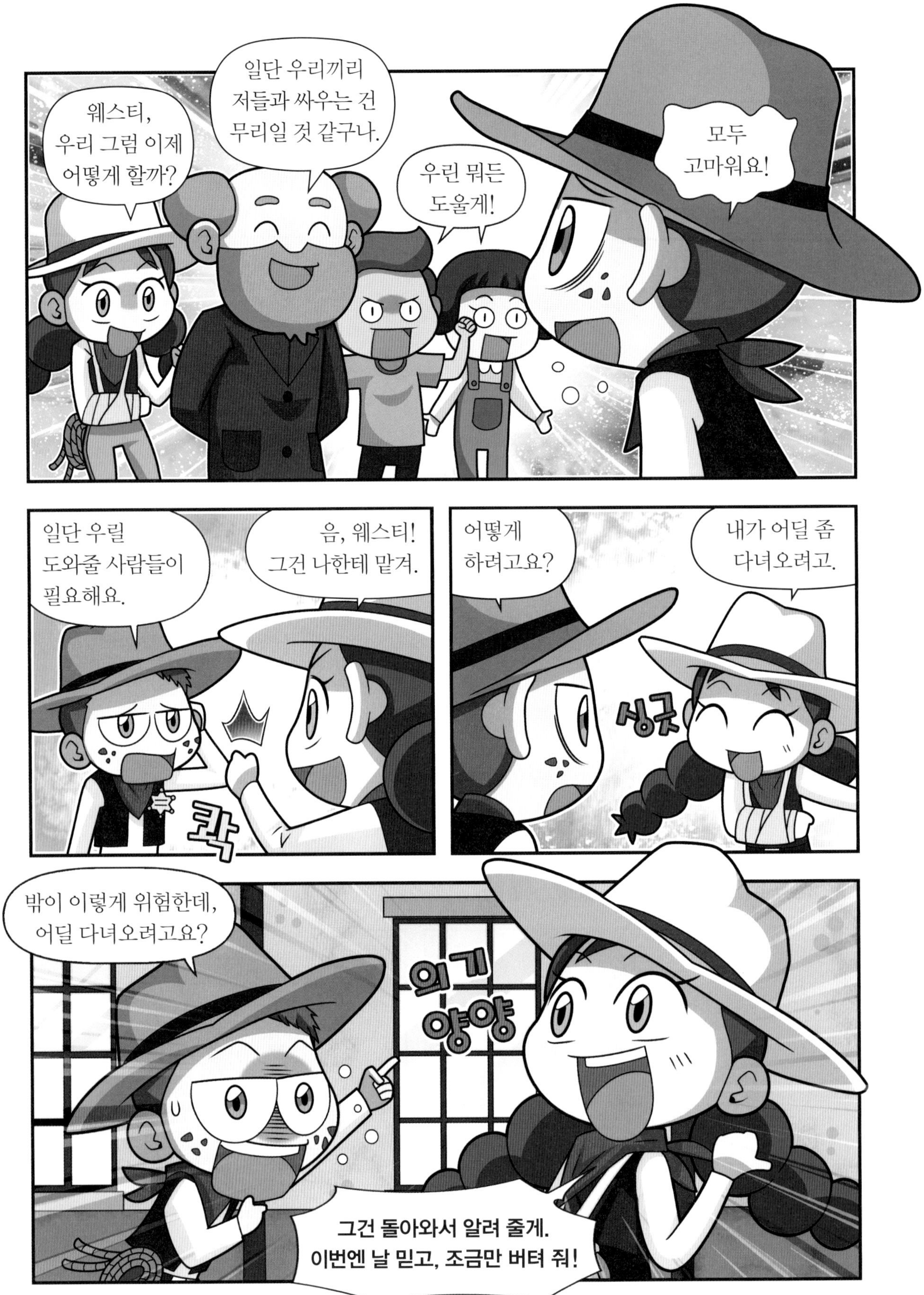

웨스티,
우리 그럼 이제
어떻게 할까?
일단 우리끼리
저들과 싸우는 건
무리일 것 같구나.
우린 뭐든
도울게!
모두
고마워요!
일단 우릴
도와줄 사람들이
필요해요.
음, 웨스티!
그건 나한테 맡겨.
콱
어떻게
하려고요?
내가 어딜 좀
다녀오려고.
싱긋
밖이 이렇게 위험한데,
어딜 다녀오려고요?
의기
양양
그건 돌아와서 알려 줄게.
이번엔 날 믿고, 조금만 버텨 줘!

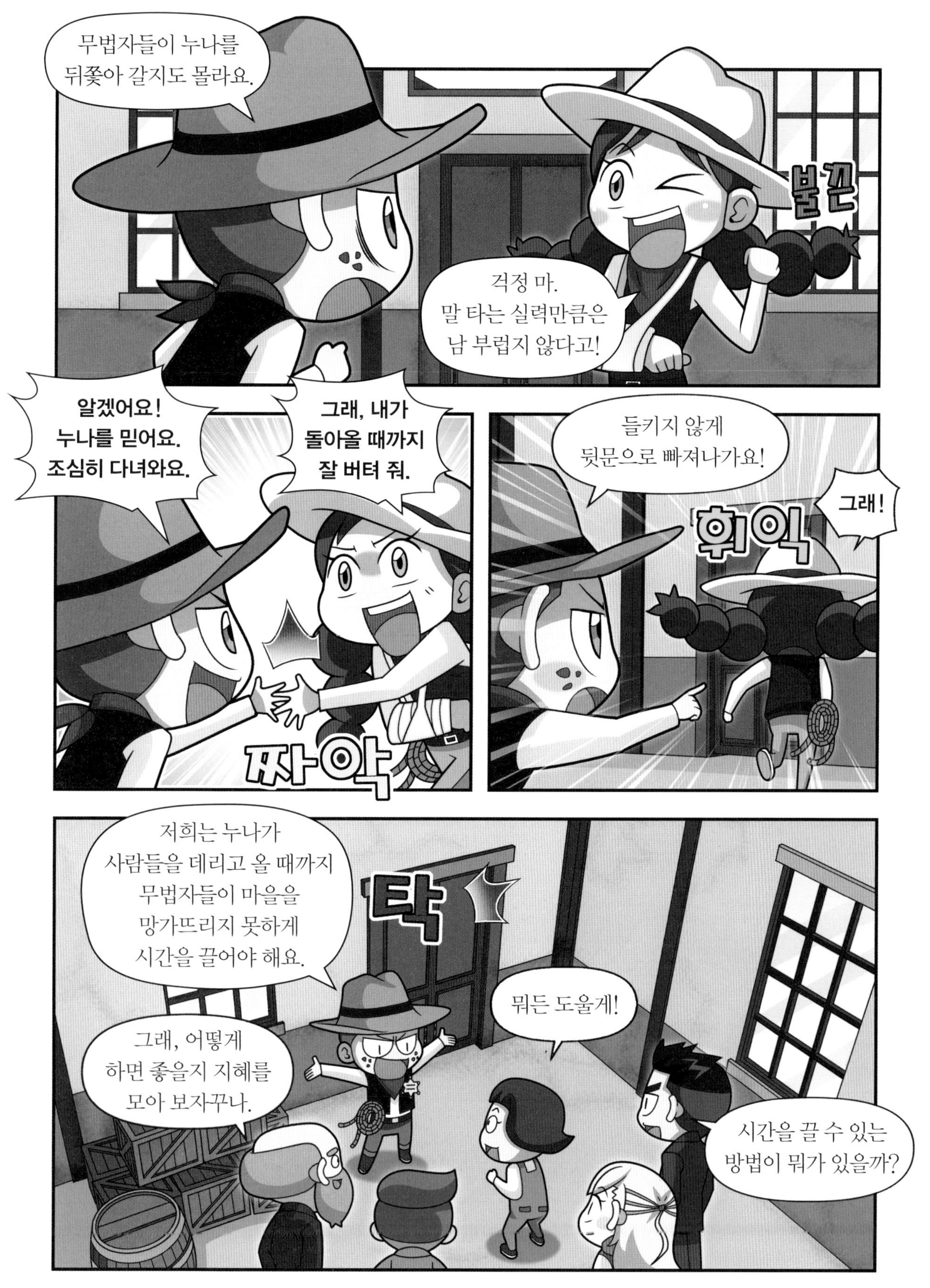

무법자들이 누나를 뒤쫓아 갈지도 몰라요.
불끈
걱정 마. 말 타는 실력만큼은 남 부럽지 않다고!
알겠어요! 누나를 믿어요. 조심히 다녀와요.
그래, 내가 돌아올 때까지 잘 버텨 줘.
짜악
들키지 않게 뒷문으로 빠져나가요!
그래!
휘익
저희는 누나가 사람들을 데리고 올 때까지 무법자들이 마을을 망가뜨리지 못하게 시간을 끌어야 해요.
탁
뭐든 도울게!
그래, 어떻게 하면 좋을지 지혜를 모아 보자꾸나.
시간을 끌 수 있는 방법이 뭐가 있을까?

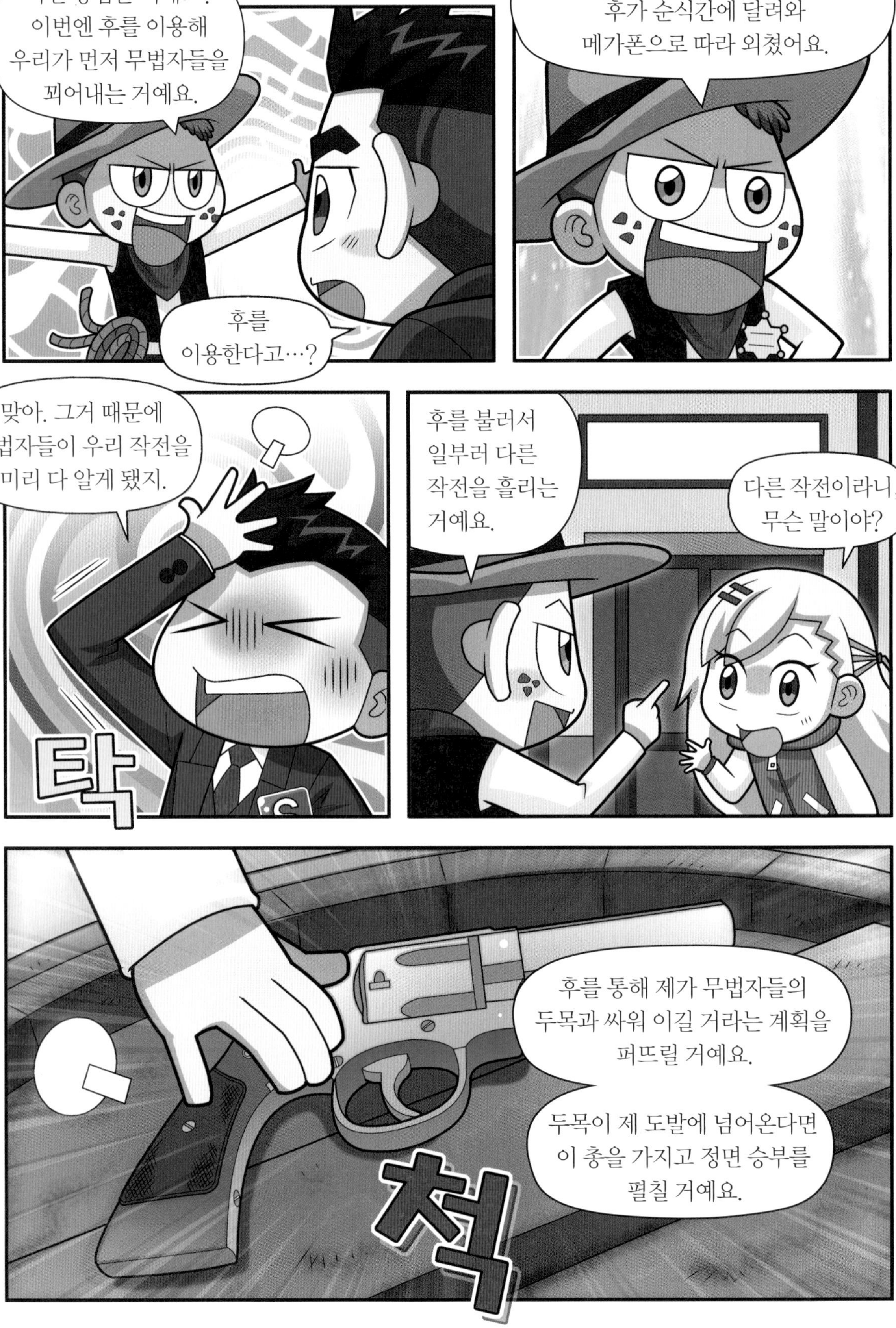
이런 방법은 어때요? 이번엔 후를 이용해 우리가 먼저 무법자들을 꾀어내는 거예요.
후를 이용한다고…?
지금까지 제가 어떤 작전을 말하면 후가 순식간에 달려와 메가폰으로 따라 외쳤어요.
맞아. 그거 때문에 무법자들이 우리 작전을 미리 다 알게 됐지.
탁
후를 불러서 일부러 다른 작전을 흘리는 거예요.
다른 작전이라니, 무슨 말이야?
후를 통해 제가 무법자들의 두목과 싸워 이길 거라는 계획을 퍼뜨릴 거예요.
두목이 제 도발에 넘어온다면 이 총을 가지고 정면 승부를 펼칠 거예요.
척

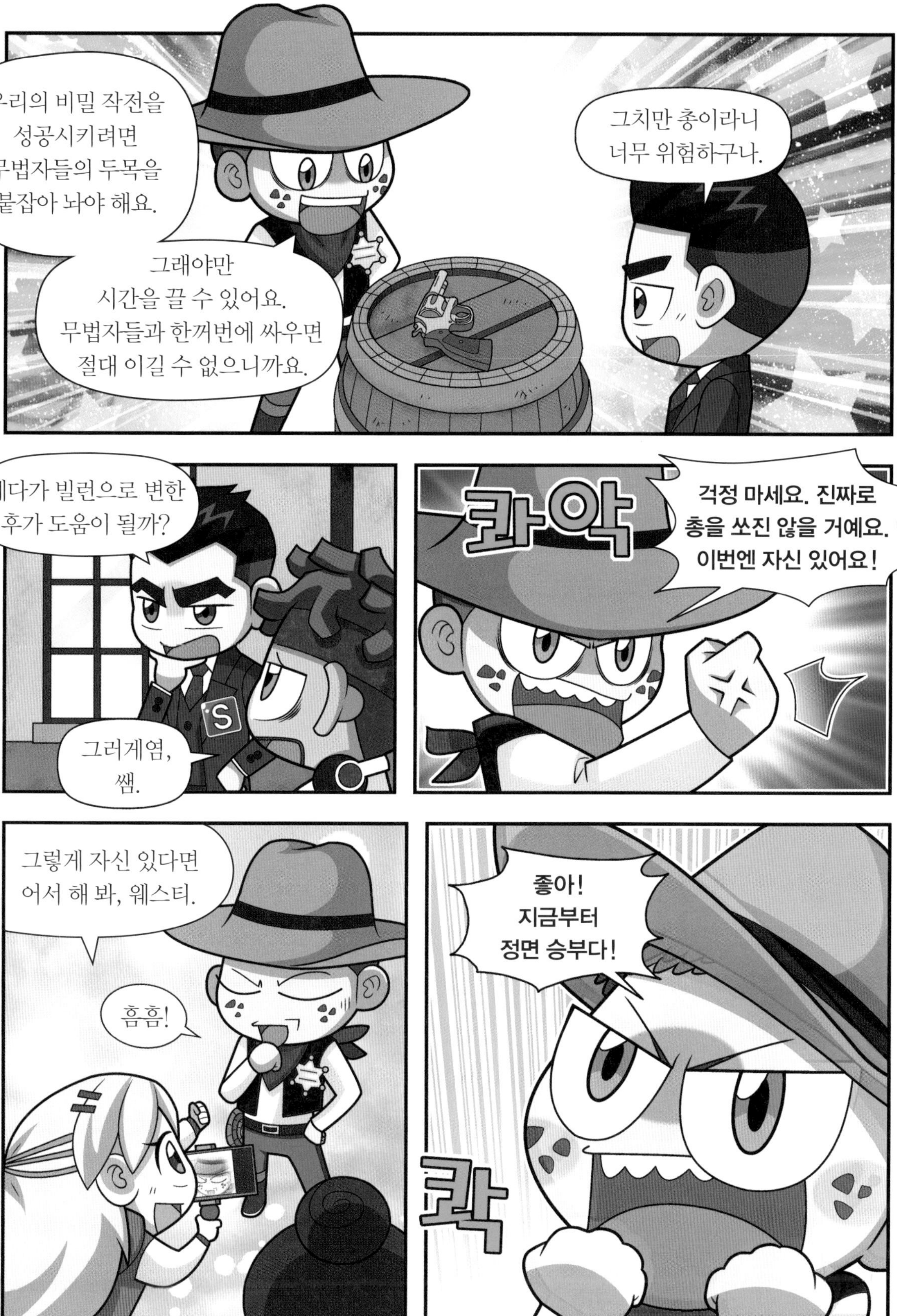
우리의 비밀 작전을 성공시키려면 무법자들의 두목을 붙잡아 놔야 해요.
그래야만 시간을 끌 수 있어요. 무법자들과 한꺼번에 싸우면 절대 이길 수 없으니까요.
그치만 총이라니 너무 위험하구나.
게다가 빌런으로 변한 후가 도움이 될까?
그러게염, 쌤.
콰악
걱정 마세요. 진짜로 총을 쏘진 않을 거예요. 이번엔 자신 있어요!
그렇게 자신 있다면 어서 해 봐, 웨스티.
흠흠!
좋아! 지금부터 정면 승부다!
콱

I will be winning a duel with the outlaws' boss!*

앗! 웨스티의 말이 다시 영어로 들렸어!

요우~ 그럼 작전이 실패한다는 거 아니야?

웨스티가 **will be winning** 이라는 미래 진행형을 써서 '나는 무법자들의 두목과의 결투에서 이기고 있을 거야!' 라고 말했어.

무법자들의 두목을 이기겠다고요? 그건 무조건 실패하겠는데요…?

삐이이이이이~

앗! 이건 메가폰 소리…?

진짜 후가 왔나 봐!

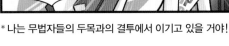

* 나는 무법자들의 두목과의 결투에서 이기고 있을 거야!

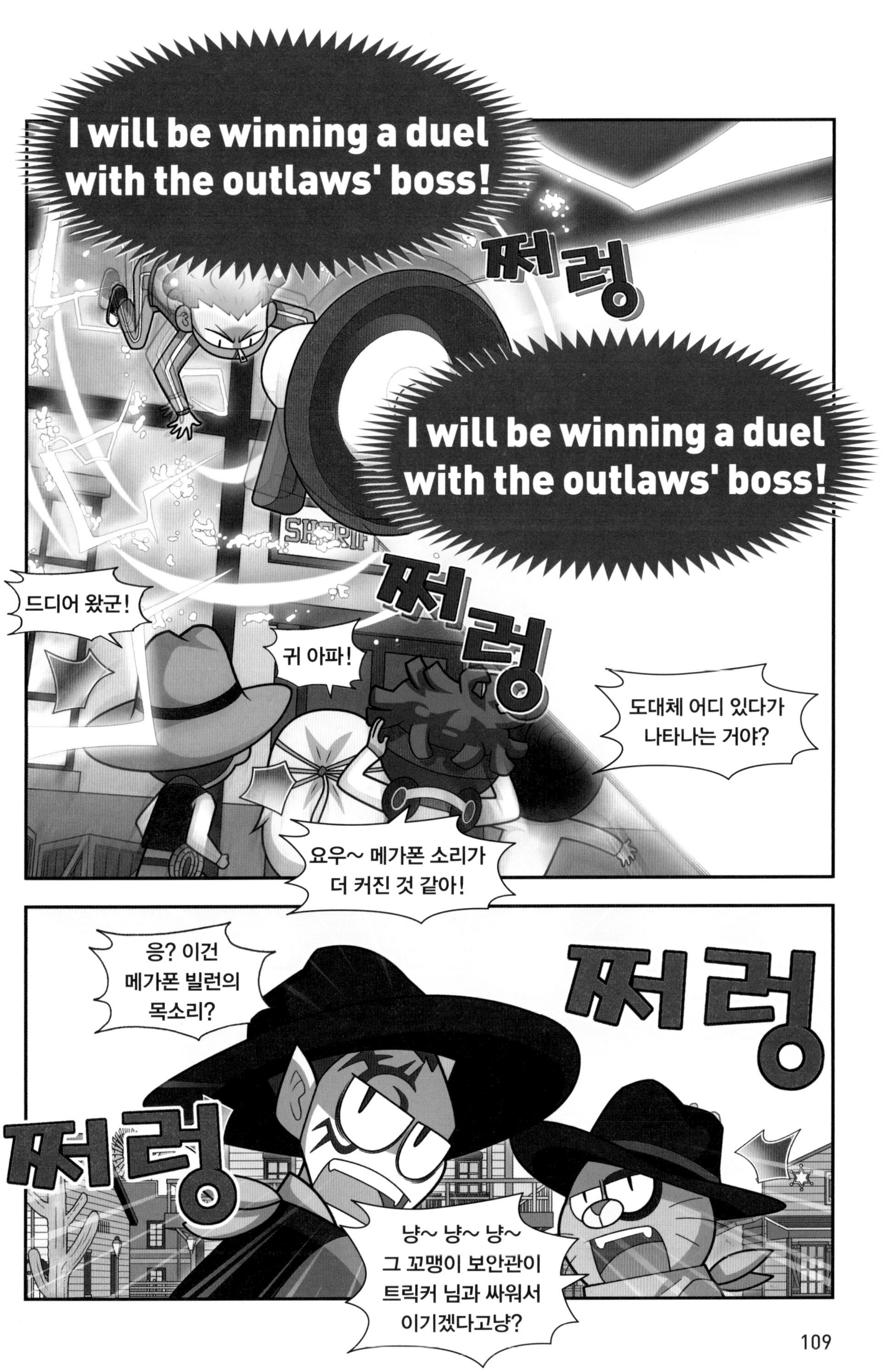
I will be winning a duel with the outlaws' boss!
쩌렁
I will be winning a duel with the outlaws' boss!
쩌렁
드디어 왔군!
귀 아파!
도대체 어디 있다가 나타나는 거야?
요우~ 메가폰 소리가 더 커진 것 같아!
응? 이건 메가폰 빌런의 목소리?
쩌렁
쩌렁
냥~ 냥~ 냥~ 그 꼬맹이 보안관이 트릭커 님과 싸워서 이기겠다고냥?

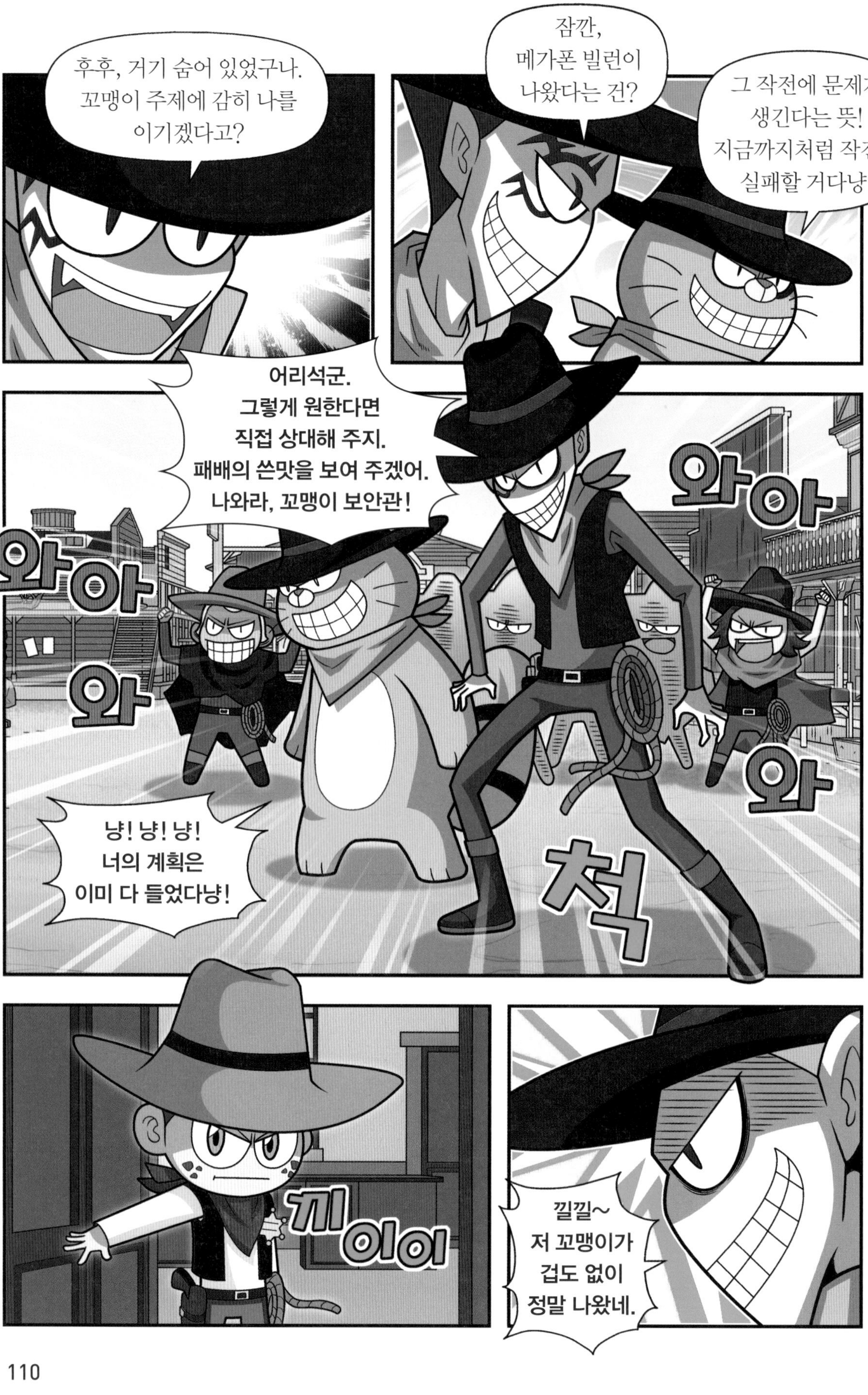
후후, 거기 숨어 있었구나. 꼬맹이 주제에 감히 나를 이기겠다고?
잠깐, 메가폰 빌런이 나왔다는 건?
그 작전에 문제가 생긴다는 뜻! 지금까지처럼 작전은 실패할 거다냥!
어리석군. 그렇게 원한다면 직접 상대해 주지. 패배의 쓴맛을 보여 주겠어. 나와라, 꼬맹이 보안관!
와아
와아
와
와
냥! 냥! 냥! 너의 계획은 이미 다 들었다냥!
척
끼이이
낄낄~ 저 꼬맹이가 겁도 없이 정말 나왔네.

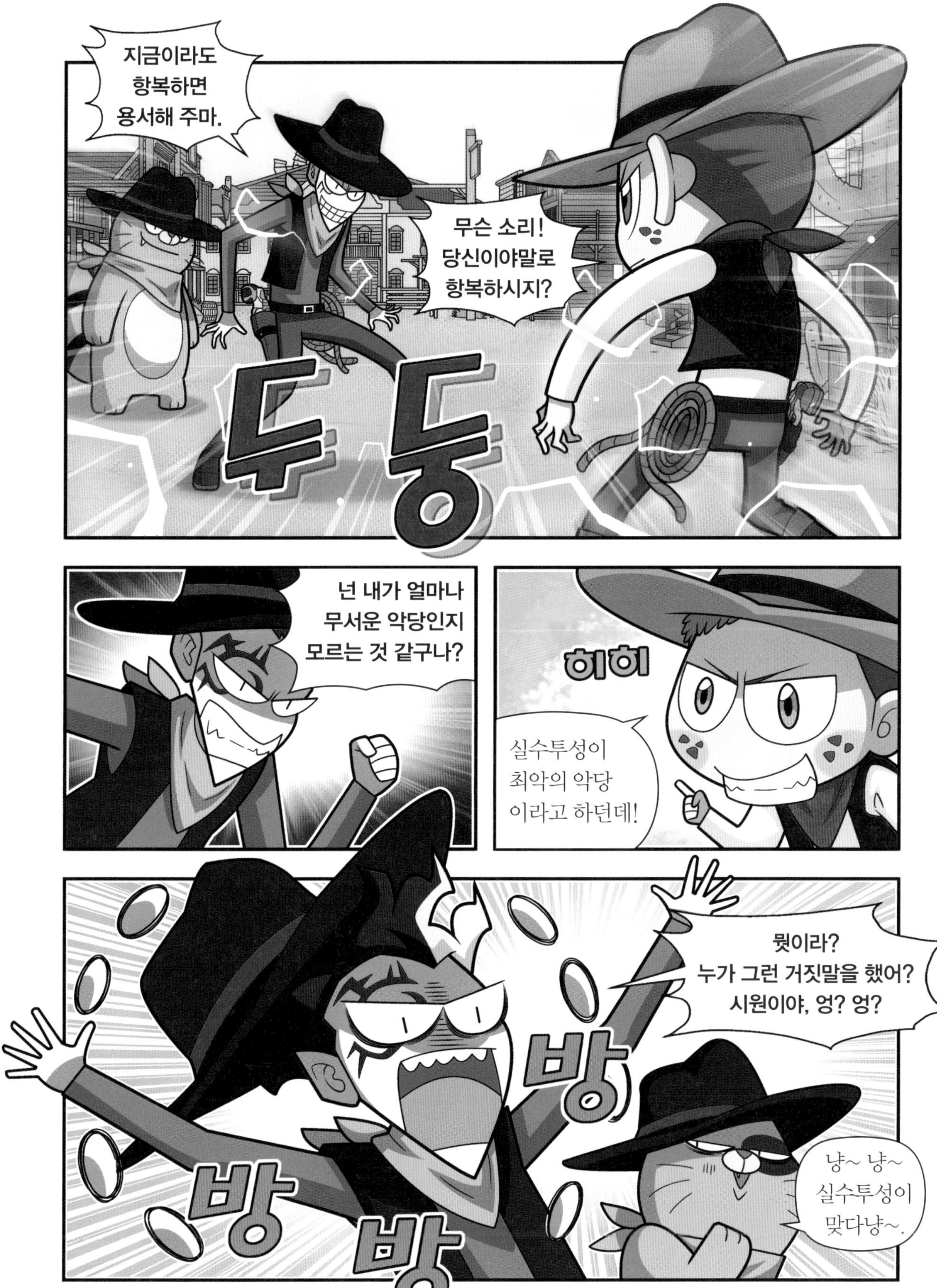
지금이라도 항복하면 용서해 주마.
무슨 소리! 당신이야말로 항복하시지?
두둥
넌 내가 얼마나 무서운 악당인지 모르는 것 같구나?
히히
실수투성이 최악의 악당이라고 하던데!
뭣이라? 누가 그런 거짓말을 했어? 시원이야, 엉? 엉?
방
방
방
냥~ 냥~ 실수투성이 맞다냥~.

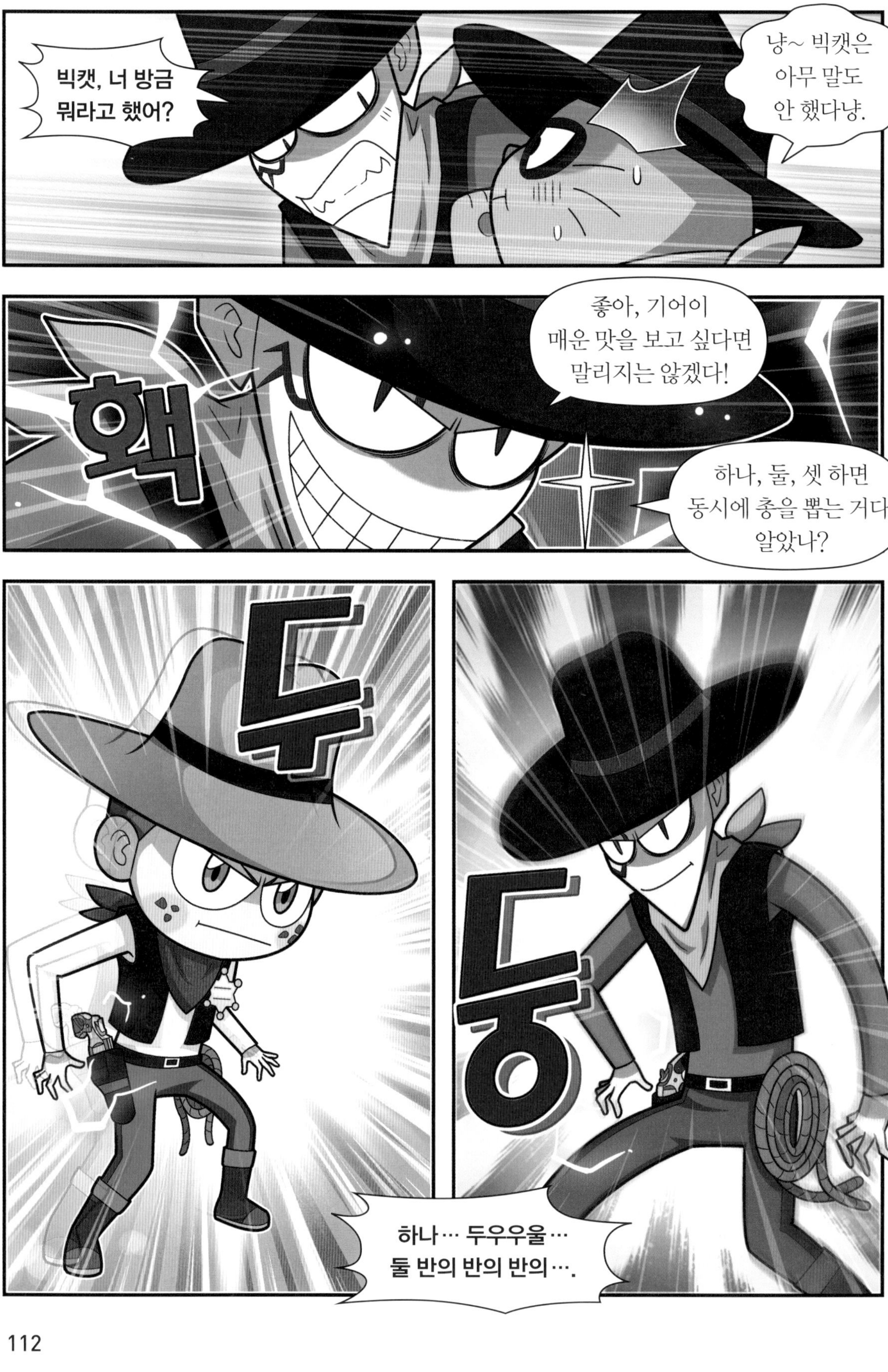
빅캣, 너 방금 뭐라고 했어?
냥~ 빅캣은 아무 말도 안 했다냥.
확
좋아, 기어이 매운 맛을 보고 싶다면 말리지는 않겠다!
하나, 둘, 셋 하면 동시에 총을 뽑는 거다. 알았나?
두
둥
하나… 두우우울… 둘 반의 반의 반의….

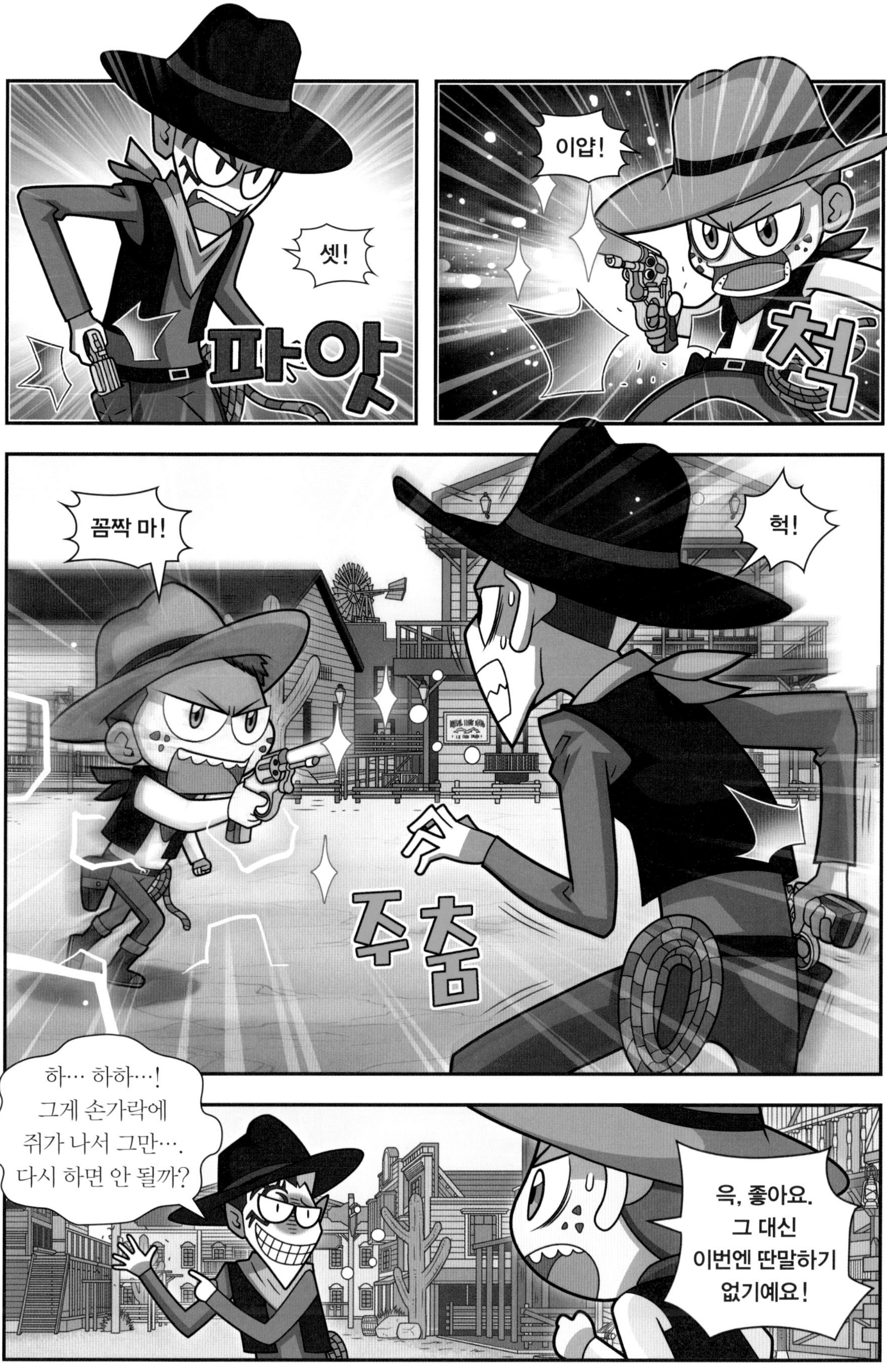
셋!
파앗
이얍!
척
꼼짝 마!
헉!
주춤
하… 하하…! 그게 손가락에 쥐가 나서 그만…. 다시 하면 안 될까?
윽, 좋아요. 그 대신 이번엔 딴말하기 없기예요!

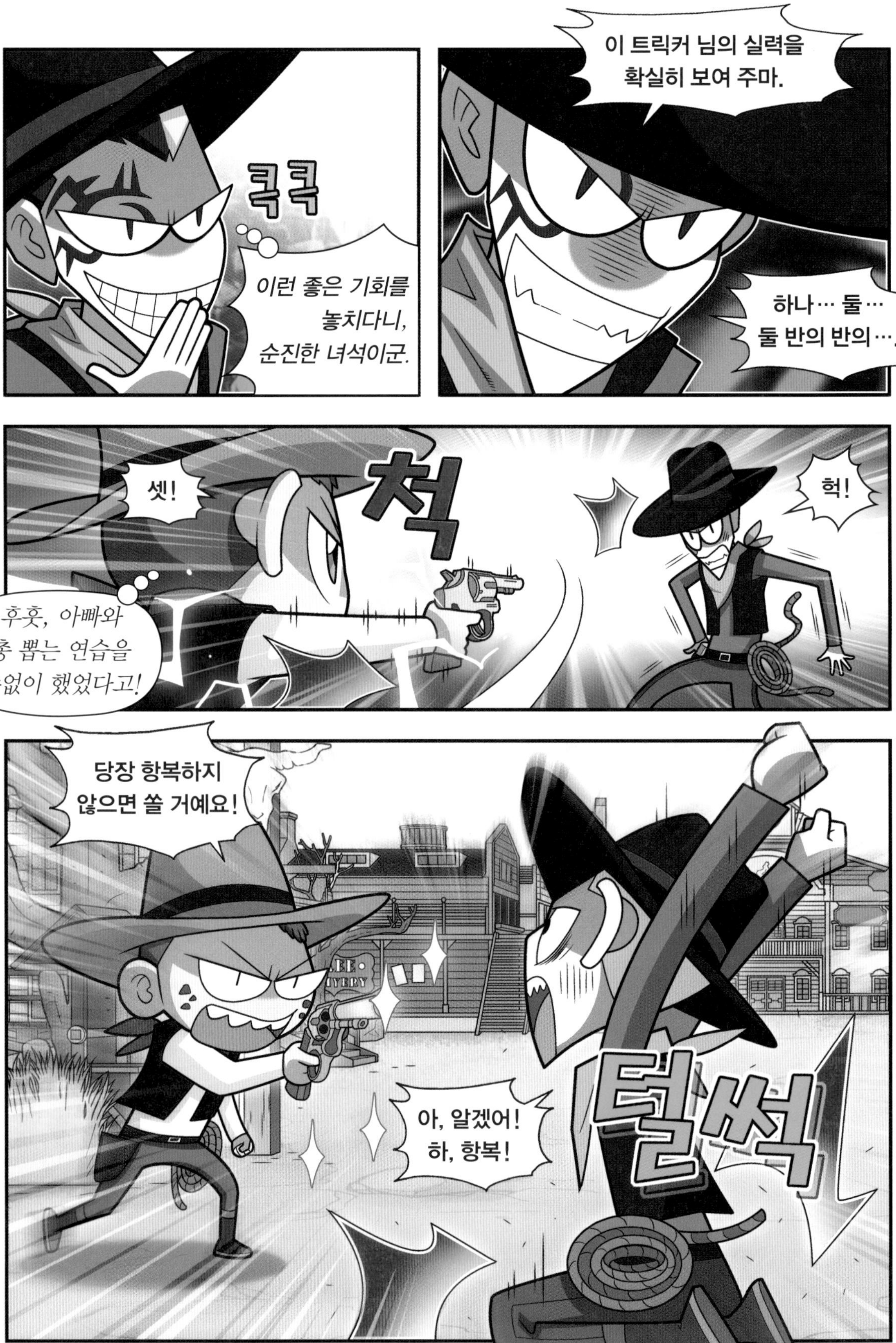

쿡쿡
이런 좋은 기회를 놓치다니, 순진한 녀석이군.
이 트릭커 님의 실력을 확실히 보여 주마.
하나… 둘… 둘 반의 반의….
셋!
척
후훗, 아빠와 총 뽑는 연습을 수없이 했었다고!
헉!
당장 항복하지 않으면 쏠 거예요!
아, 알겠어! 하, 항복!
털썩

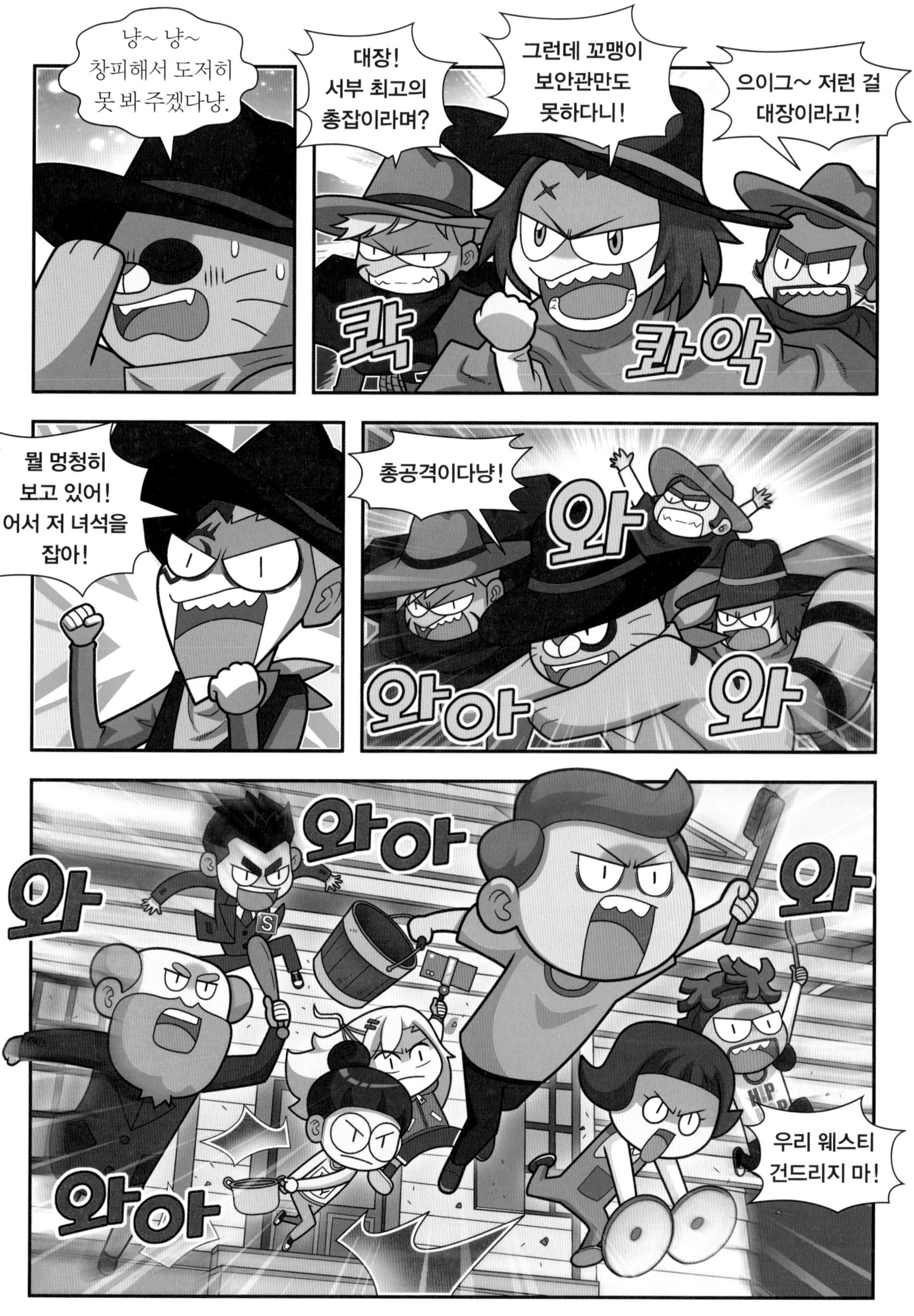
냥~ 냥~ 창피해서 도저히 못 봐 주겠다냥.
대장! 서부 최고의 총잡이라며?
그런데 꼬맹이 보안관만도 못하다니!
으이그~ 저런 걸 대장이라고!
콱
콰악
뭘 멍청히 보고 있어! 어서 저 녀석을 잡아!
총공격이다냥!
와
와아
와
와
와아
와
와아
우리 웨스티 건드리지 마!

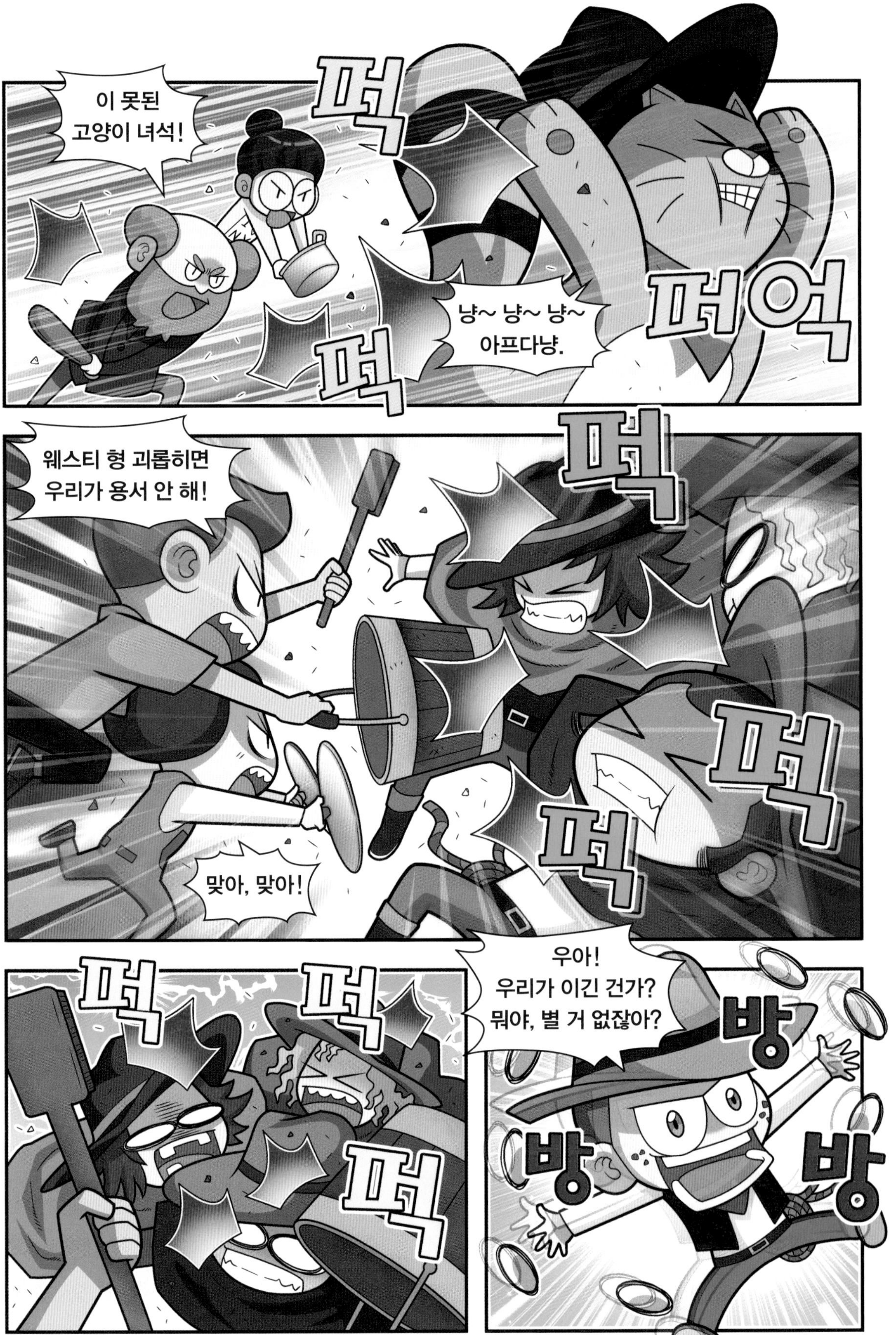

이 못된 고양이 녀석!
퍽
퍼억
냥~ 냥~ 냥~ 아프다냥.
퍽
웨스티 형 괴롭히면 우리가 용서 안 해!
퍽
퍽
퍽
맞아, 맞아!
퍽
퍽
퍽
우아! 우리가 이긴 건가? 뭐야, 별 거 없잖아?
방
방
방

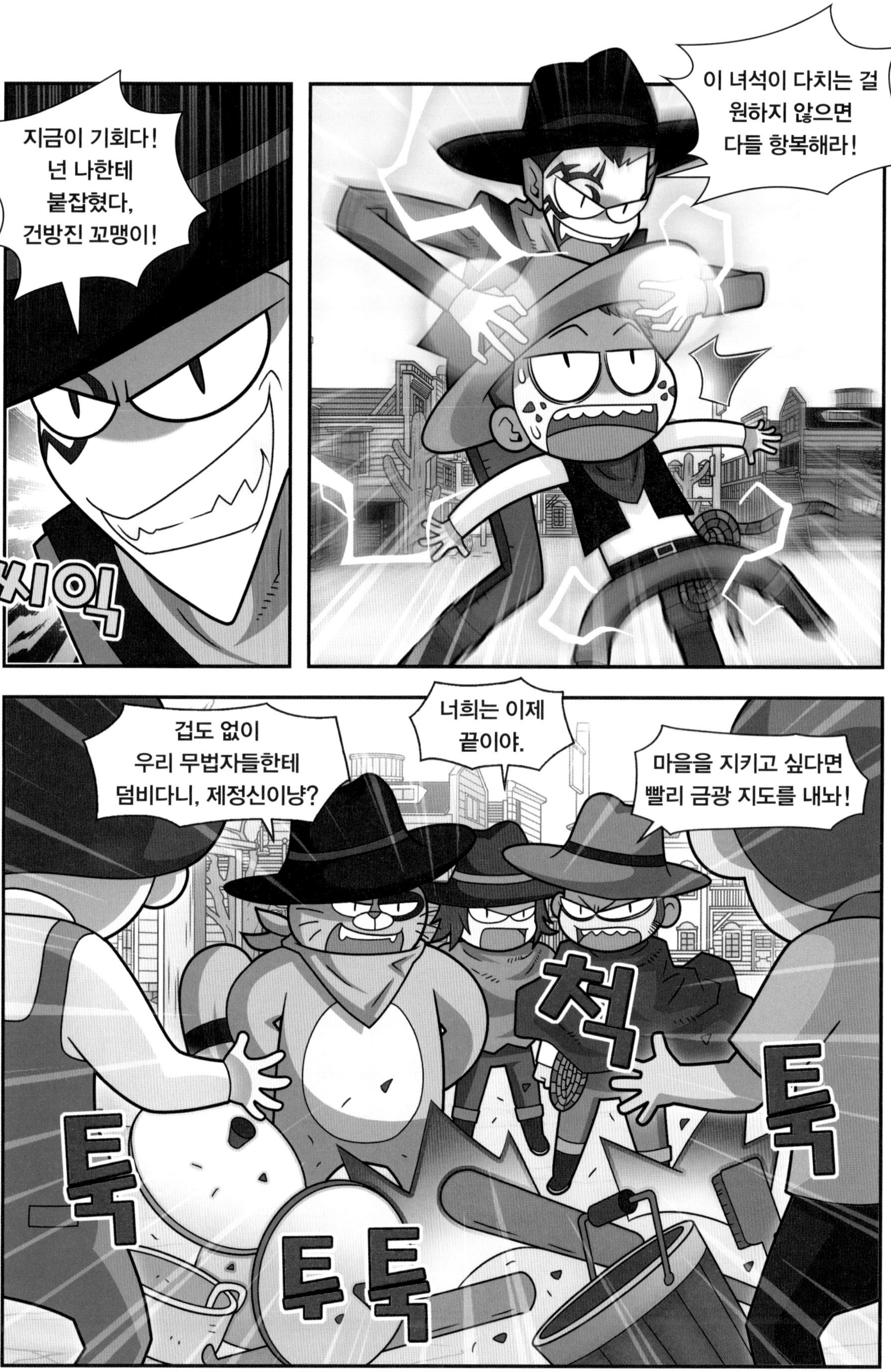
지금이 기회다! 넌 나한테 붙잡혔다, 건방진 꼬맹이!
씨익
이 녀석이 다치는 걸 원하지 않으면 다들 항복해라!
겁도 없이 우리 무법자들한테 덤비다니, 제정신이냥?
너희는 이제 끝이야.
마을을 지키고 싶다면 빨리 금광 지도를 내놔!
척
툭
툭
투툭

Chapter 6

우리의 특급 비밀 작전

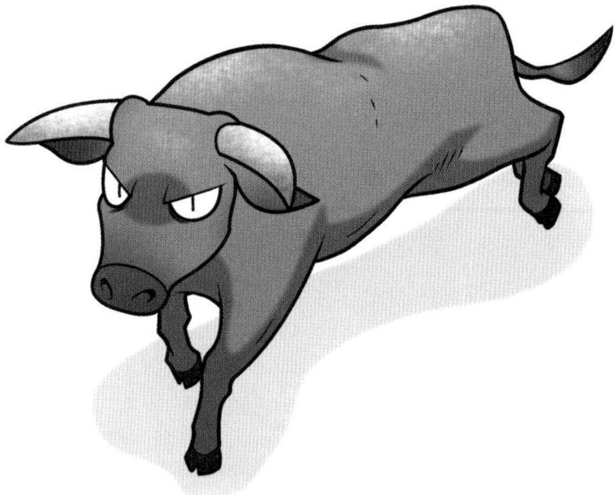

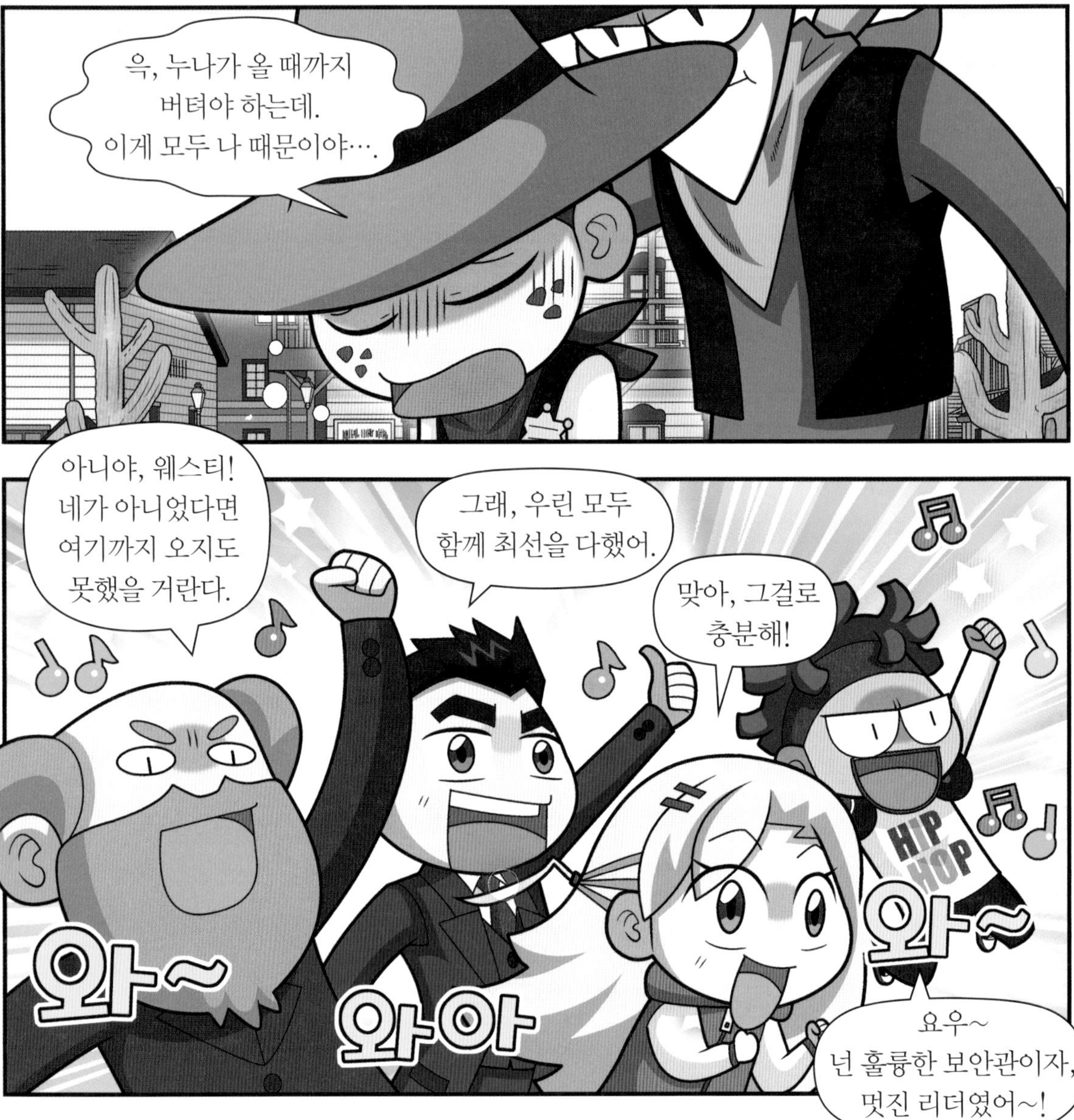
윽, 누나가 올 때까지 버텨야 하는데. 이게 모두 나 때문이야….
아니야, 웨스티! 네가 아니었다면 여기까지 오지도 못했을 거란다.
그래, 우린 모두 함께 최선을 다했어.
맞아, 그걸로 충분해!
와~
와아
와~
HIP HOP
요우~ 넌 훌륭한 보안관이자, 멋진 리더였어~!

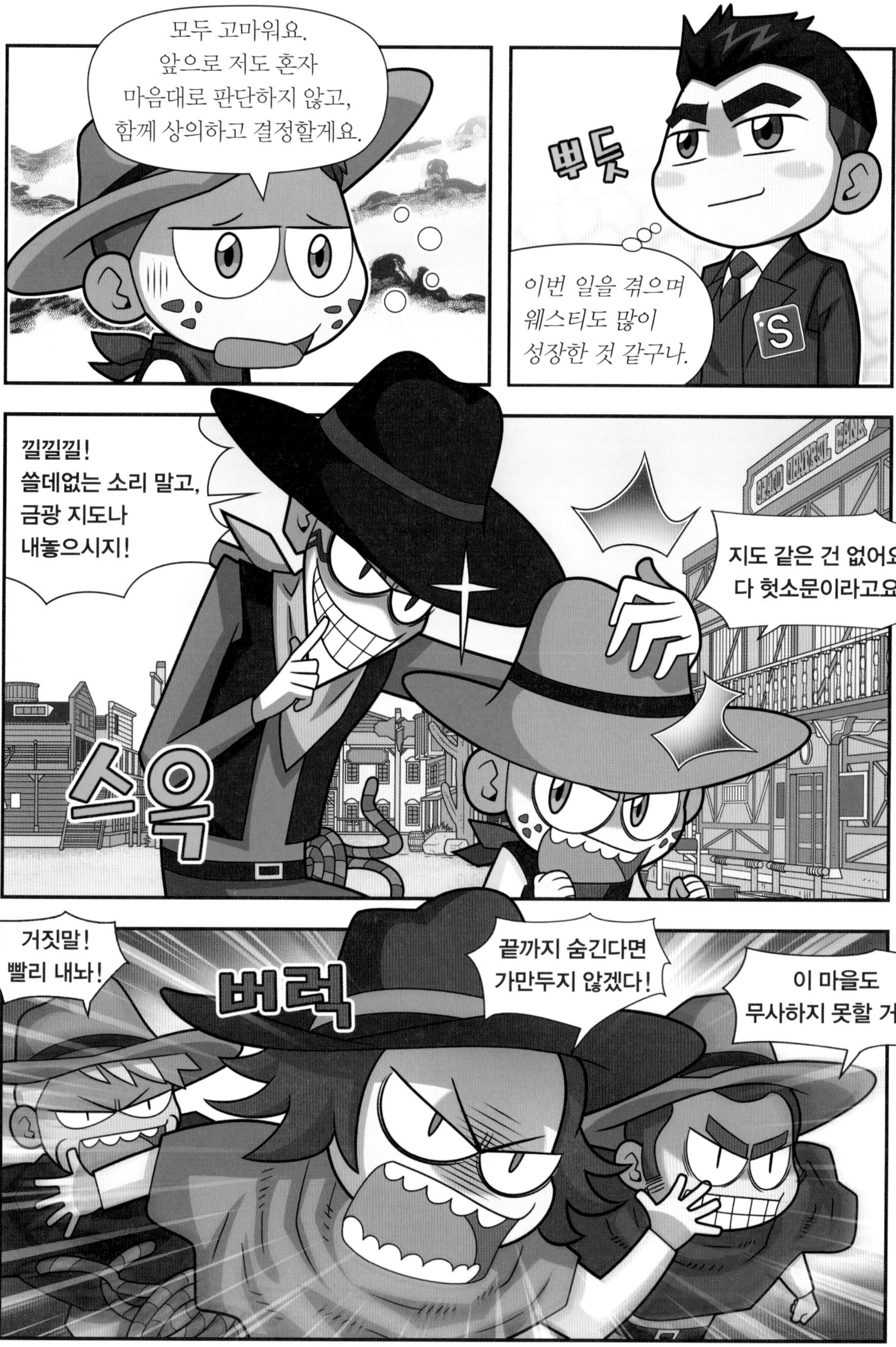

모두 고마워요.
앞으로 저도 혼자
마음대로 판단하지 않고,
함께 상의하고 결정할게요.
뿌듯
이번 일을 겪으며
웨스티도 많이
성장한 것 같구나.
낄낄낄!
쓸데없는 소리 말고,
금광 지도나
내놓으시지!
스윽
지도 같은 건 없어요!
다 헛소문이라고요!
거짓말!
빨리 내놔!
버럭
끝까지 숨긴다면
가만두지 않겠다!
이 마을도
무사하지 못할 거야!

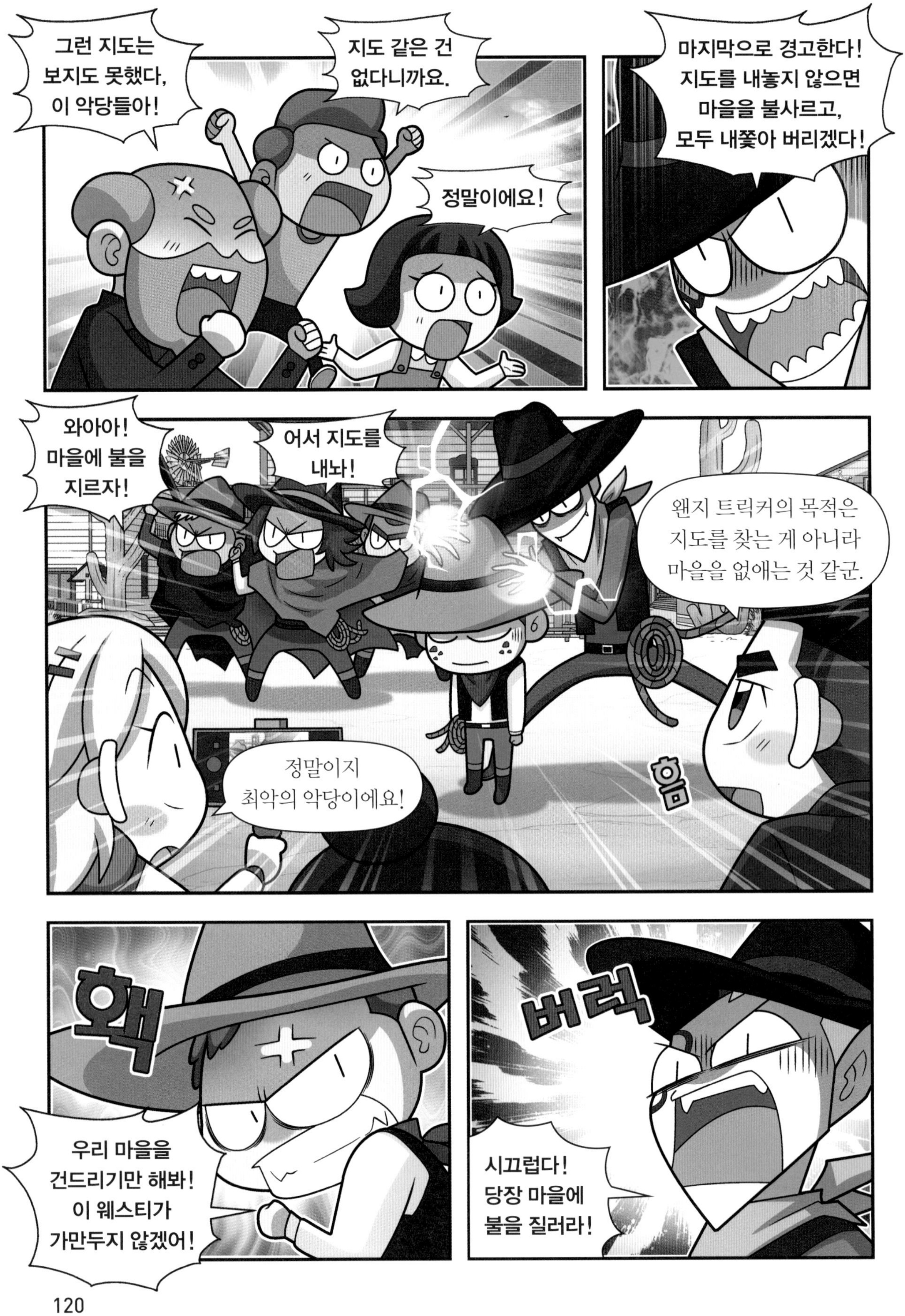

그런 지도는
보지도 못했다,
이 악당들아!
지도 같은 건
없다니까요.
정말이에요!
마지막으로 경고한다!
지도를 내놓지 않으면
마을을 불사르고,
모두 내쫓아 버리겠다!
와아아!
마을에 불을
지르자!
어서 지도를
내놔!
왠지 트릭커의 목적은
지도를 찾는 게 아니라
마을을 없애는 것 같군.
정말이지
최악의 악당이에요!
흠
홱
우리 마을을
건드리기만 해봐!
이 웨스티가
가만두지 않겠어!
버럭
시끄럽다!
당장 마을에
불을 질러라!

이하~ 이하~

응? 이 소리는 설마…?

하우디~!

하우디~ 웨스티!

우리가 왔다!

웨스티, 오래 기다렸지? 네가 잘 버텨 준 덕분에 보안관님과 마을 어른들을 데려올 수 있었어!

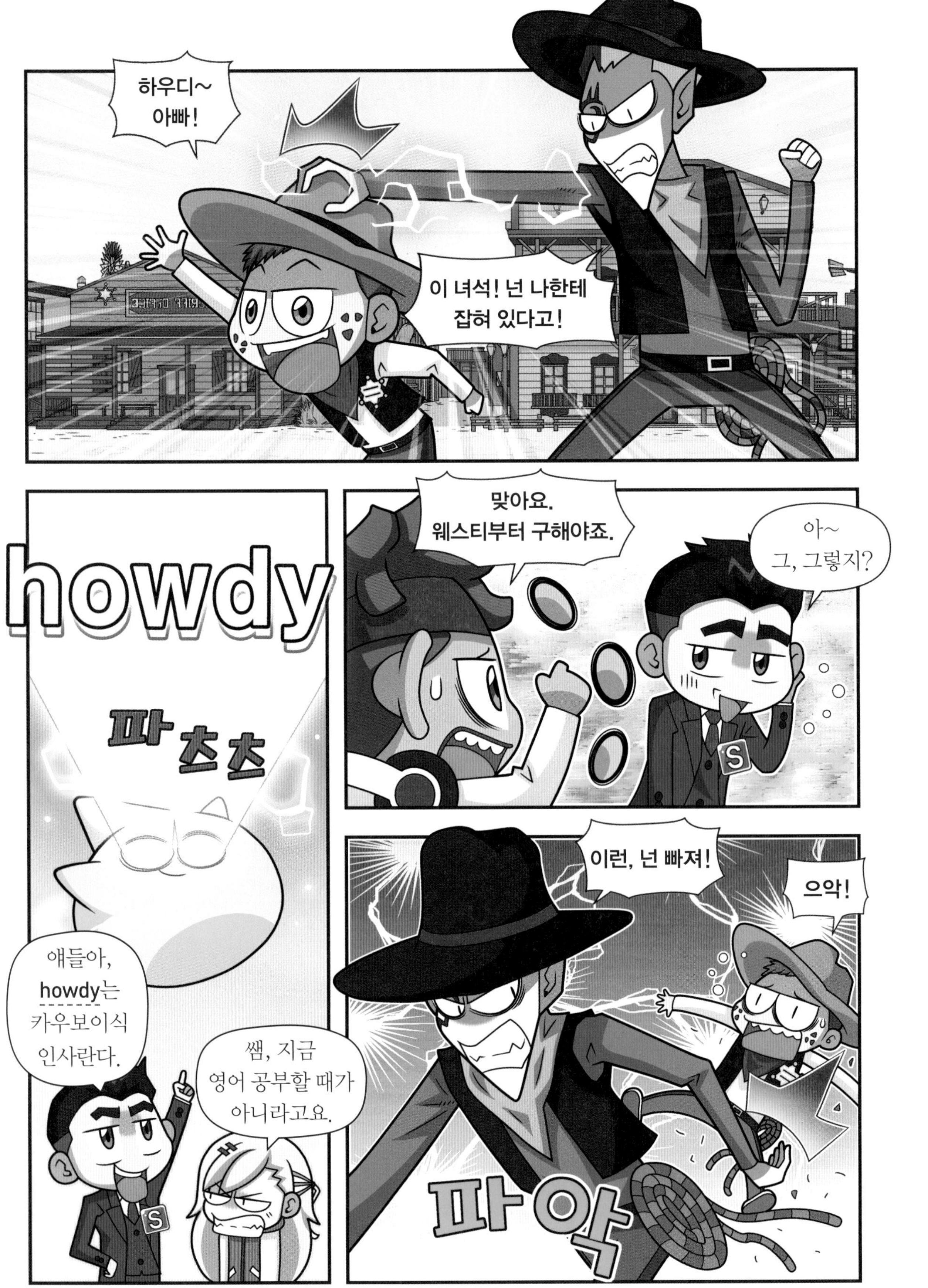

하우디~ 아빠!
이 녀석! 넌 나한테 잡혀 있다고!
howdy
파츠츠
애들아, howdy는 카우보이식 인사란다.
쌤, 지금 영어 공부할 때가 아니라고요.
맞아요. 웨스티부터 구해야죠.
아~ 그, 그렇지?
이런, 넌 빠져!
으악!
파악

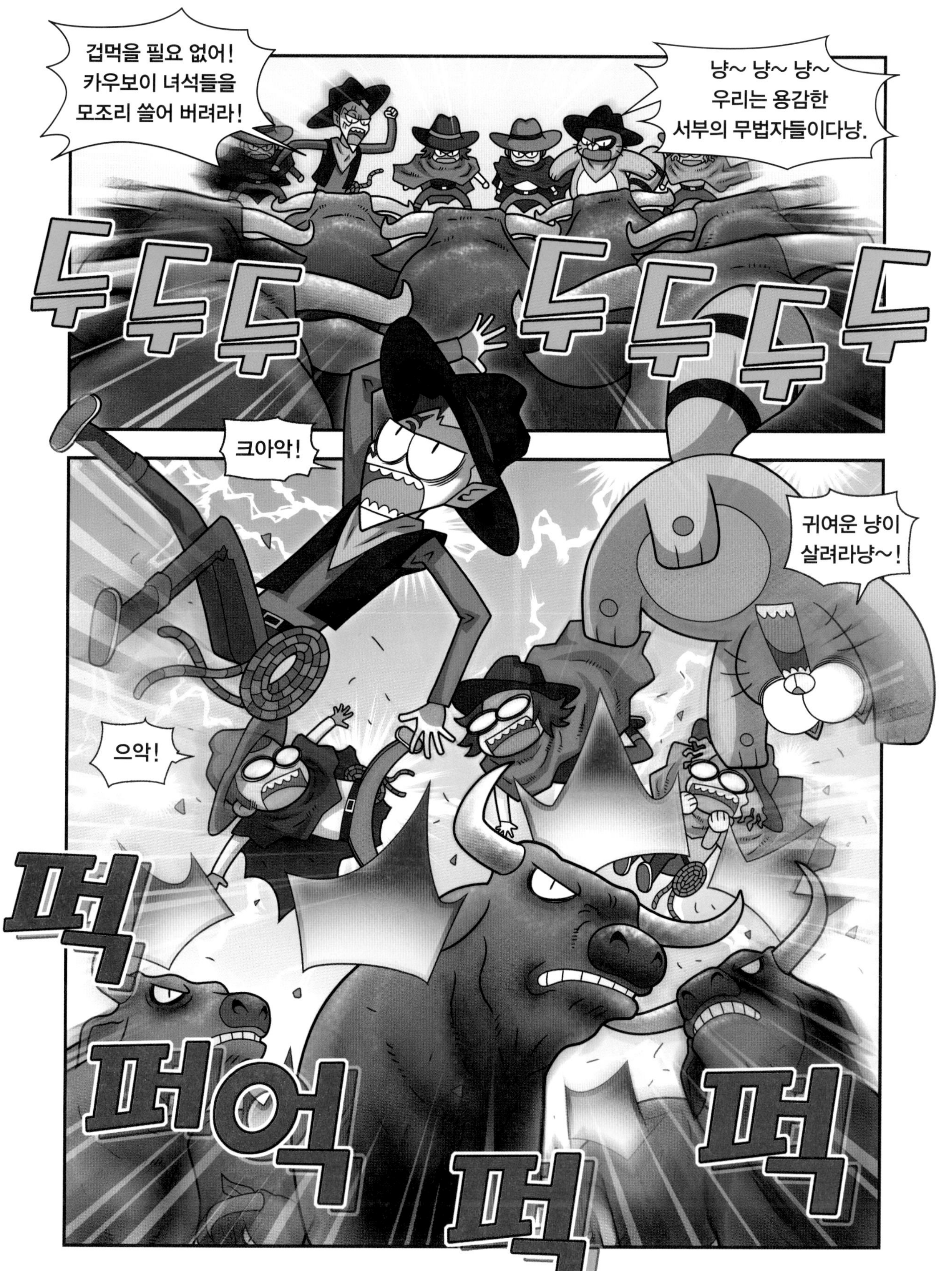
겁먹을 필요 없어! 카우보이 녀석들을 모조리 쓸어 버려라!
냥~ 냥~ 냥~ 우리는 용감한 서부의 무법자들이다냥.
두두두 두두두두
크아악!
귀여운 냥이 살려라냥~!
으악!
퍽
퍼억
퍽
퍽

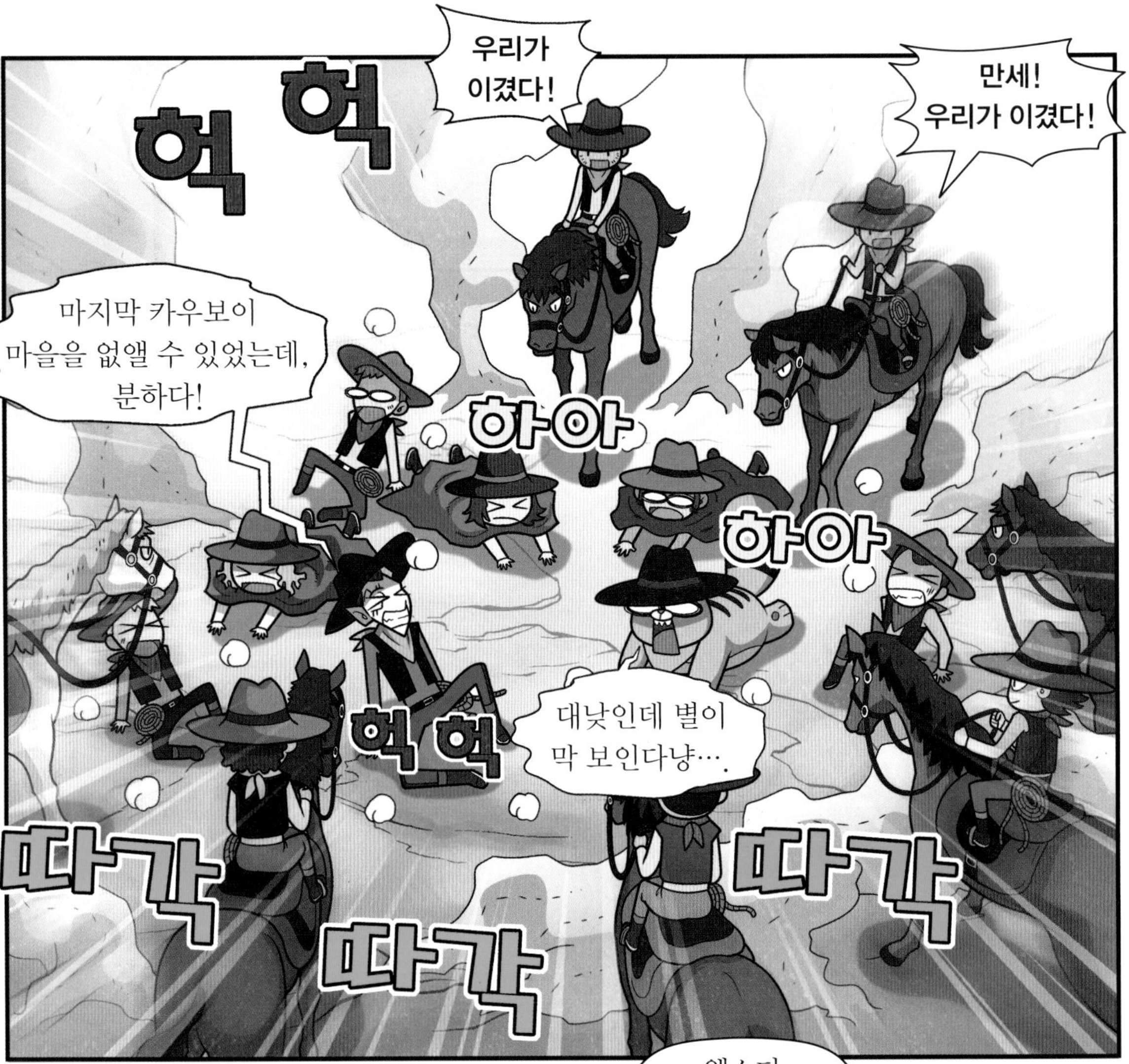

헉 헉
우리가 이겼다!
만세! 우리가 이겼다!
마지막 카우보이 마을을 없앨 수 있었는데, 분하다!
하아
하아
헉 헉
대낮인데 별이 막 보인다냥….
따각
따각
따각

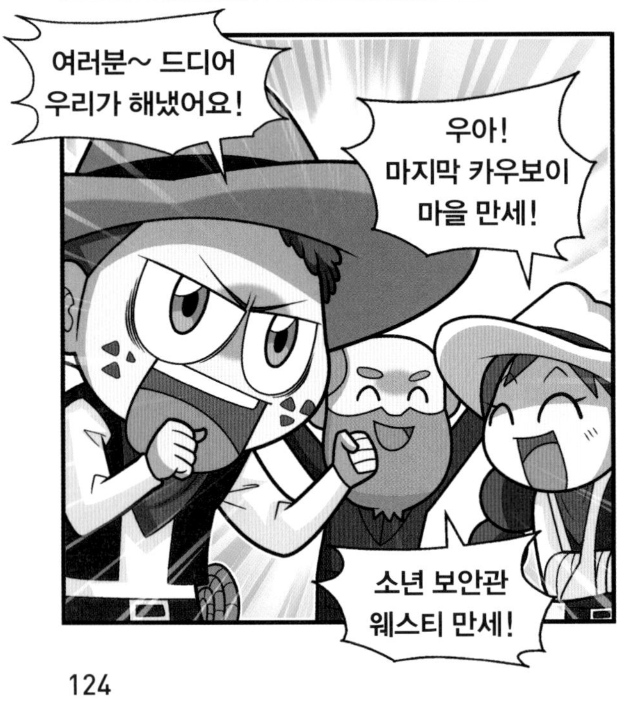

여러분~ 드디어 우리가 해냈어요!
우아! 마지막 카우보이 마을 만세!
소년 보안관 웨스티 만세!

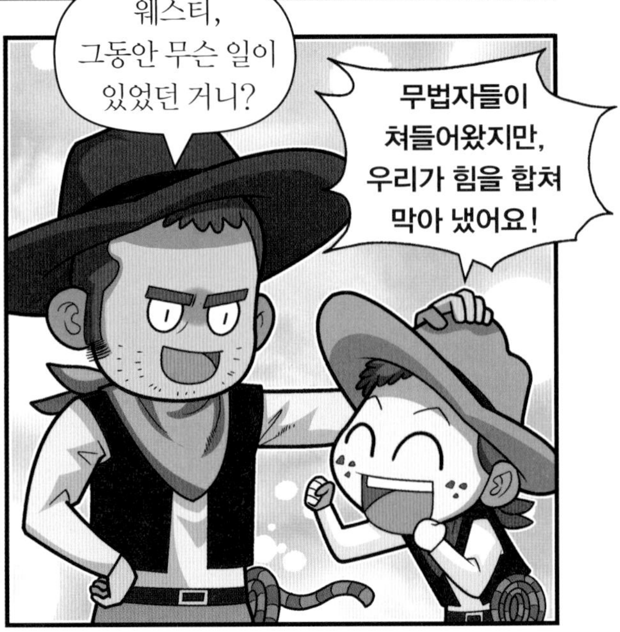

웨스티, 그동안 무슨 일이 있었던 거니?
무법자들이 쳐들어왔지만, 우리가 힘을 합쳐 막아 냈어요!

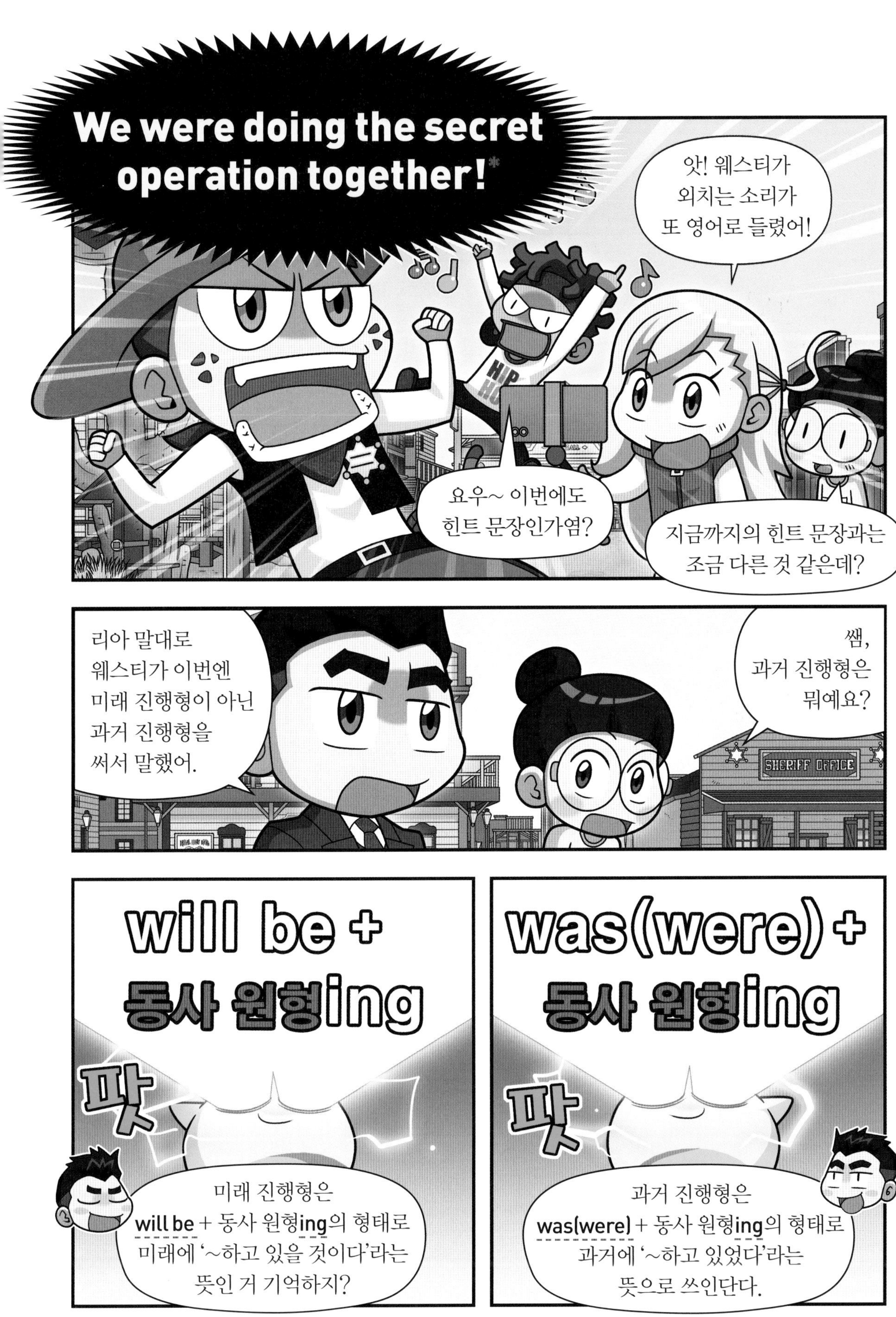
We were doing the secret operation together!*
앗! 웨스티가 외치는 소리가 또 영어로 들렸어!
요우~ 이번에도 힌트 문장인가염?
지금까지의 힌트 문장과는 조금 다른 것 같은데?
리아 말대로 웨스티가 이번엔 미래 진행형이 아닌 과거 진행형을 써서 말했어.
쌤, 과거 진행형은 뭐예요?
SHERIFF OFFICE
will be + 동사 원형ing
팟
미래 진행형은 will be + 동사 원형ing의 형태로 미래에 '~하고 있을 것이다'라는 뜻인 거 기억하지?
was(were) + 동사 원형ing
팟
과거 진행형은 was(were) + 동사 원형ing의 형태로 과거에 '~하고 있었다'라는 뜻으로 쓰인단다.

* 우리는 함께 비밀 작전을 수행하고 있었어요!

* 이시원 선생님이 직접 가르쳐 주는 강의를 확인하고 싶다면 145쪽을 펼쳐 보세요.

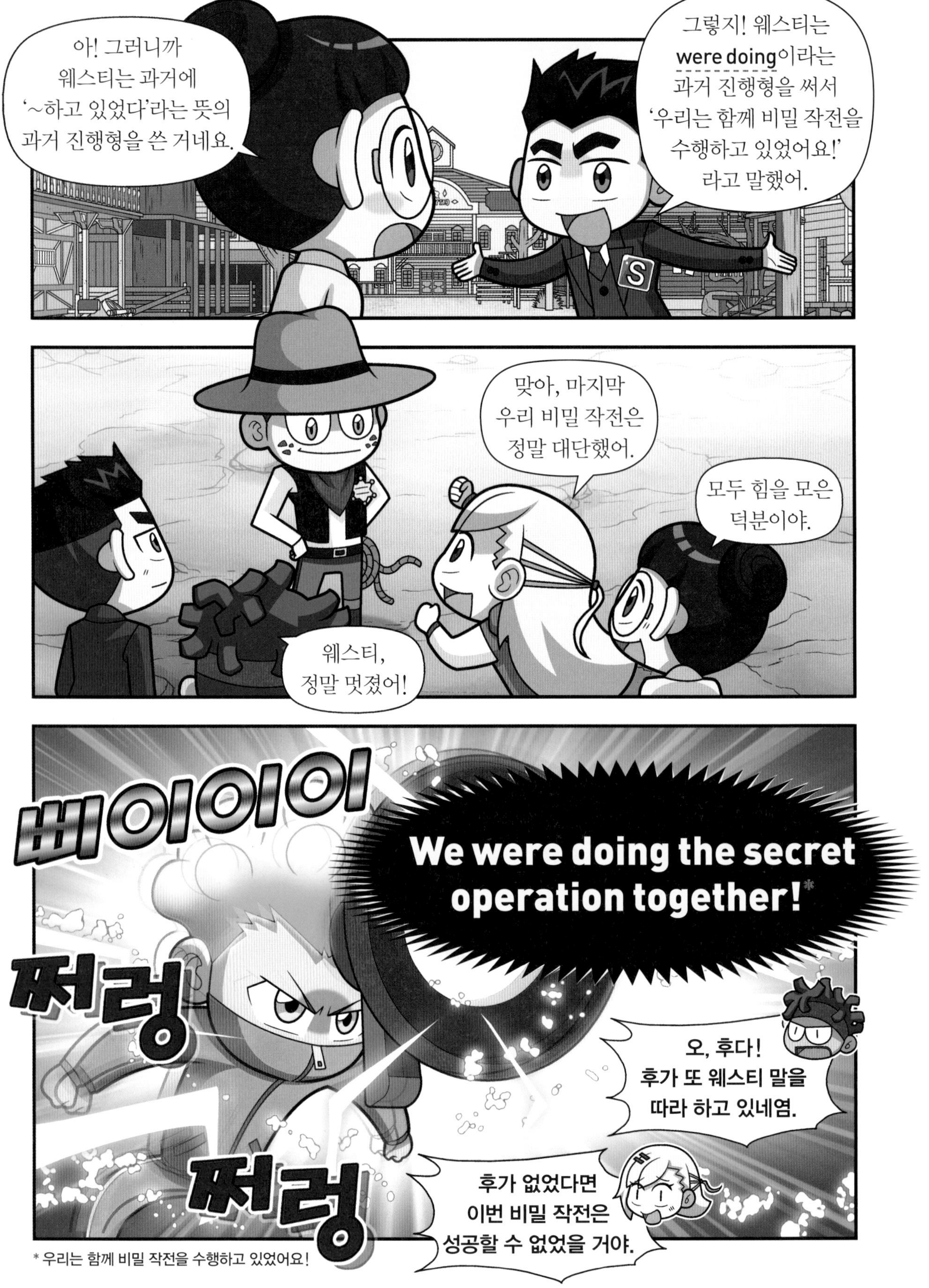
아! 그러니까
웨스티는 과거에
'~하고 있었다'라는 뜻의
과거 진행형을 쓴 거네요.
그렇지! 웨스티는
were doing이라는
과거 진행형을 써서
'우리는 함께 비밀 작전을
수행하고 있었어요!'
라고 말했어.
맞아, 마지막
우리 비밀 작전은
정말 대단했어.
모두 힘을 모은
덕분이야.
웨스티,
정말 멋졌어!
삐이이이
We were doing the secret operation together!*
쩌렁
쩌렁
오, 후다!
후가 또 웨스티 말을
따라 하고 있네염.
후가 없었다면
이번 비밀 작전은
성공할 수 없었을 거야.

* 우리는 함께 비밀 작전을 수행하고 있었어요!

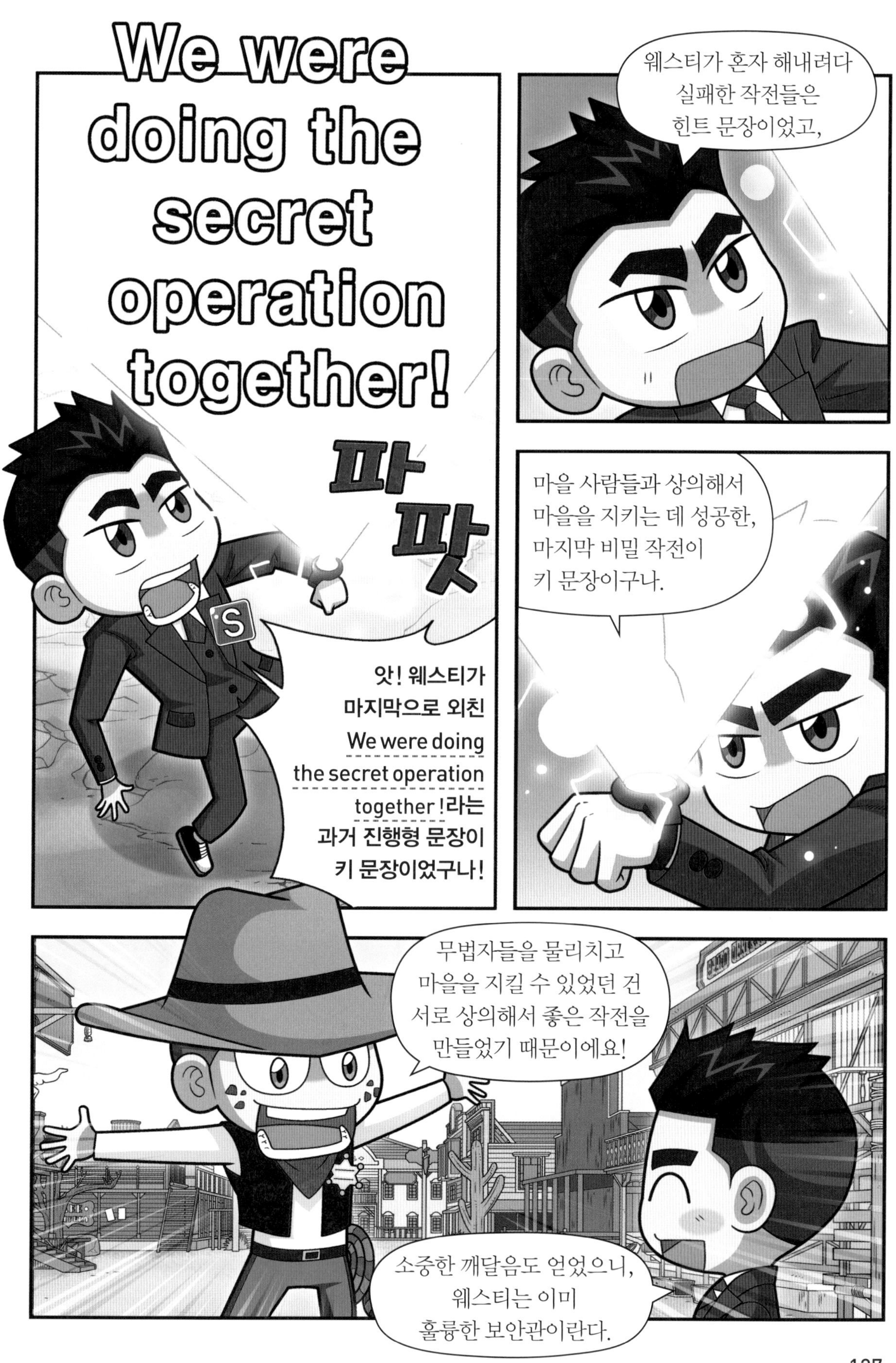
We were doing the secret operation together!
파팟
앗! 웨스티가 마지막으로 외친 We were doing the secret operation together!라는 과거 진행형 문장이 키 문장이었구나!
웨스티가 혼자 해내려다 실패한 작전들은 힌트 문장이었고,
마을 사람들과 상의해서 마을을 지키는 데 성공한, 마지막 비밀 작전이 키 문장이구나.
무법자들을 물리치고 마을을 지킬 수 있었던 건 서로 상의해서 좋은 작전을 만들었기 때문이에요!
소중한 깨달음도 얻었으니, 웨스티는 이미 훌륭한 보안관이란다.

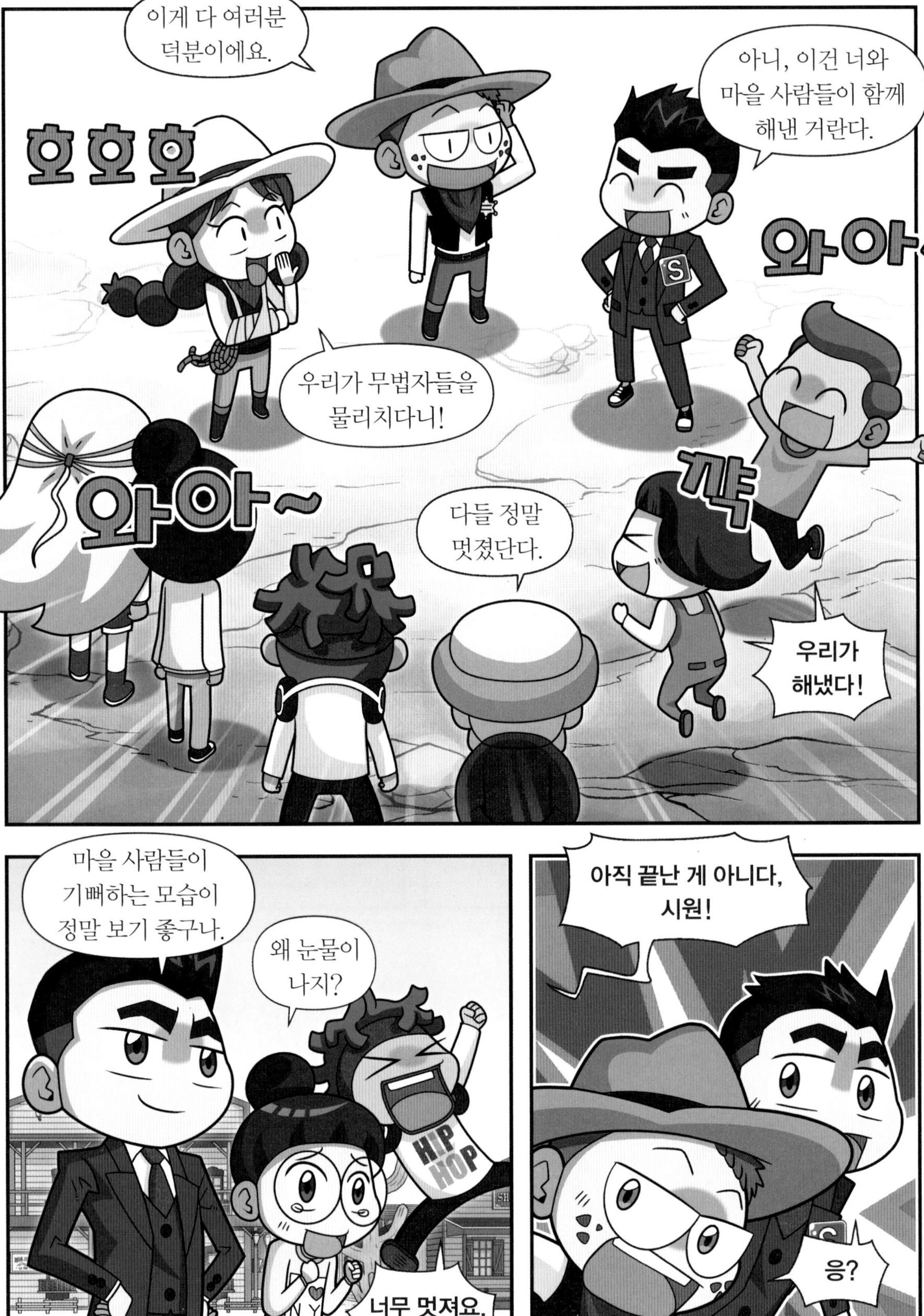

이게 다 여러분
덕분이에요.
호호호
아니, 이건 너와
마을 사람들이 함께
해낸 거란다.
와아~
우리가 무법자들을
물리치다니!
와아~
꺅
다들 정말
멋졌단다.
우리가
해냈다!
마을 사람들이
기뻐하는 모습이
정말 보기 좋구나.
왜 눈물이
나지?
HIP
HOP
너무 멋져요,
맨~!
아직 끝난 게 아니다,
시원!
응?

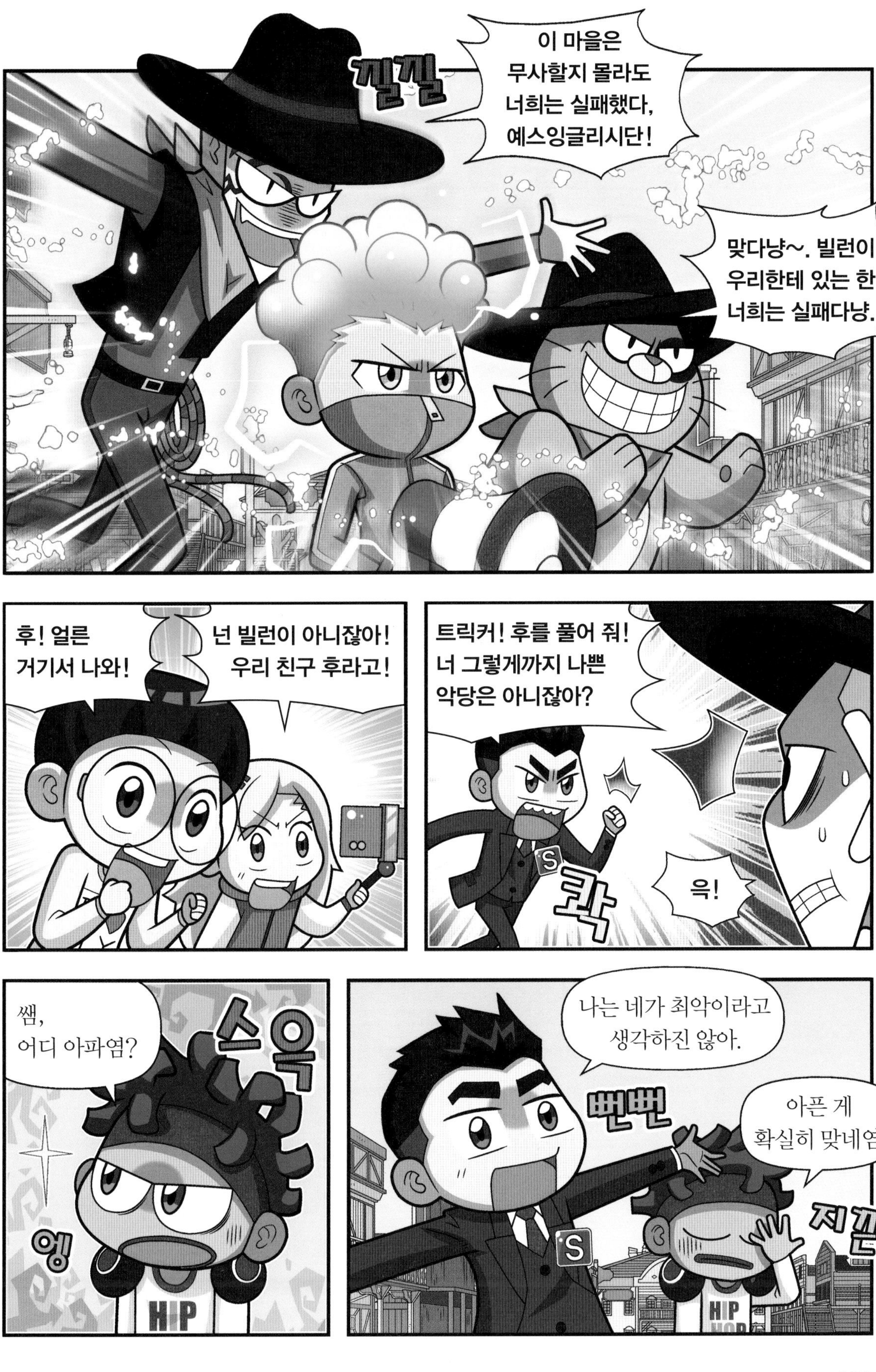
질질
이 마을은 무사할지 몰라도 너희는 실패했다, 예스잉글리시단!
맞다냥~. 빌런이 우리한테 있는 한 너희는 실패다냥.
후! 얼른 거기서 나와!
넌 빌런이 아니잖아! 우리 친구 후라고!
트릭커! 후를 풀어 줘! 너 그렇게까지 나쁜 악당은 아니잖아?
콱
윽!
쌤, 어디 아파염?
스윽
엉
나는 네가 최악이라고 생각하진 않아.
뻔뻔
아픈 게 확실히 맞네염.
지끈
HIP

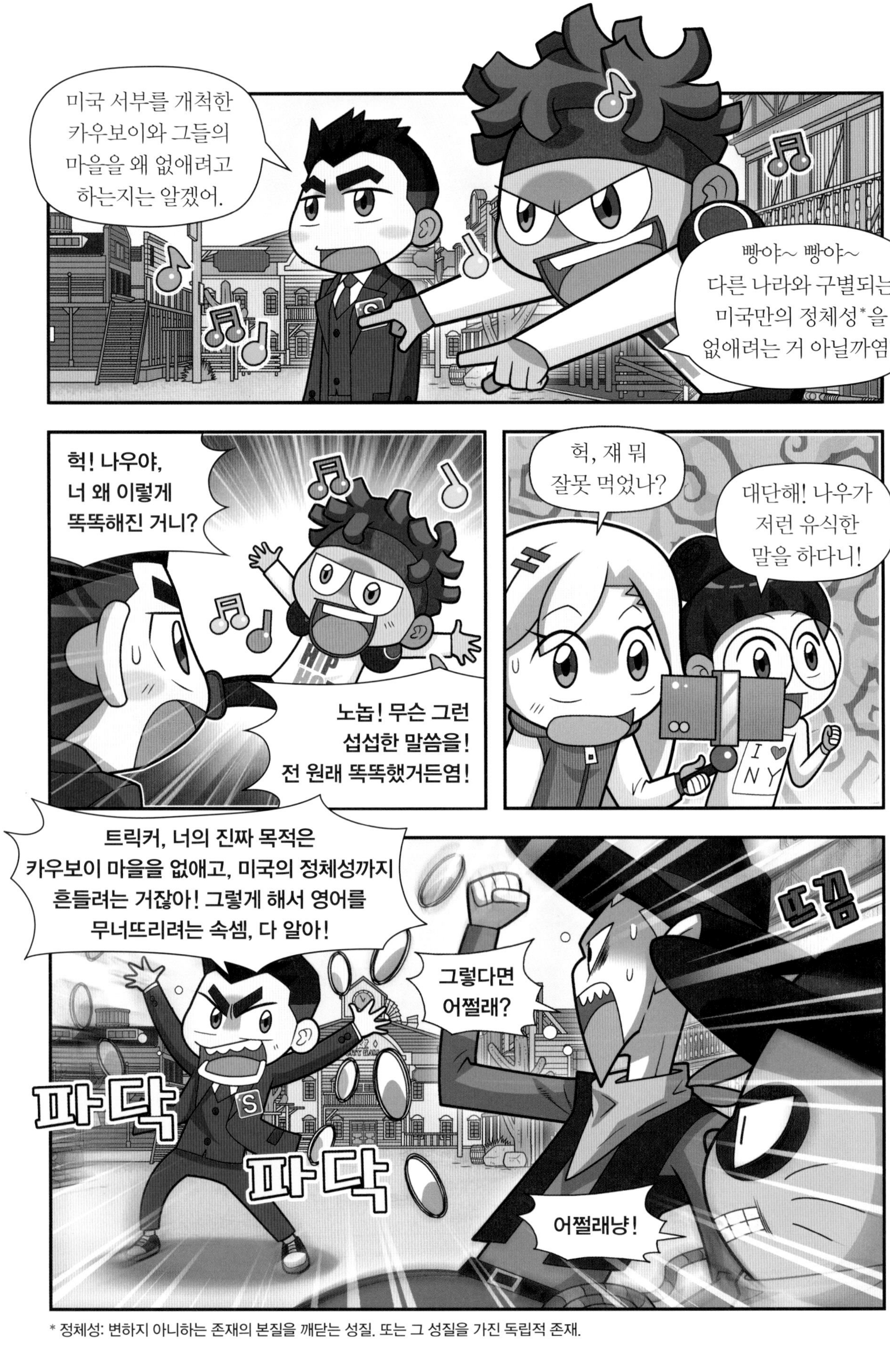
미국 서부를 개척한 카우보이와 그들의 마을을 왜 없애려고 하는지는 알겠어.
빵야~ 빵야~ 다른 나라와 구별되는 미국만의 정체성*을 없애려는 거 아닐까염?
헉! 나우야, 너 왜 이렇게 똑똑해진 거니?
노놉! 무슨 그런 섭섭한 말씀을! 전 원래 똑똑했거든염!
헉, 재 뭐 잘못 먹었나?
대단해! 나우가 저런 유식한 말을 하다니!
I ♥ NY
트릭커, 너의 진짜 목적은 카우보이 마을을 없애고, 미국의 정체성까지 흔들려는 거잖아! 그렇게 해서 영어를 무너뜨리려는 속셈, 다 알아!
뜨끔
그렇다면 어쩔래?
파닥
파닥
어쩔래냥!

* 정체성: 변하지 아니하는 존재의 본질을 깨닫는 성질. 또는 그 성질을 가진 독립적 존재.

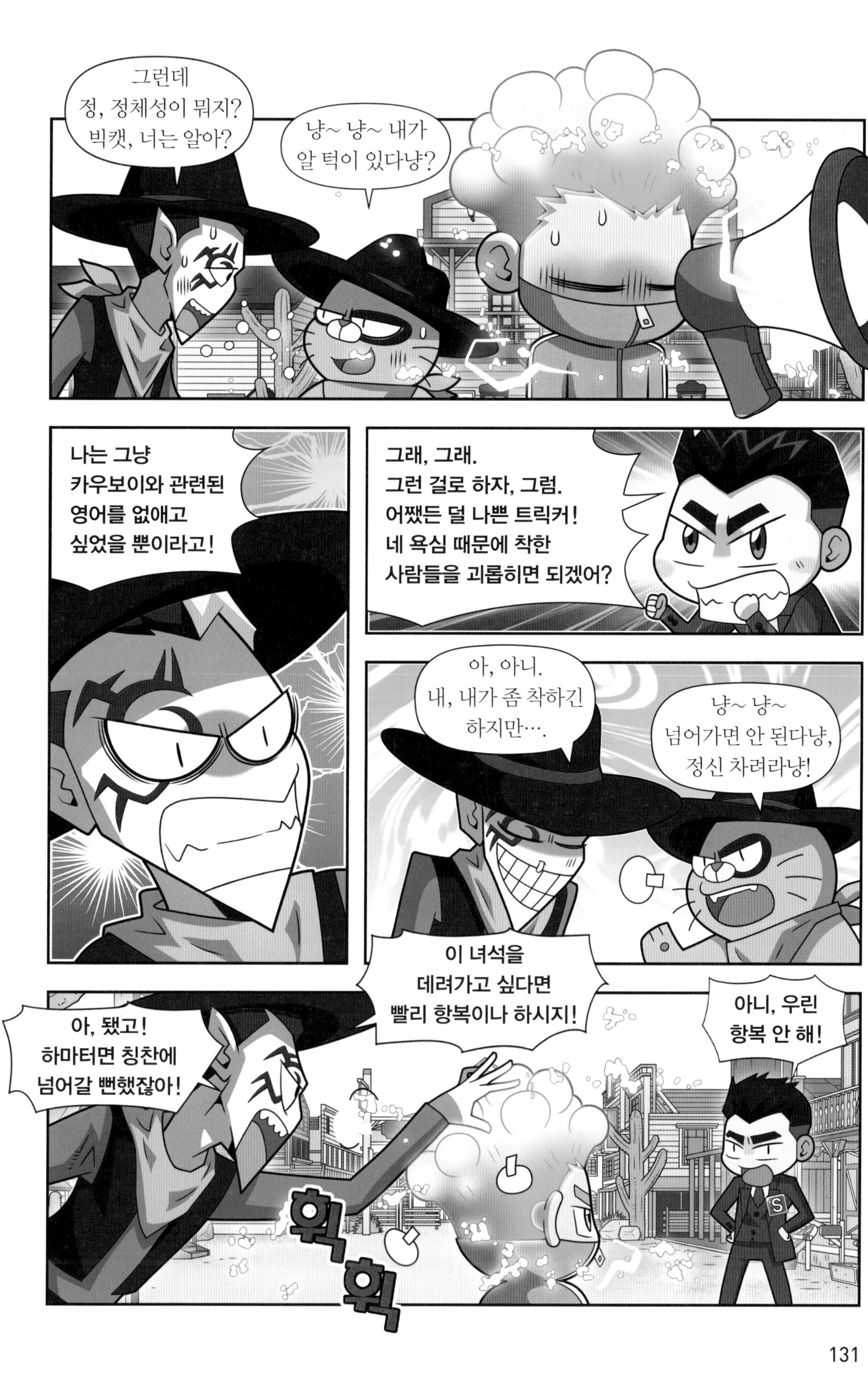

그런데 정, 정체성이 뭐지? 빅캣, 너는 알아?
냥~ 냥~ 내가 알 턱이 있다냥?
나는 그냥 카우보이와 관련된 영어를 없애고 싶었을 뿐이라고!
그래, 그래. 그런 걸로 하자, 그럼. 어쨌든 덜 나쁜 트릭커! 네 욕심 때문에 착한 사람들을 괴롭히면 되겠어?
아, 아니. 내, 내가 좀 착하긴 하지만….
냥~ 냥~ 넘어가면 안 된다냥, 정신 차려라냥!
이 녀석을 데려가고 싶다면 빨리 항복이나 하시지!
아, 됐고! 하마터면 칭찬에 넘어갈 뻔했잖아!
아니, 우린 항복 안 해!
휙 휙

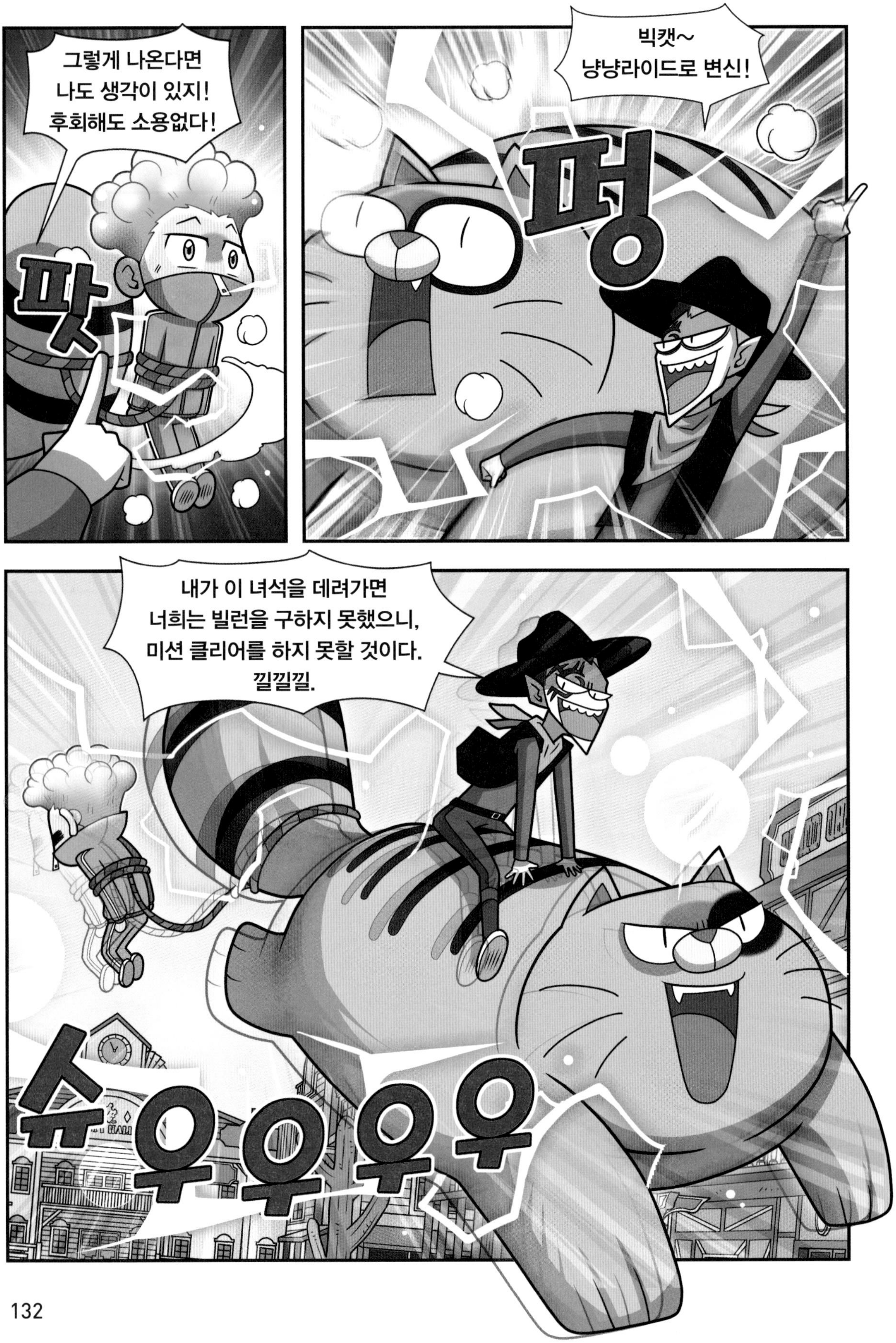
그렇게 나온다면 나도 생각이 있지! 후회해도 소용없다!
팟
빅캣~ 냥냥라이드로 변신!
펑
내가 이 녀석을 데려가면 너희는 빌런을 구하지 못했으니, 미션 클리어를 하지 못할 것이다. 낄낄낄.
슈우우우우

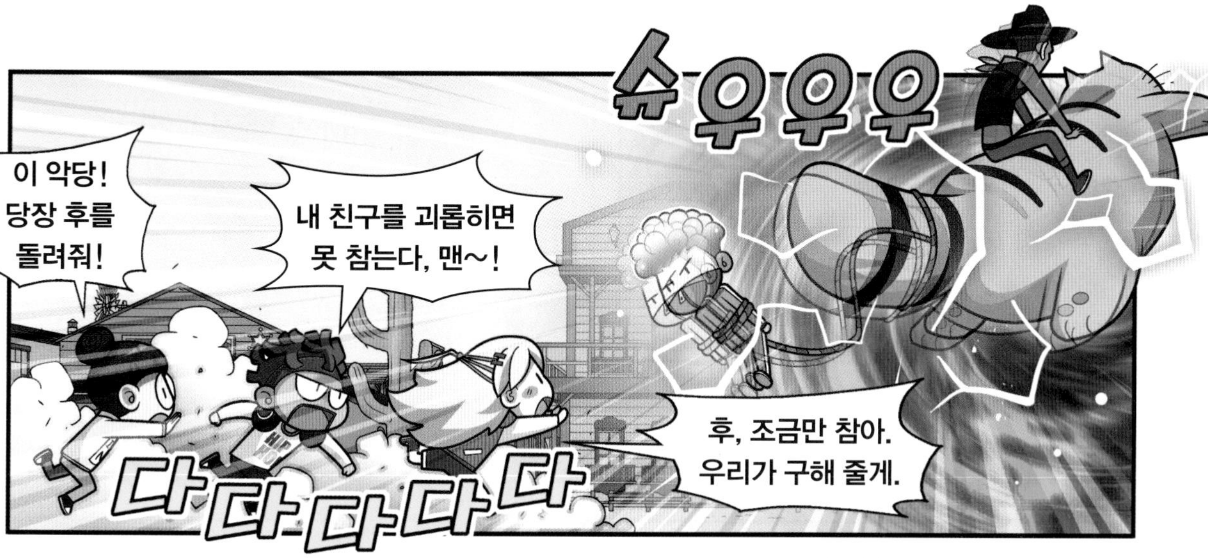
슈우우우
이 악당!
당장 후를
돌려줘!
내 친구를 괴롭히면
못 참는다, 맨~!
후, 조금만 참아.
우리가 구해 줄게.
다다다다다다

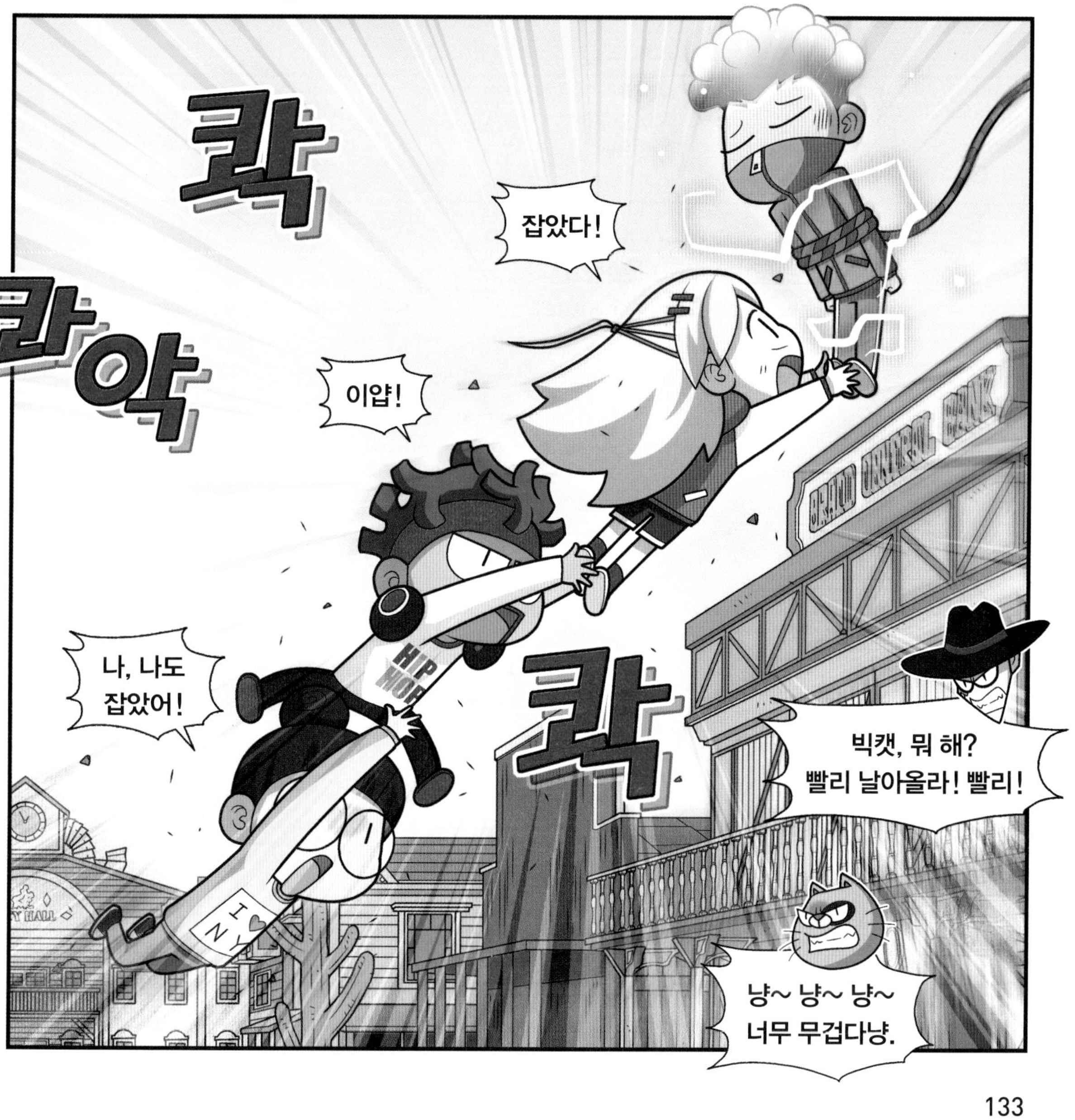
콱
잡았다!
콰악
이얍!
나, 나도
잡았어!
콱
빅캣, 뭐 해?
빨리 날아올라! 빨리!
냥~ 냥~ 냥~
너무 무겁다냥.

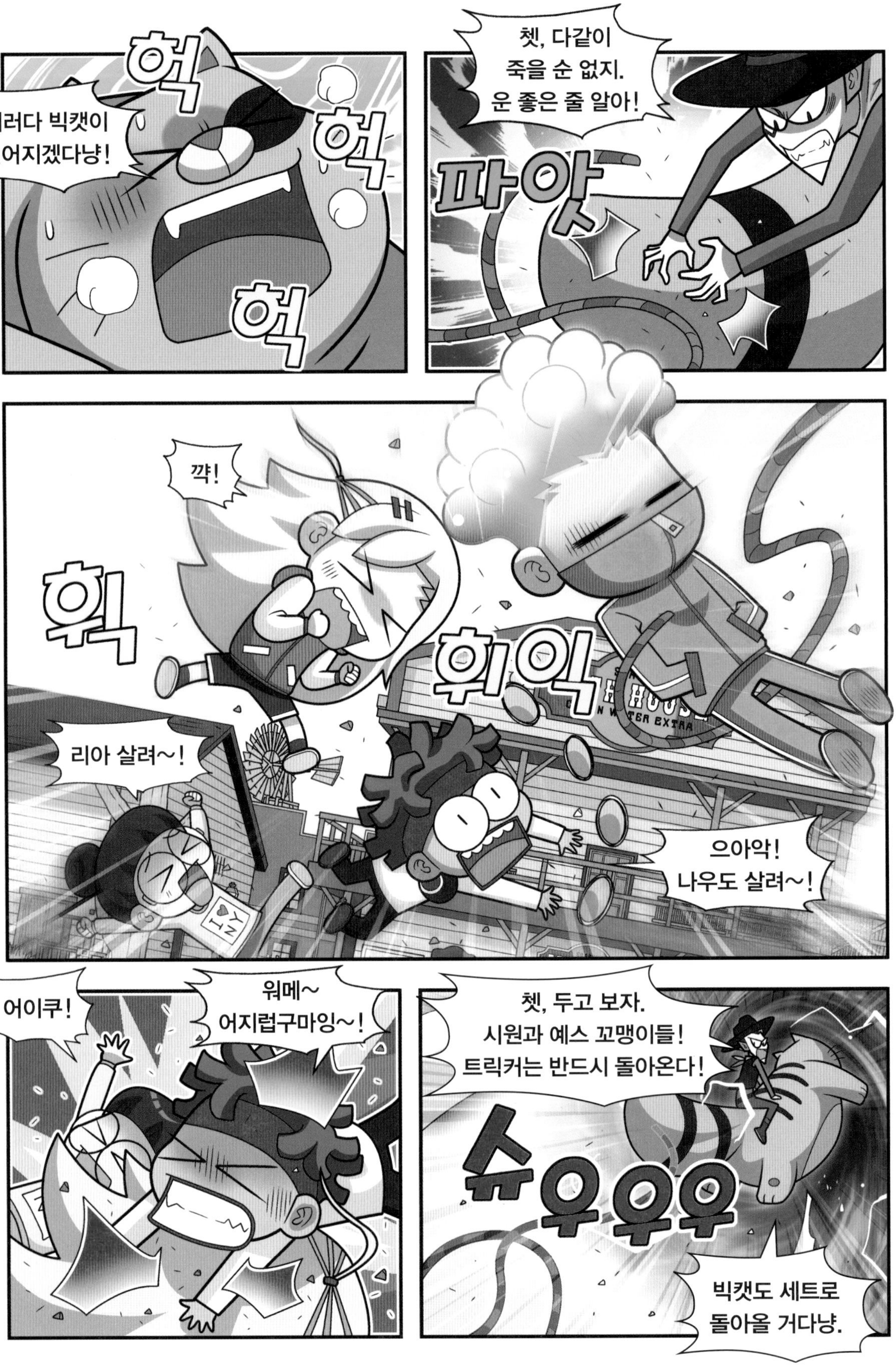
헉
이러다 빅캣이 떨어지겠다냥!
헉
헉
쳇, 다같이 죽을 순 없지. 운 좋은 줄 알아!
파앗
꺅!
휙
휘익
리아 살려~!
으아악! 나우도 살려~!
어이쿠!
워메~ 어지럽구마잉~!
쳇, 두고 보자. 시원과 예스 꼬맹이들! 트릭커는 반드시 돌아온다!
슈우우우
빅캣도 세트로 돌아올 거다냥.

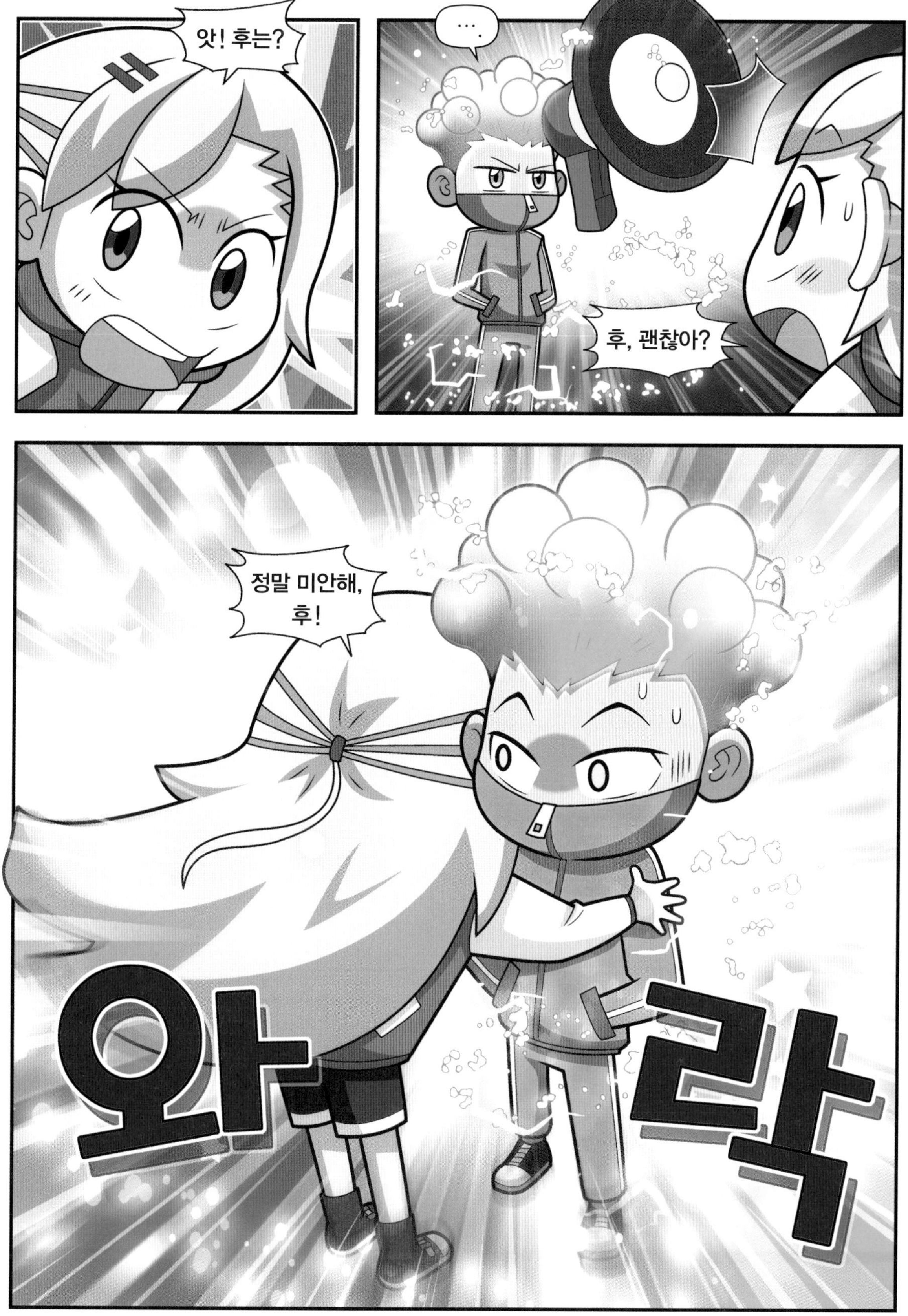
앗! 후는?
….
후, 괜찮아?
정말 미안해,
후!
와락

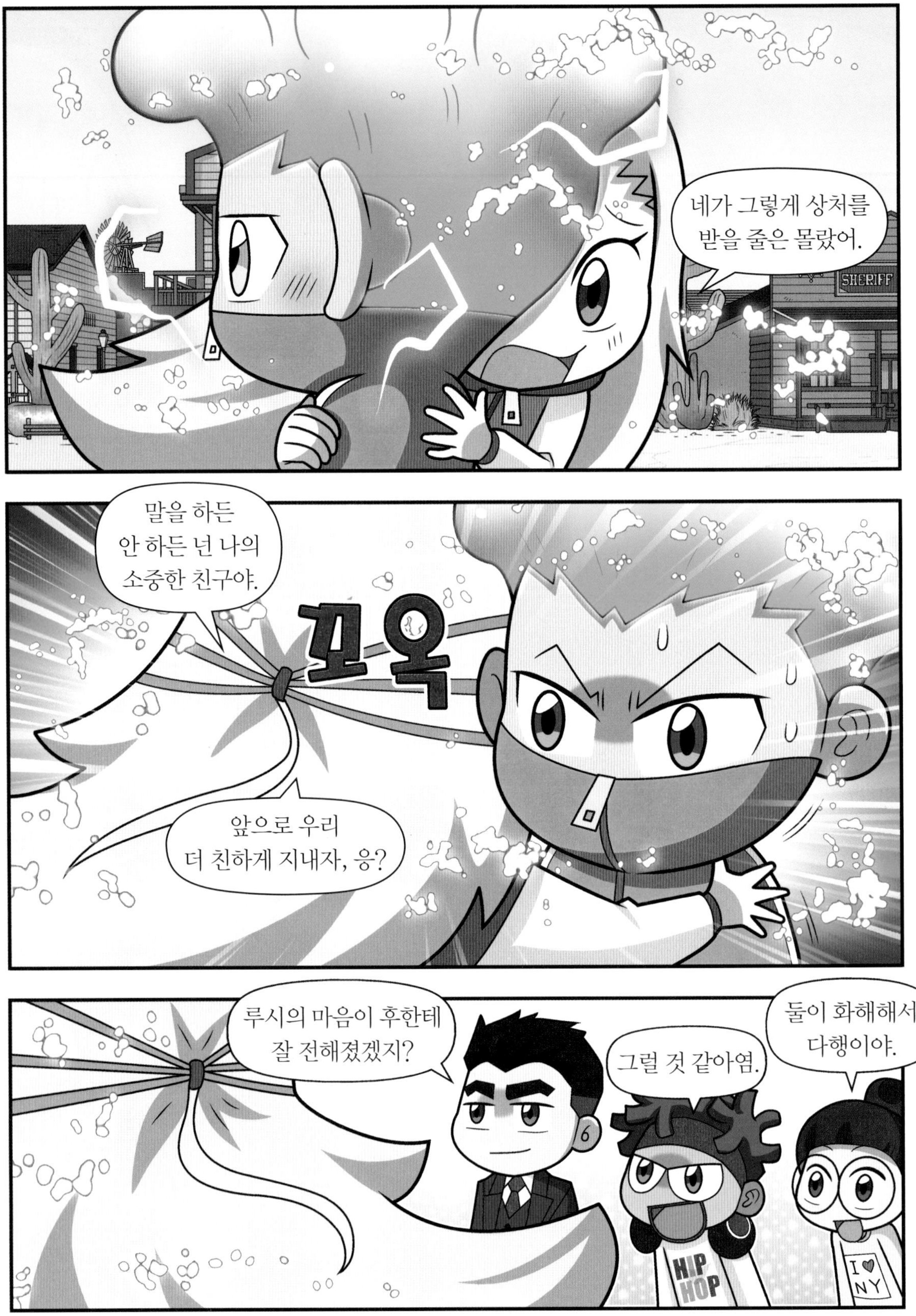
네가 그렇게 상처를 받을 줄은 몰랐어.
SHERIFF
말을 하든 안 하든 넌 나의 소중한 친구야.
꼬옥
앞으로 우리 더 친하게 지내자, 응?
루시의 마음이 후한테 잘 전해졌겠지?
그럴 것 같아염.
둘이 화해해서 다행이야.
HIP HOP
I ♥ NY

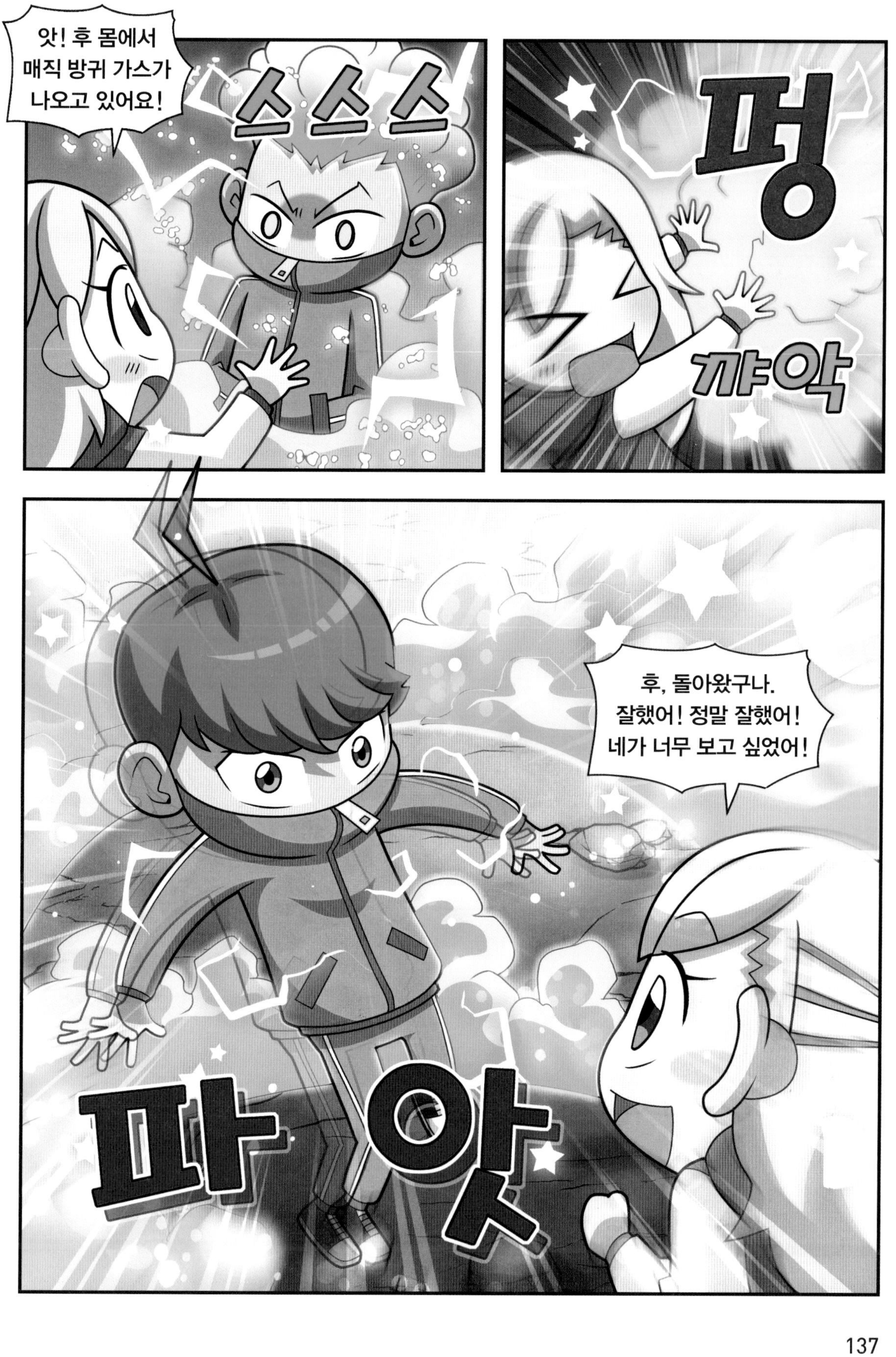
앗! 후 몸에서
매직 방귀 가스가
나오고 있어요!
스스스
펑
꺄악
후, 돌아왔구나.
잘했어! 정말 잘했어!
네가 너무 보고 싶었어!
파앗

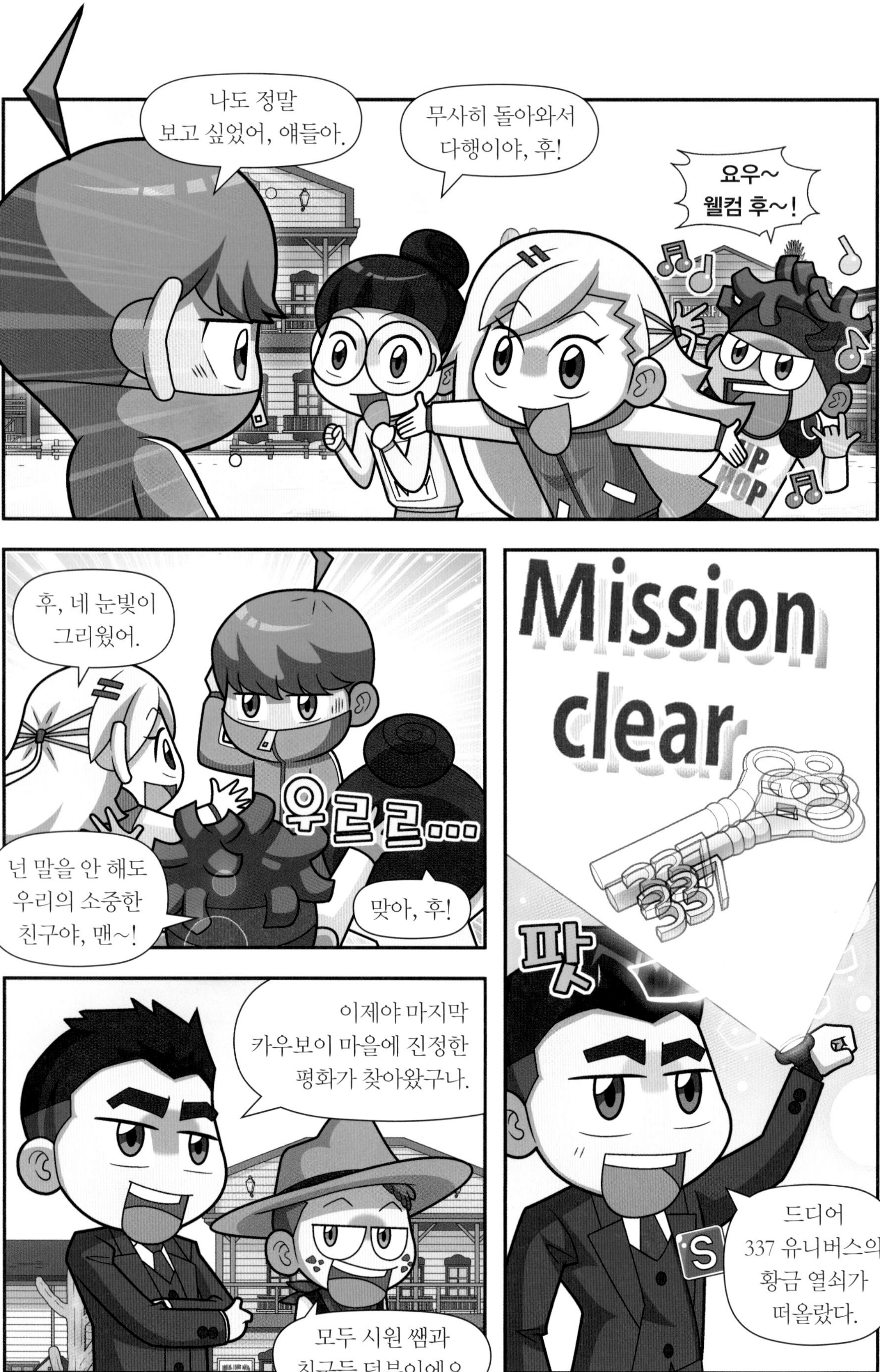
나도 정말 보고 싶었어, 얘들아.
무사히 돌아와서 다행이야, 후!
요우~ 웰컴 후~!
HIP HOP
후, 네 눈빛이 그리웠어.
우르르...
넌 말을 안 해도 우리의 소중한 친구야, 맨~!
맞아, 후!
Mission clear
337
팟
이제야 마지막 카우보이 마을에 진정한 평화가 찾아왔구나.
모두 시원 쌤과 친구들 덕분이에요.
드디어 337 유니버스의 황금 열쇠가 떠올랐다.
S

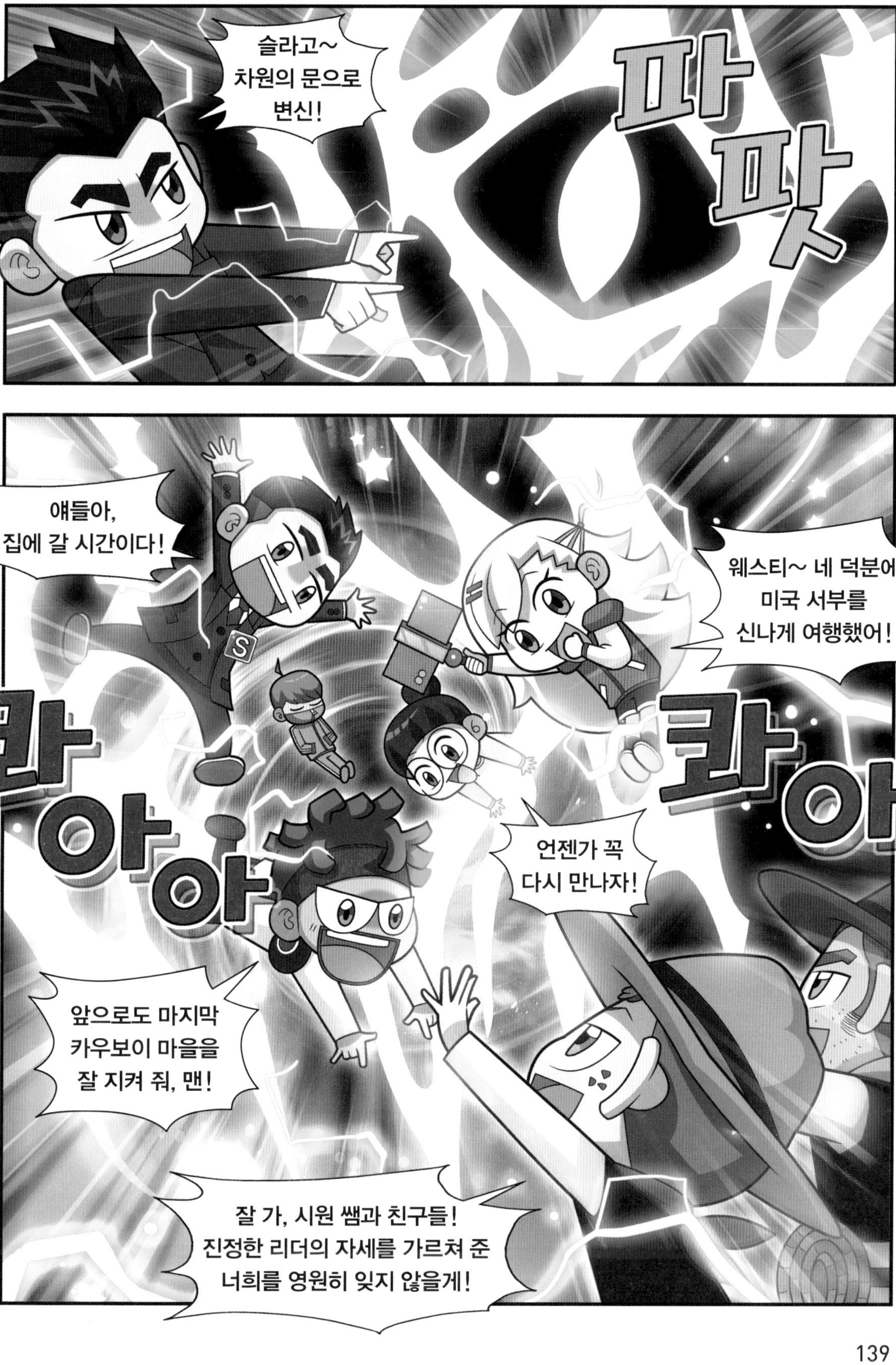
슬라고~
차원의 문으로
변신!
파팟
얘들아,
집에 갈 시간이다!
웨스티~ 네 덕분에
미국 서부를
신나게 여행했어!
콰아아
콰아
언젠가 꼭
다시 만나자!
앞으로도 마지막
카우보이 마을을
잘 지켜 줘, 맨!
잘 가, 시원 쌤과 친구들!
진정한 리더의 자세를 가르쳐 준
너희를 영원히 잊지 않을게!

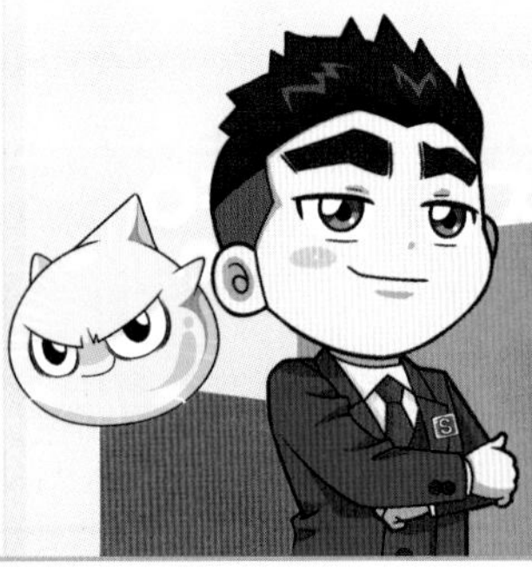

예스어학원 수업 시간

1교시	단어	Vocabulary
2교시	문법 1,2,3	Grammar 1,2,3
3교시	게임	Recess
4교시	읽고 쓰기	Reading & Writing
5교시	유니버스 이야기	Story
6교시	말하기	Speaking
7교시	쪽지 시험	Quiz

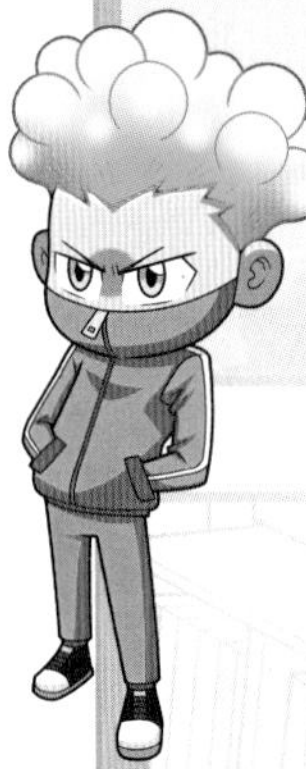

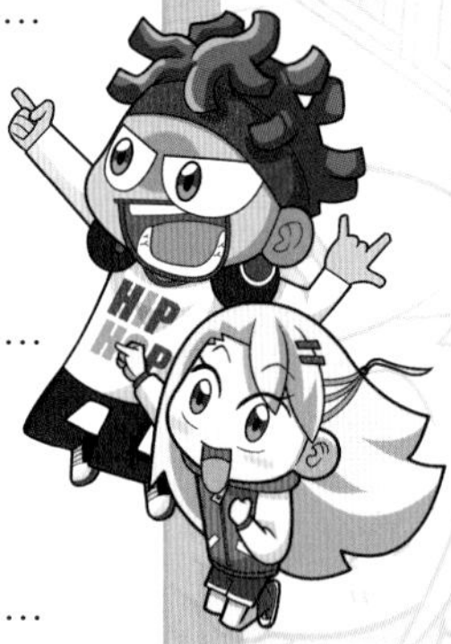

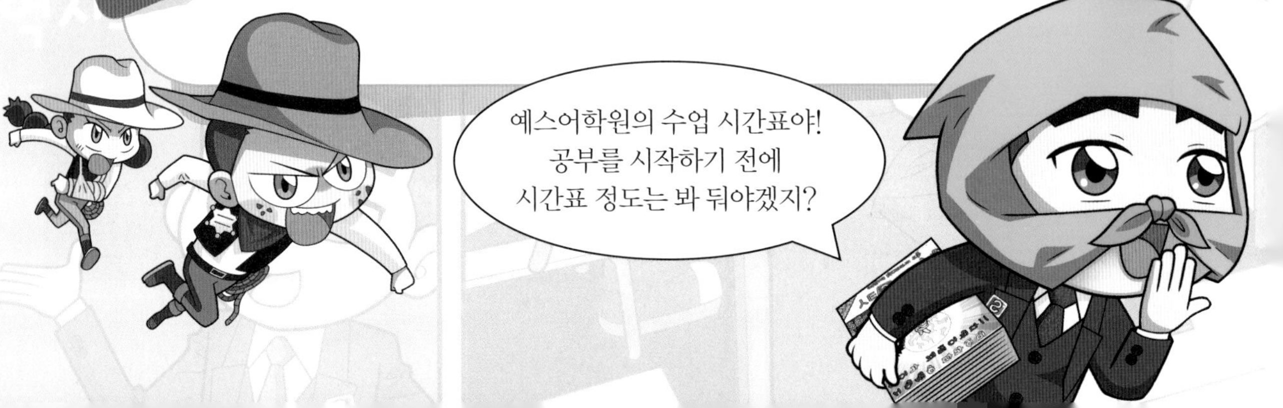
예스어학원의 수업 시간표야!
공부를 시작하기 전에
시간표 정도는 봐 둬야겠지?

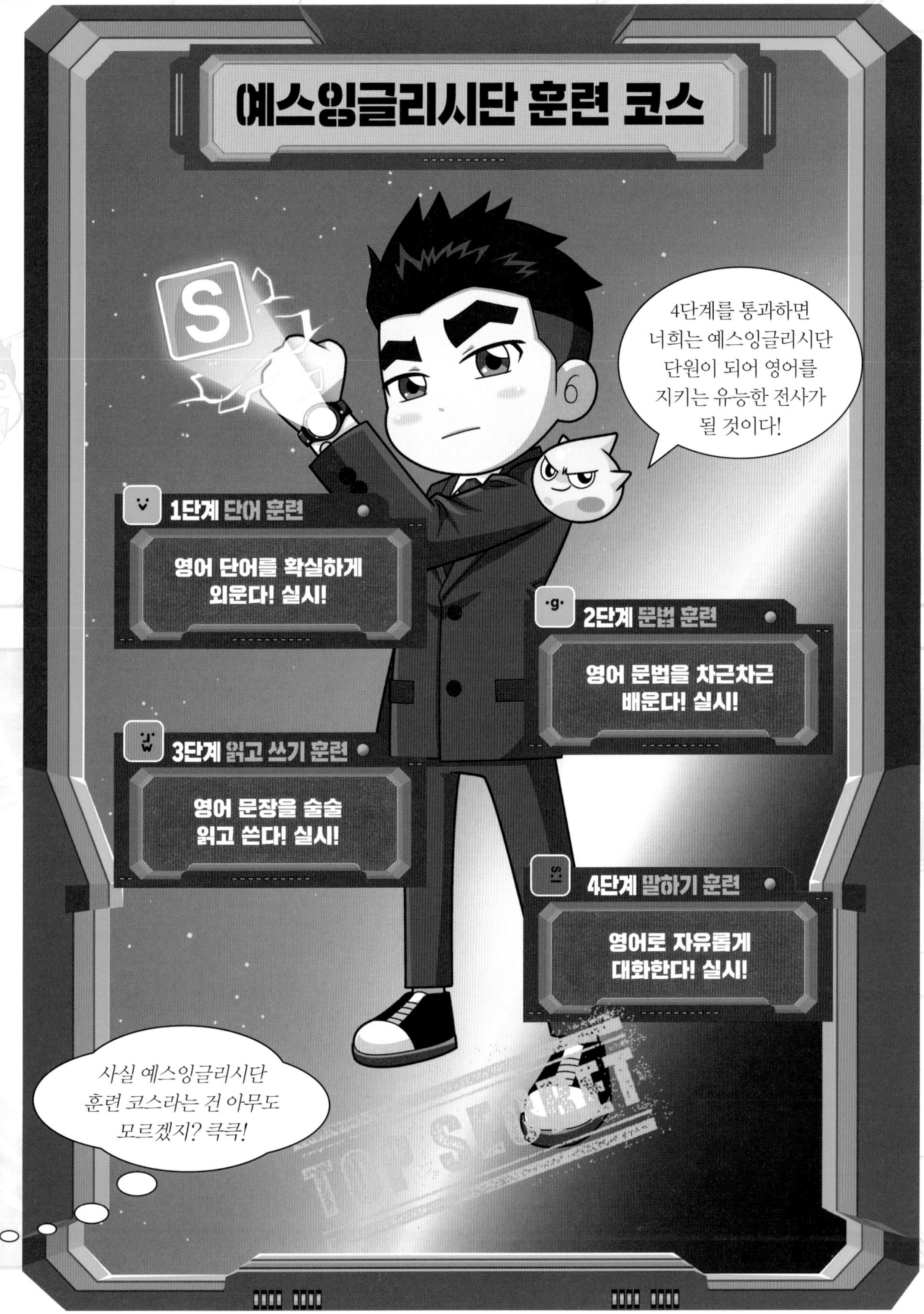

예스잉글리시단 훈련 코스
4단계를 통과하면 너희는 예스잉글리시단 단원이 되어 영어를 지키는 유능한 전사가 될 것이다!
1단계 단어 훈련
영어 단어를 확실하게 외운다! 실시!
2단계 문법 훈련
영어 문법을 차근차근 배운다! 실시!
3단계 읽고 쓰기 훈련
영어 문장을 술술 읽고 쓴다! 실시!
4단계 말하기 훈련
영어로 자유롭게 대화한다! 실시!
사실 예스잉글리시단 훈련 코스라는 건 아무도 모르겠지? 큭큭!
TOP SECRET

1교시 · 단어 · Vocabulary

 **step 1. 단어 강의**

영어의 첫걸음은 단어를 외우는 것에서부터 시작된단다.
단어를 많이 알아야 영어를 잘할 수 있어. 그럼 16권의 필수 단어를 한번 외워 볼까?

No.	방향	Direction	No.	서부 시대	Western age
1	동쪽, 동부	east	11	카우보이, 목동	cowboy
2	서쪽, 서부	west	12	보안관	sheriff
3	남쪽, 남부	south	13	올가미 밧줄	lasso
4	북쪽, 북부	north	14	청바지	jeans
5	(한)가운데, 중부	middle	15	함정, 올가미	trap
6	오른쪽의	right	16	금, 금화	gold
7	왼쪽의	left	17	전투, 싸움	battle
8	맨 아래, 바닥	bottom	18	위험	danger
9	옆, 쪽	side	19	지역, 구역	area
10	떨어져, 다른 데(로)	away	20	총, 대포	gun

the West에서 온 나우는 힙합 멋쟁이!

어휴~ 시끄러워! Go away!

원어민 발음 듣기
QR코드를 찍어 봐!

No.	날씨	Weather	No.	날씨	Weather
21	따뜻한	warm	26	구름	cloud
22	비가 오는, 젖은	wet	27	얼음	ice
23	안개	fog	28	무지개	rainbow
24	눈	snow	29	계절	season
25	비	rain	30	폭풍	storm

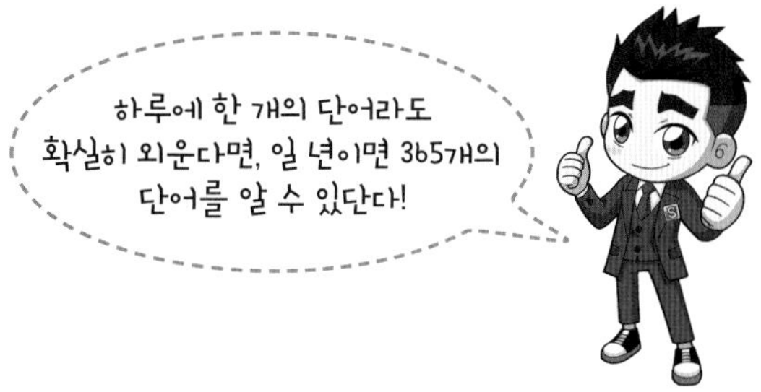
하루에 한 개의 단어라도
확실히 외운다면, 일 년이면 365개의
단어를 알 수 있단다!

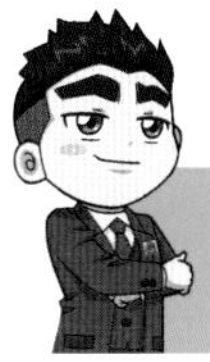

step 2. 단어 시험

단어를 확실하게 외웠는지 한번 볼까? 빈칸을 채워 봐.

- 서쪽, 서부 ______________
- 전투, 싸움 ______________
- 오른쪽의 ______________
- 위험 ______________
- 왼쪽의 ______________
- 안개 ______________
- 청바지 ______________
- 무지개 ______________
- 함정, 올가미 ______________
- 계절 ______________

* 정답은 162~163쪽에 있습니다.

2교시 ·g· 문법 1 • Grammar 1

step 1. 문법 강의

우리는 무엇을 하고 있었지? 그래, 영어 공부를 하고 있었어! 이처럼 과거의 어느 시점에서 어떤 행동이나 사건이 계속 진행되고 있는 상황을 과거 진행형이라고 해.
'~하고 있었다'로 해석할 수 있지.

과거 진행형을 만드는 법은 아주 간단해. 이전에 현재 진행형* 에 대해 배웠던 것 기억하니? 현재 진행형을 만들 때는 Be 동사의 현재형인 am, are, is를 썼다면 과거 진행형을 만들 때는 Be 동사의 과거형인 was와 were을 쓰면 돼. 주어에 따라 Be 동사를 달리 쓰는 건 이제 말 안 해도 알지?

과거 진행형 긍정문

주어	Be 동사 과거형	동사 원형ing	나머지
I	was	going	home.

나는 집으로 가고 있었다.

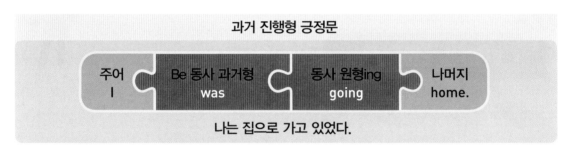

그렇다면 과거형과 과거 진행형은 어떤 차이가 있는 걸까?
두 개의 문장이 이어질 때, 그 차이를 쉽게 알 수 있어.

- When I got home, the dog drank water.
  내가 집에 오자, 개가 물을 마셨다.
- When I got home, the dog was drinking water.
  내가 집에 왔을 때, 개가 물을 마시고 있었다.

예문에서 보다시피 과거형과 과거형이 이어질 때는 사건이 연속적으로 일어난 걸로 해석되지만, 과거형과 과거 진행형이 이어질 때는 두 사건이 동시에 일어났음을 알 수 있어. 조금 어렵지만 이렇게 차이를 둘 수 있다는 점도 알아 두자.

* 현재 진행형을 복습하고 싶다면 《이시원의 영어 대모험》 6권 144쪽을 펼쳐 보세요.

동영상 강의 보기
QR코드를 찍어 봐!

step 2. 문법 정리

현재 진행형 문장을 과거 진행형 문장으로 바꾸어 봐!

현재 진행형	···›	과거 진행형
그는 음악을 듣고 있다. **He is listening to music.**	···›	그는 음악을 듣고 있었다. **He was listening to music.**
나우는 자전거를 타고 있다. **Nau is riding a bike.**	···›	나우는 자전거를 타고 있었다. **Nau was riding a bike.**
제니가 웃으며 박수를 치고 있다. **Jenny is laughing and clapping.**	···›	제니가 웃으며 박수를 치고 있었다. **Jenny was laughing and clapping.**
우리는 책을 읽고 있다. **We are reading a book.**	···›	우리는 책을 읽고 있었다. **We were reading a book.**

step 3. 문법 대화

과거 진행형이 나온 대화를 한번 들어 봐!

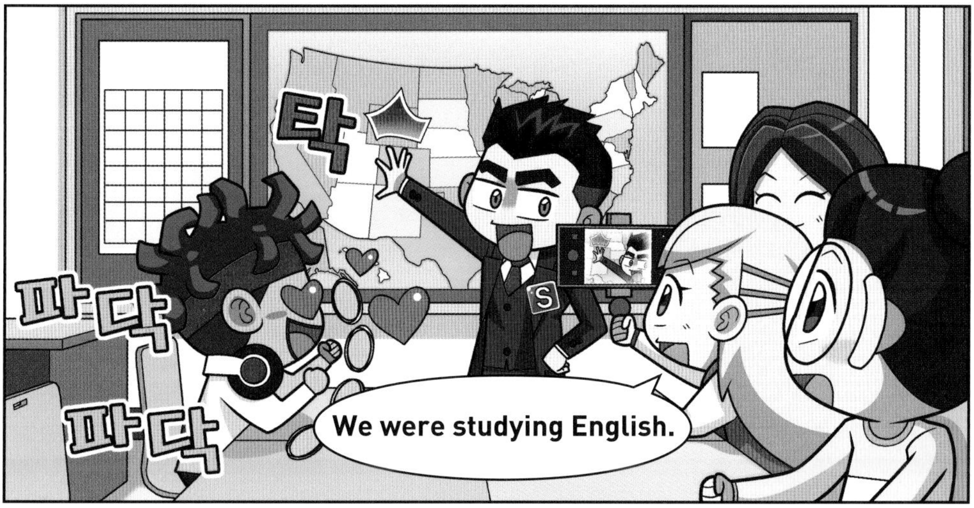
탁
파닥
파닥
We were studying English.

step 1. 문법 강의

나는 내일 영어 공부를 하고 있을 거야! 이처럼 미래의 어느 시점에서 어떤 행동이나
사건이 계속 진행되고 있는 상황을 미래 진행형이라고 해.
'~하고 있을 것이다'로 해석할 수 있지. 미래 진행형을 만드는 법도 어렵지 않아.

이전에 미래형* 에 대해 배웠던 것 기억하니? 앞으로 일어날 미래의 일을 말할 때
조동사 will을 사용했어. 미래 진행형을 만들 때도 will을 사용하면 돼.
will be + 동사 원형ing 형태로 넣어 주기만 하면 끝이야!
조동사 will 뒤에는 꼭 동사 원형이 와야 하니까 원형 그대로 be를 써야겠지?

미래 진행형 긍정문

| 주어 | will | Be 동사 | 동사 원형ing | 나머지 |
| I | will | be | drinking | milk. |

나는 우유를 마시고 있을 것이다.

그렇다면 미래형과 미래 진행형은 어떤 차이가 있는 걸까? 우리말로 해석해 보면 둘 다
비슷한 뜻이지만, 미래의 일을 강조할 때 미래 진행형을 쓸 수 있어.

이렇게 해서 진행형의 과거, 현재, 미래를 표현하는 방법을 모두 배워 보았어.
그럼 진행형을 한눈에 비교해 보자.

진행형 시제에 따른 비교		
과거 진행형	현재 진행형	미래 진행형
I was studying English. 나는 영어 공부를 하고 있었다.	**I am studying English.** 나는 영어 공부를 하고 있다.	**I will be studying English.** 나는 영어 공부를 하고 있을 것이다.

---

* 미래형을 복습하고 싶다면 《이시원의 영어 대모험》 12권 144쪽을 펼쳐 보세요.

동영상 강의 보기
QR코드를 찍어 봐!

step 2. 문법 정리

현재 진행형 문장을 미래 진행형 문장으로 바꾸어 봐!

현재 진행형	⋯›	미래 진행형
루시는 TV를 보고 있다. **Lucy** is **watching TV.**	⋯›	루시는 TV를 보고 있을 것이다. **Lucy** will be **watching TV.**
그들은 콘서트를 즐기고 있다. **They** are **enjoying the concert.**	⋯›	그들은 콘서트를 즐기고 있을 것이다. **They** will be **enjoying the concert.**
시원은 사무실에서 일하고 있다. **Siwon** is **working in the office.**	⋯›	시원은 사무실에서 일하고 있을 것이다. **Siwon** will be **working in the office.**
나는 소설을 쓰고 있다. **I** am **writing a novel.**	⋯›	나는 소설을 쓰고 있을 것이다. **I** will be **writing a novel.**

step 3. 문법 대화

미래 진행형이 나온 대화를 한번 들어 봐!

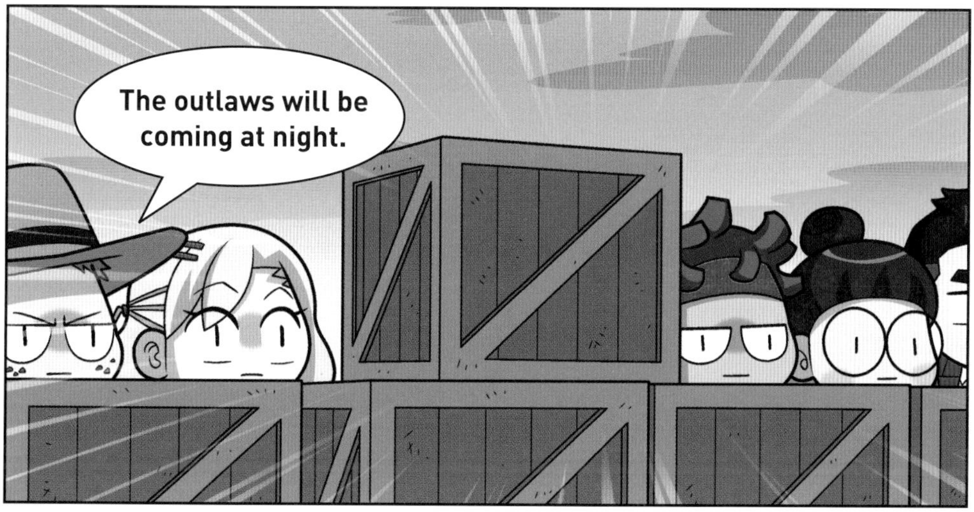
The outlaws will be coming at night.

2교시 ·g· 문법 3 • Grammar 3

step 1. 문법 강의

다음으로 과거 진행형의 부정문과 의문문에 대해 알아보자.
과거 진행형 부정문은 Be 동사와 동사 원형ing 사이에 not만 붙이면 돼.
'~하고 있지 않았다'로 해석할 수 있어.

주어	Be 동사 과거형 (was / were)	not	동사 원형ing

과거 진행형 의문문은 Be 동사와 주어의 위치만 바꿔 주면 돼.
'~하고 있었니?'로 해석할 수 있지.

Be 동사 과거형 (Was / Were)	주어	동사 원형ing?

마지막으로 미래 진행형의 부정문과 의문문에 대해서도 알아보자.
미래 진행형 부정문은 조동사 will 뒤에 not만 붙여 주면 돼. 간단하지?
will not은 줄여서 won't로 쓰며, '~하고 있지 않을 것이다'로 해석할 수 있어.

주어	will	not	Be 동사 be	동사 원형ing

미래 진행형 의문문은 조동사 will만 주어 앞으로 옮겨 주면 돼.
'~하고 있을 거니?'로 해석할 수 있지.

Will	주어	Be 동사 be	동사 원형ing?

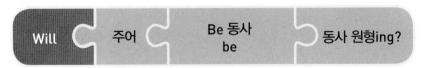

동영상 강의 보기
QR코드를 찍어 봐!

step 2. 문법 정리

과거 진행형과 미래 진행형 긍정문을 부정문과 의문문으로 바꾸어 봐!

긍정문	···›	부정문
그녀는 어제 치마를 입고 있었다. **She was wearing a skirt yesterday.**	···›	그녀는 어제 치마를 입고 있지 않았다. **She was not wearing a skirt yesterday.**
우리는 함께 춤을 추고 있을 것이다. **We will be dancing together.**	···›	우리는 함께 춤을 추고 있지 않을 것이다. **We will not be dancing together.**

긍정문	···›	의문문
너는 침대에 누워 있었다. **You were lying in the bed.**	···›	너는 침대에 누워 있었니? **Were you lying in the bed?**
연은 하늘을 날고 있을 것이다. **A kite will be flying in the sky.**	···›	연은 하늘을 날고 있을까? **Will a kite be flying in the sky?**

step 3. 문법 대화

과거 진행형 의문문이 나온 대화를 한번 들어 봐!

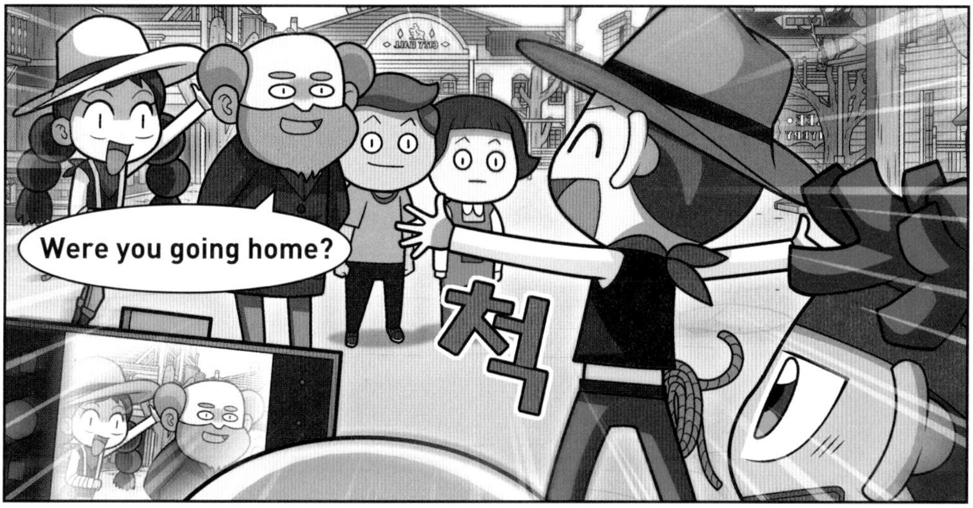
Were you going home?
척

1교시 때 방향에 대한 영어 단어를 배웠었지? 아래 글을 읽고 방향을 따라 이동하는 게임을 해 보자. 마지막에 도착한 곳에 어떤 그림이 그려져 있는지 맞히면 돼.

좋아요! 정답은 영어로 쓰면 되는 거 맞죠?

Follow the Directions!

❶ east로 7 steps 움직여 보세요. ❷ south로 6 steps 움직여 보세요.
❸ west로 4 steps 움직여 보세요. ❹ north로 2 steps 움직여 보세요.

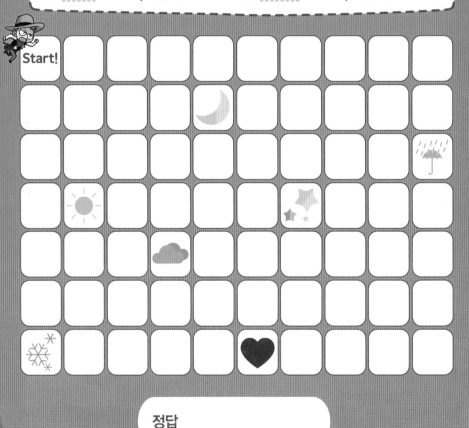

정답

이번에는 아래 뜻을 가진 영어 단어를 모두 찾아 선으로 연결해 보렴. 그럼 숨겨진 숫자 하나가 나타날 거야. 그 숫자가 무엇인지 맞혀 봐.

요우~ 퀴즈 왕, 나우 님만 믿으라고엽!

동쪽, 얼음, 금, 위험, 보안관

e	b	c	d	g	n	s	a	r	s
a	e	e	r	o	c	r	s	v	h
s	c	v	x	l	t	r	y	u	e
t	y	u	i	d	a	n	g	e	r
i	k	j	l	j	r	t	e	d	i
c	a	w	r	i	o	p	r	g	f
e	j	h	g	c	x	z	l	q	f

정답

* 정답은 162~163쪽에 있습니다.

151

4교시 읽고 쓰기 • Reading & Writing

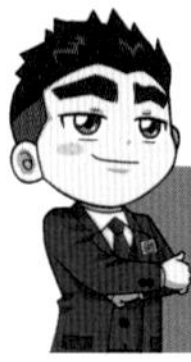

step 1. 읽기

자유자재로 영어를 읽고, 쓰고, 말하고 싶다면, 문장 만들기 연습을 반복해야 하지.
먼저 다음 문장들이 익숙해질 때까지 읽어 볼까?

• 그는 음악을 듣고 있었다.	**He was listening to music.**
• 나우는 자전거를 타고 있었다.	**Nau was riding a bike.**
• 제니가 웃으며 박수를 치고 있었다.	**Jenny was laughing and clapping.**
• 우리는 책을 읽고 있었다.	**We were reading a book.**
• 그녀는 어제 치마를 입고 있었다.	**She was wearing a skirt yesterday.**
• 너는 침대에 누워 있었다.	**You were lying in the bed.**
• 개가 공원을 달리고 있었다.	**The dog was running in the park.**
• 줄리는 길을 건너고 있었다.	**Julie was crossing the street.**
• 나는 저녁을 만들고 있었다.	**I was making dinner.**
• 루시는 TV를 보고 있을 것이다.	**Lucy will be watching TV.**
• 그들은 콘서트를 즐기고 있을 것이다.	**They will be enjoying the concert.**
• 시원은 사무실에서 일하고 있을 것이다.	**Siwon will be working in the office.**
• 나는 소설을 쓰고 있을 것이다.	**I will be writing a novel.**
• 우리는 함께 춤을 추고 있을 것이다.	**We will be dancing together.**

문장 만들기 연습

1회 □ 2회 □ 3회 □

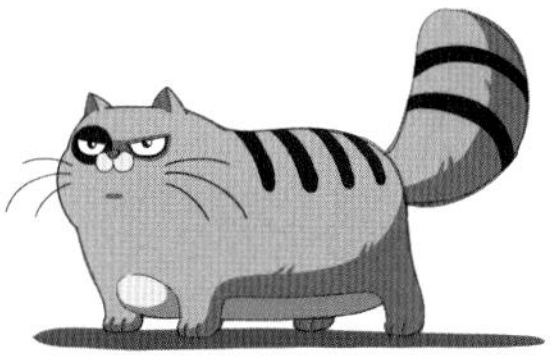

• 연은 하늘을 날고 있을 것이다.	A kite will be flying in the sky.
• 그는 그의 숙제를 하고 있을 것이다.	He will be doing his homework.
• 그 남자는 소파에 앉고 있을 것이다.	The man will be sitting on the sofa.
• 나는 해변에 가고 있을 것이다.	I will be going to the beach.
• 그녀는 어제 치마를 입고 있지 않았다.	She was not wearing a skirt yesterday.
• 나우는 컴퓨터 게임을 하고 있지 않았다.	Nau wasn't playing computer games.
• 그들은 가방을 들고 있지 않았다.	They were not carrying a bag.
• 우리는 집에 가고 있지 않았다.	We weren't going home.
• 우리는 함께 춤을 추고 있지 않을 것이다.	We will not be dancing together.
• 나의 아버지는 차를 운전하고 있지 않을 것이다.	My father will not be driving a car.
• 나는 내일 너를 만나고 있지 않을 것이다.	I won't be meeting you tomorrow.
• 그녀는 오고 있지 않을 것이다.	She won't be coming.
• 너는 침대에 누워 있었니?	Were you lying in the bed?
• 그녀는 그때 울고 있었니?	Was she crying at that time?
• 연은 하늘을 날고 있을까?	Will a kite be flying in the sky?
• 그들은 운동장에서 달리고 있을까?	Will they be running in the playground?

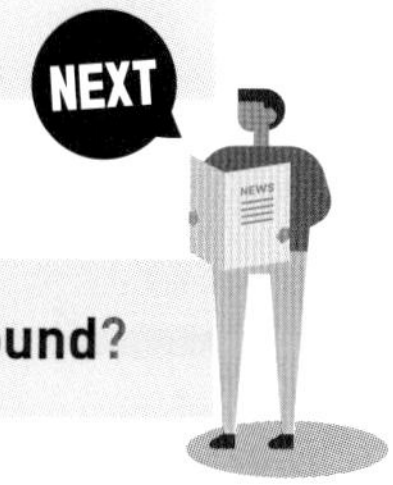
NEXT

4교시 읽고 쓰기 • Reading & Writing

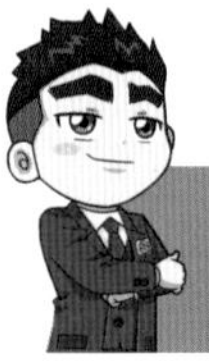

step 2. 쓰기

익숙해진 문장들을 이제 한번 써 볼까? 괄호 안의 단어를 보고, 순서에 맞게 문장을 만들어 보자.

❶ 그는 음악을 듣고 있었다. **(was, He, listening, music, to)**

❷ 나는 저녁을 만들고 있었다. **(making, dinner, was, I)**

❸ 너는 침대에 누워 있었다. **(in, the, You, were, lying, bed)**

❹ 루시는 TV를 보고 있을 것이다. **(will, Lucy, be, watching, TV)**

❺ 우리는 함께 춤을 추고 있을 것이다. **(dancing, will, We, be, together)**

❻ 연은 하늘을 날고 있을 것이다. **(A, flying, kite, will, in, be, the, sky)**

❼ 우리는 집에 가고 있지 않았다. **(going, We, weren't, home)**

❽ 나의 아버지는 차를 운전하고 있지 않을 것이다. **(not, driving, father, My, be, will, a, car)**

이제 다양한 진행형이 쓰인 문장을 영어로 써 볼까? 영작을 하다 보면 실력이 훨씬 늘 거야. 잘 모르겠으면, 아래에 있는 WORD BOX를 참고해!

❶ 나우는 자전거를 타고 있었다. _____ .

❷ 우리는 책을 읽고 있었다. _____ .

❸ 나는 소설을 쓰고 있을 것이다. _____ .

❹ 그들은 가방을 들고 있지 않았다. _____ .

❺ 나우는 컴퓨터 게임을 하고 있지 않았다. _____ .

❻ 그녀는 오고 있지 않을 것이다. _____ .

❼ 너는 침대에 누워 있었니? _____ ?

❽ 연은 하늘을 날고 있을까? _____ ?

WORD BOX

• Nau	• was	• lying	• won't	• riding	• a
• bike	• sky	• bed	• We	• kite	• bag
• reading	• book	• will	• writing	• games	• novel
• wasn't	• flying	• carrying	• playing	• be	• were
• computer	• you	• in	• the	• She	• coming
• I	• They	• not			

* 정답은 162~163쪽에 있습니다.

5교시 유니버스 이야기 • Story

우리가 열여섯 번째로 다녀온 곳은 바로 337 유니버스란다.
서부 개척 시대의 카우보이 마을이 있는 곳이지. 어떤 곳인지 좀 더 자세히 알아볼까?

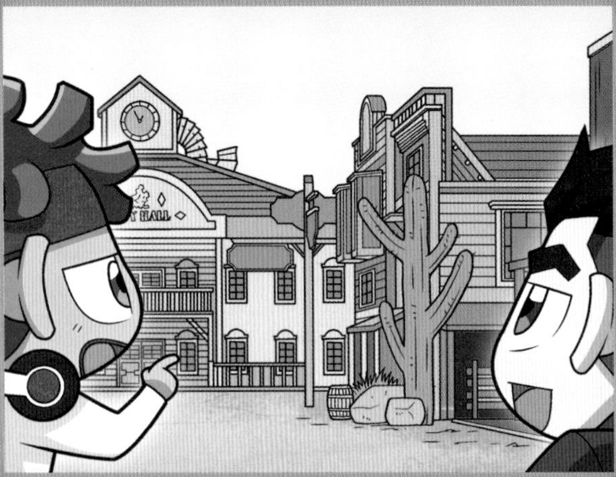
HALL

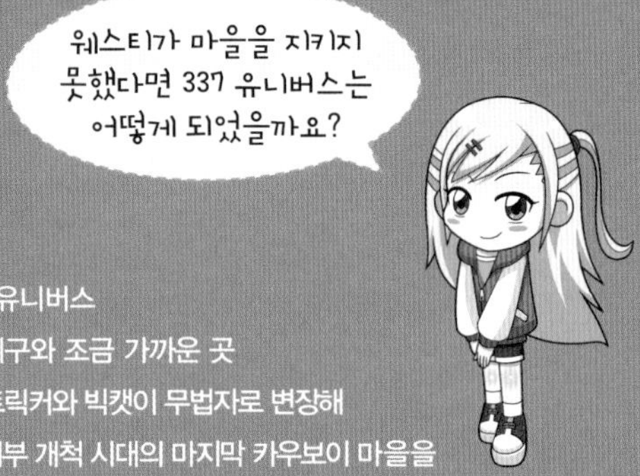
웨스티가 마을을 지키지 못했다면 337 유니버스는 어떻게 되었을까요?

◄337 유니버스
위치 지구와 조금 가까운 곳
상황 트릭커와 빅캣이 무법자로 변장해 서부 개척 시대의 마지막 카우보이 마을을 없애려 하고 있음.
키 문장 "We were doing the secret operation together!"

337 유니버스 이야기: 과거·미래 진행형

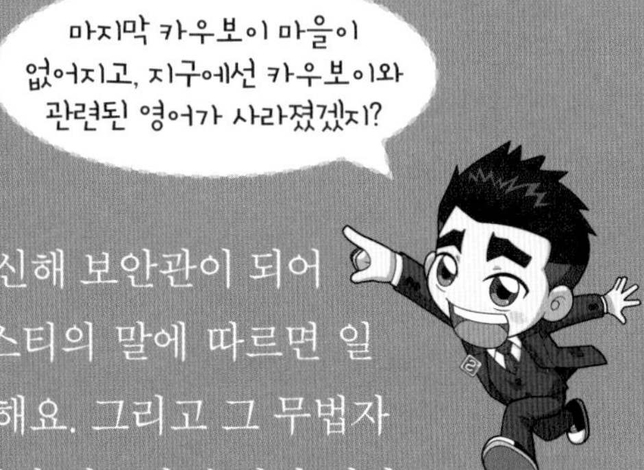
마지막 카우보이 마을이 없어지고, 지구에선 카우보이와 관련된 영어가 사라졌겠지?

337 유니버스는 소년 보안관 웨스티가 마지막 카우보이 마을을 지키고 있는 카우보이 유니버스예요. 미국 서부의 카우보이에 대한 영어 단어를 배우던 중 이상한 기류를 감지한 예스잉글리시단은 카우보이 유니버스로 빨려 들어가게 돼요. 이곳에서 아버지를 대신해 보안관이 되어 마을을 지키고 있는 소년 웨스티를 만나게 되지요. 웨스티의 말에 따르면 일확천금을 노리는 무법자들이 마을 근처에 나타났다고 해요. 그리고 그 무법자들은 마지막 남은 카우보이 마을에 금광의 위치가 표시된 지도가 숨겨져 있다는 소문을 듣고, 마을을 공격하려 하지요. 웨스티는 작전을 세워, 마을을 지키려 하지만 빌런이 된 후가 자꾸 작전을 미리 퍼뜨려서 실패를 겪게 돼요. 하지만 모두의 힘을 모아 마지막 비밀 작전을 실행하지요. 결국 잠시 마을을 떠났던 웨스티의 아버지와 카우보이들이 돌아와 무법자들을 물리치며 마을에 평화가 찾아와요. "We were doing the secret operation together!"는 337 유니버스의 키 문장이자, 웨스티의 작전이 성공하여 카우보이 마을을 지킬 수 있게 해 준 멋진 명대사예요.

우리 지구의 실제 이야기: 골드러시(gold rush)

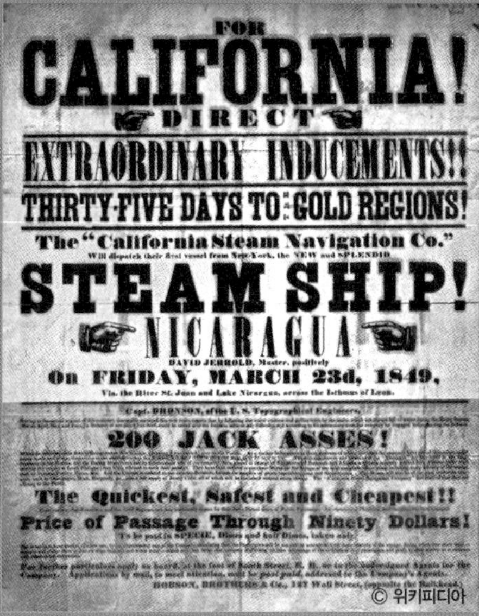
FOR
CALIFORNIA!
DIRECT
EXTRAORDINARY INDUCEMENTS!!
THIRTY-FIVE DAYS TO THE GOLD REGIONS!
The "California Steam Navigation Co."
STEAM SHIP!
NICARAGUA
DAVID JERROLD, Master, positively
On FRIDAY, MARCH 23d, 1849,
200 JACK ASSES!
The Quickest, Safest and Cheapest!!
Price of Passage Through Ninety Dollars!
© 위키피디아
▲ 캘리포니아 골드러시와 관련된 광고

골드러시란 새롭게 금이 나는 곳이 발견되어 많은 사람이 금을 캐기 위해 모여드는 현상을 말해요. 혹시 이 말의 유래를 알고 있나요? 1848년, 미국 캘리포니아주에 있는 아메리칸강 근처에서 모래에 섞인 금이 발견되고, 그 주변에서 많은 금이 나왔어요. 소문은 빠르게 퍼져 많은 사람이 이곳으로 몰려들었고, 골드러시가 시작되었지요. 1849년에는 급기야 약 10만 명의 사람들이 일확천금을 노리며 캘리포니아 금광 지대로 몰려들었어요. 이들을 49년의 사람들, '포티 나이너스(forty-niners)'라고 불렀어요. 포티 나이너스는 시련을 이겨 낸 개척자 혹은 꿈의 도전자와 같은 진취적인 의미로 쓰이는데요. 현재는 미국 샌프란시스코의 미식 축구팀 이름으로 사용되고 있어요. 이 팀의 유니폼과 헬멧에는 황금색이 들어가 있지요. 이제는 돈이 되는 산업이나 사람들이 몰려드는 직업 등을 가리켜 '제2의 골드러시'라는 말을 쓰기도 한답니다.

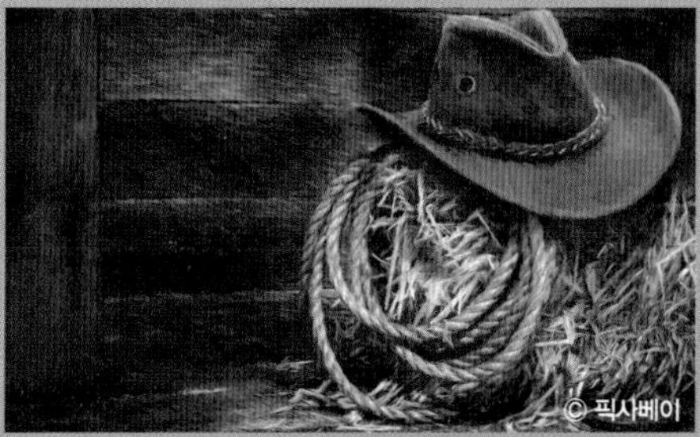
© 픽사베이
▲ 카우보이의 상징이 된 모자와 올가미 밧줄(lasso)

서부 사나이, 카우보이(cowboy)

미국이 서부로 영토를 넓혀 나가면서 새로운 단어가 미국식 영어로 들어왔어요. 그중 cowboy(카우보이)는 18세기 초반, 영국 문헌에 처음 등장했는데 이때는 '소를 돌보는 사내'의 뜻으로만 쓰였지요. 그러다 미국 서부 개척 시대인 1880년대에 '매혹적이고 거친 서부 사나이'라는 의미를 새롭게 가지게 되었답니다. 그 후 나타난 cow-poke, cow-puncher 등의 파생어도 같은 뜻으로 쓰였어요. 우리가 흔히 cowboy라는 단어를 생각하면 떠오르는 이미지는 이때 만들어진 셈이지요.

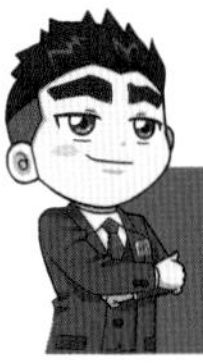

step 1. 대화 보기

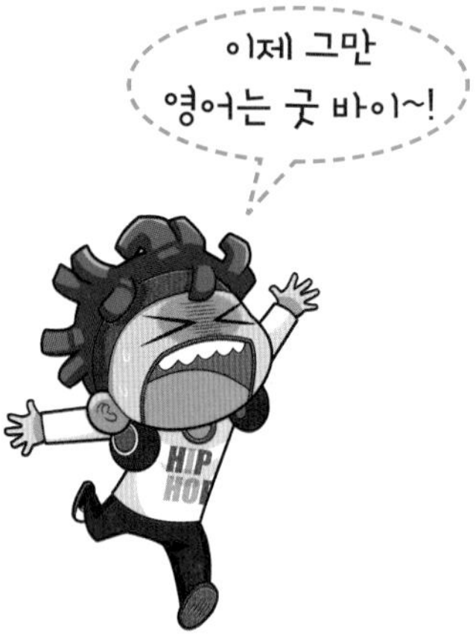
이제 그만
영어는 굿 바이~!

만화에서 나오는 대사, '굿 바이(Good-bye).'는 어떨 때 쓰는 말일까?

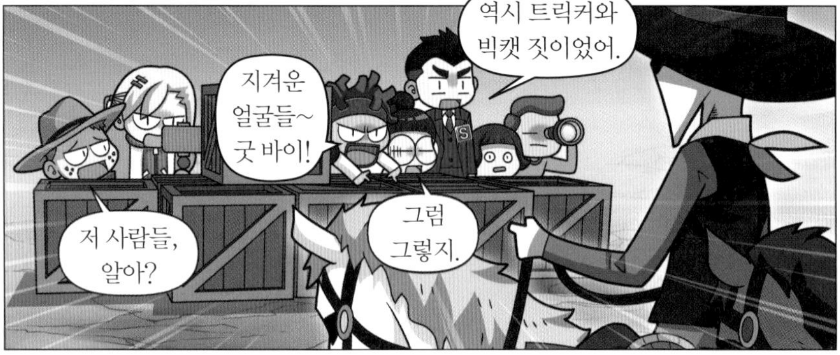
저 사람들, 알아?
지겨운 얼굴들~ 굿 바이!
그럼 그렇지.
역시 트릭커와 빅캣 짓이었어.

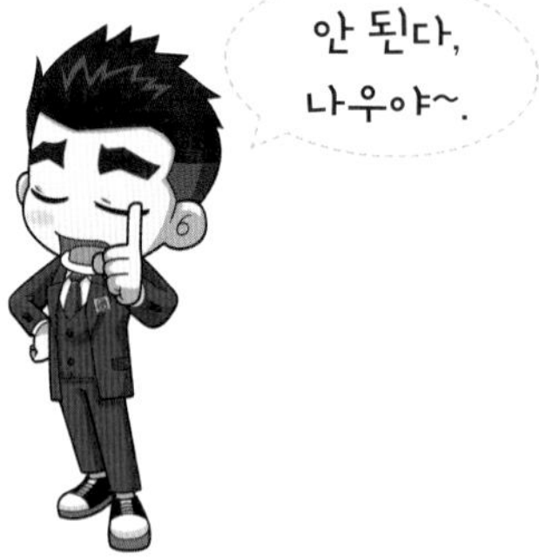
안 된다,
나우야~.

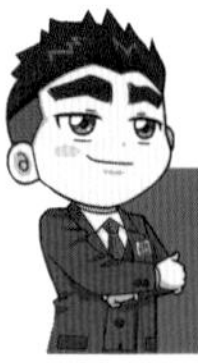

step 2. 대화 더하기

'굿 바이(Good-bye).'는 '안녕히 계세요.'라는 뜻이야. '헬로(Hello)!'가 만났을 때 하는 인사 표현이라면 '굿 바이(Good-bye).'는 헤어질 때 하는 인사 표현이야.
그렇다면 이와 비슷하게 작별 인사를 나눌 때 쓸 수 있는 영어 표현들은 뭐가 있을까?
친구들이 하는 말을 듣고 따라 해 보렴.

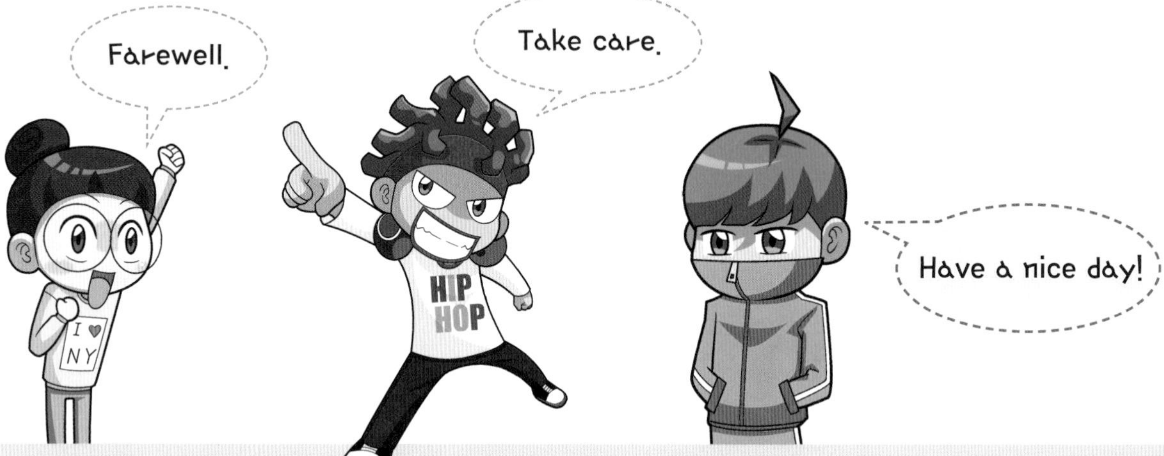
Farewell.
Take care.
Have a nice day!

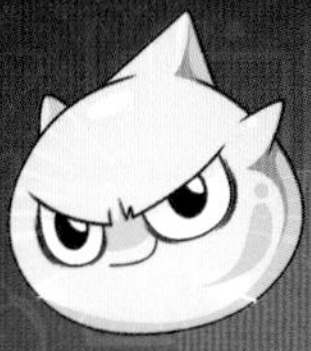

한눈에 보는 이번 수업 핵심 정리

여기까지 열심히 공부한 여러분 모두 굿 잡!
어떤 걸 배웠는지 떠올려 볼까?

1. 과거 진행형을 배웠어.

과거 진행형은 과거의 어느 시점에서 어떤 행동이나 사건이 계속 진행되고 있는 상황을 말해.

주어	Be 동사 과거형 (was / were)	동사 원형ing

과거 진행형 부정문을 만들 때는 Be 동사와 동사 원형ing 사이에 not만 붙이면 돼. 과거 진행형 의문문을 만들 때는 Be 동사와 주어의 위치만 바꿔 주면 되지.

2. 미래 진행형을 배웠어.

미래 진행형은 미래의 어느 시점에서 어떤 행동이나 사건이 계속 진행되고 있는 상황을 말해.

주어	will	Be 동사 be	동사 원형ing

미래 진행형 부정문을 만들 때는 조동사 will 뒤에 not만 붙이면 돼. 미래 진행형 의문문을 만들 때는 조동사 will만 주어 앞으로 옮겨 주면 되지.

어때, 쉽지? 다음 시간에 또 보자!

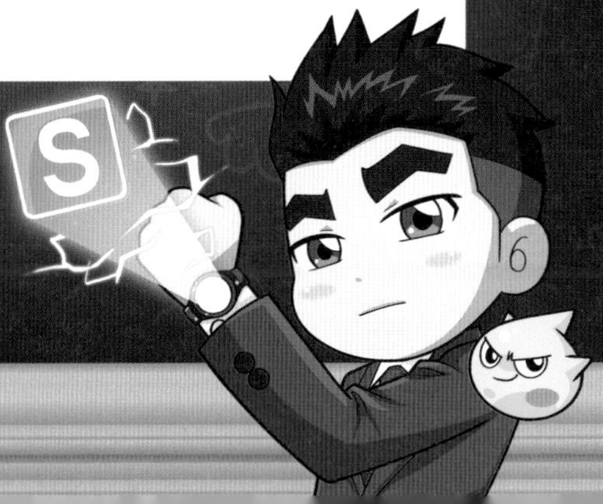
S

7교시 쪽지 시험 • Quiz

수업 시간에 잘 들었는지 쪽지 시험을 한번 볼까?

1. 다음 중 서부 시대와 관련이 가장 적은 단어는 무엇일까요?

| cowboy | jeans | gold | ice |

2. 다음 중 날씨와 관련이 없는 단어는 무엇일까요?

| rain | snow | battle | cloud |

3. 다음 중 방향을 가리키는 단어가 아닌 것은 무엇일까요?

| east | west | south | warm |

4. 다음 중 틀린 말은 어느 것일까요?

① 과거 진행형은 '~하고 있었다'로 해석할 수 있다.
② 미래 진행형은 be going to만 사용해 만들 수 있다.
③ 미래 진행형은 '~하고 있을 것이다'로 해석할 수 있다.
④ 과거 진행형 의문문을 만들 때는 Be 동사와 주어의 위치를 바꿔 주면 된다.

160

5. 다음 중 올바른 문장은 무엇일까요?

① Julie was crossing the street.
② I were making dinner.
③ Were you lie in the bed?
④ I will be write a novel.

6. 다음 중 틀린 문장은 무엇일까요?

① I will be going to the beach.
② Lucy will be watching TV.
③ Will they running in the playground?
④ I won't be meeting you tomorrow.

7. 문장의 빈칸을 완성해 보세요.

① 그는 음악을 듣고 있었다.   He (   ) (   ) to music.
② 그들은 가방을 들고 있지 않았다. They (   ) (   ) carrying a bag.
③ 그녀는 오고 있지 않을 것이다.   She (   ) be coming.
④ 그녀는 그때 울고 있었니?   (   ) she crying at that time?

8. 다음 문장을 완성해 보세요.

Lucy (   ) (   ) (   ) an interview.

* 정답은 162~163쪽에 있습니다.

정답 • Answer

P 143

• 서쪽, 서부	west	• 전투, 싸움	battle
• 오른쪽의	right	• 위험	danger
• 왼쪽의	left	• 안개	fog
• 청바지	jeans	• 무지개	rainbow
• 함정, 올가미	trap	• 계절	season

P 150~151

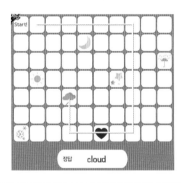

Start!
정답 cloud

e b c d g n s a r s
a e e r o c r s v h
s c v x l t r y u e
t y u i d a n g e r
i k j l j r t e d i
c a w r i o p r g f
e j h g c x z l q f
정답 14

P 154

❶ He was listening to music

❷ I was making dinner

❸ You were lying in the bed

❹ Lucy will be watching TV

❺ We will be dancing together

❻ A kite will be flying in the sky

❼ We weren't going home

❽ My father will not be driving a car

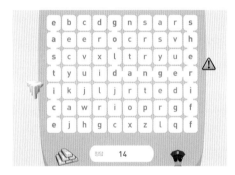

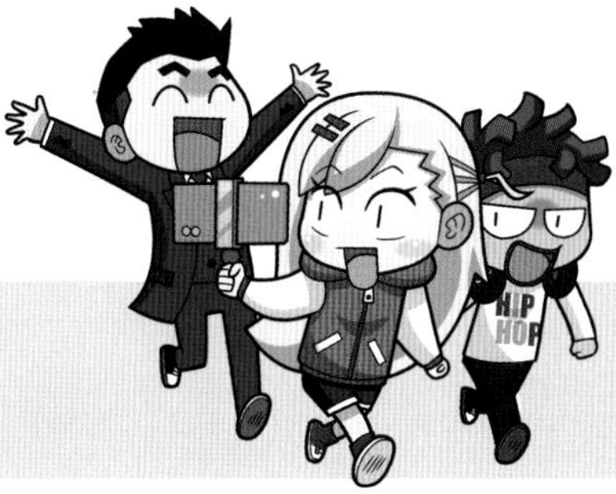
HIP
HOP

P 155

❶ Nau was riding a bike

❷ We were reading a book

❸ I will be writing a novel

❹ They were not carrying a bag

❺ Nau wasn't playing computer games

❻ She won't be coming

❼ Were you lying in the bed

❽ Will a kite be flying in the sky

P 160

1. ice

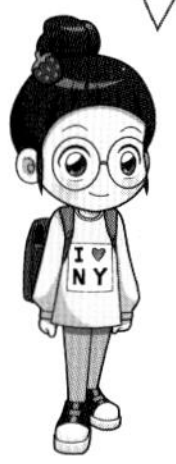
I ♥
NY

2. battle

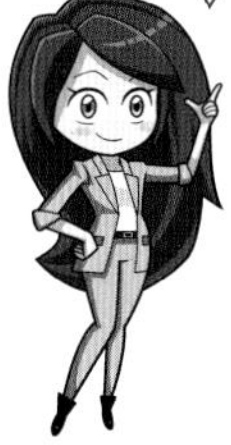

3. warm

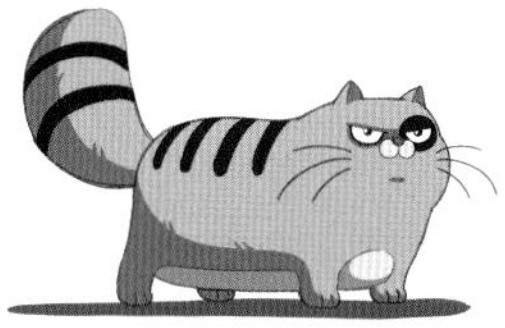

4. ②

P 161

5. ①

6. ③

7. ① (was) (listening)
② (were) (not)
③ (won't)
④ (Was)

8. (will) (be) (having)

지령서

WARNING

**노잉글리시단의 중간 보스 트릭커!
내가 언제까지 너의 작전 실패를 봐줘야 하지?
또다시 실패한다면 너도 스마일의 뒤를 따르게
될 것이다. 이번에야말로 노잉글리시단의
위력을 똑똑히 보여 주고 와라!**

목적지: 222 유니버스

위치: 248 유니버스와 가까운 곳

**특징: 미국과 영국 가수들의 합동 공연장에서 트릭커와
빅캣이 양국 사이를 이간질해 공연을 방해하고 있다.**

보스가 주는 지령

222 유니버스는 음악 유니버스다.
미국과 영국 가수들의 합동 공연이 열리는 곳이지.
양국 가수들 사이를 이간질해
음악 유니버스의 가장 큰 행사인 English concert를
엉망으로 만들어라! 그렇게 된다면 음악 유니버스는
큰 타격을 받을 것이고, 지구에서 음악과 관련된 영어도 사라지겠지!
내가 이들을 위해 준비한 특별한 이벤트를 망치지 말도록!

추신: 미국 가수와 영국 가수 사이에
　　　금이 가도록 경쟁을 붙여라!
　　　그럼 음악 유니버스는 반으로 쪼개질 것이다.

노잉글리시단
Mr. 보스

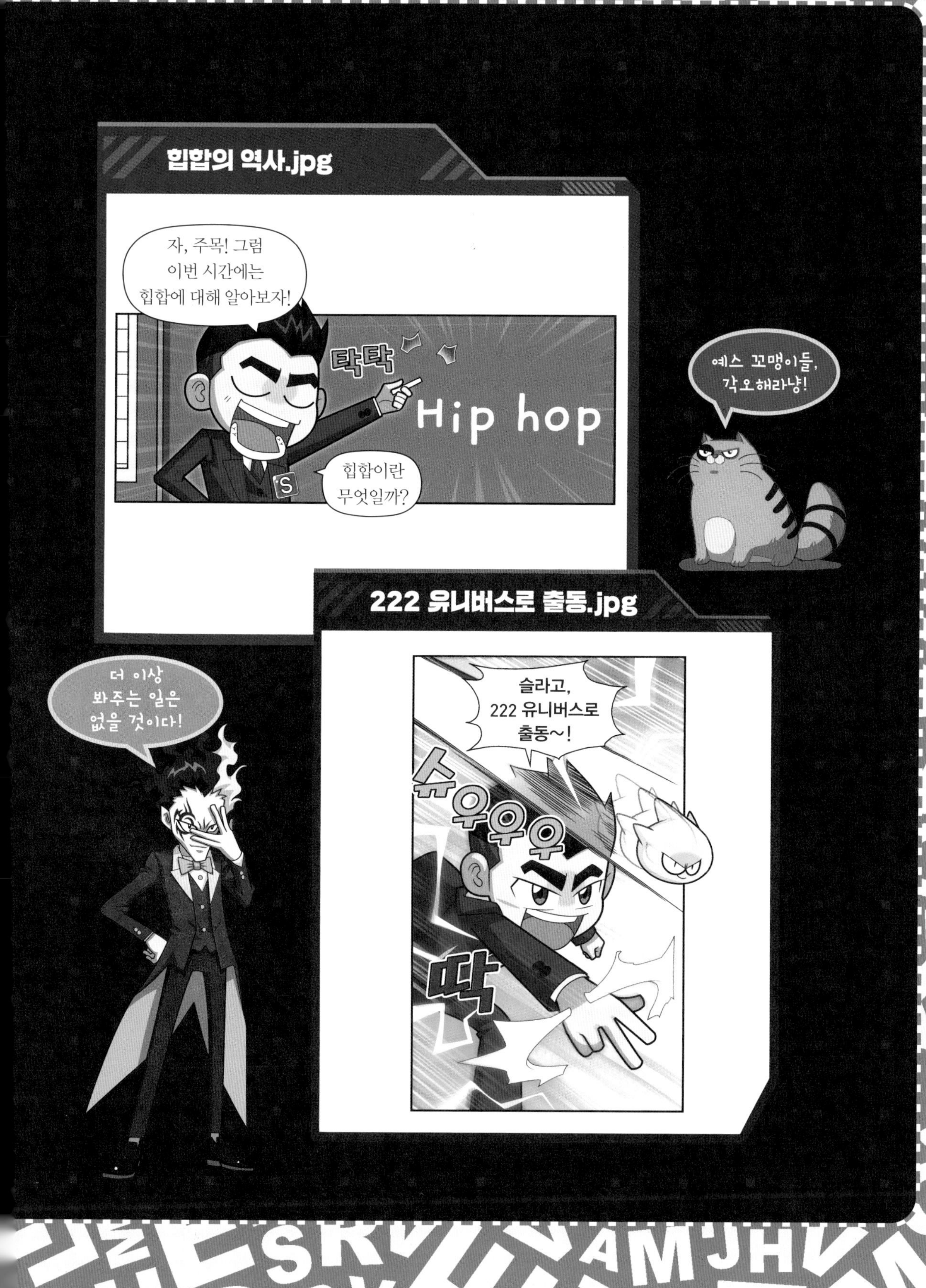
힙합의 역사.jpg
자, 주목! 그럼 이번 시간에는 힙합에 대해 알아보자!
탁탁
Hip hop
힙합이란 무엇일까?
예스 꼬맹이들, 각오해라냥!
222 유니버스로 출동.jpg
더 이상 봐주는 일은 없을 것이다!
슬라고, 222 유니버스로 출동~!
슈우우우
딱

만화로 읽는 초등 인문학
그리스로마신화

글 박시연 | 그림 최우빈 | 정보 글·감수 김헌
1~23권 12,000원 | 24~29권 14,000원

신화는 계속 됩니다!

그리스 로마 신화 속 인물들도 나와 같은 고민을 했다고?

서양 고전 전문가 김헌 교수님이 들려주는 고민 해결 인문학 동화!

기획 김헌 | 글 서지원 | 그림 최우빈 | 값 13,000원

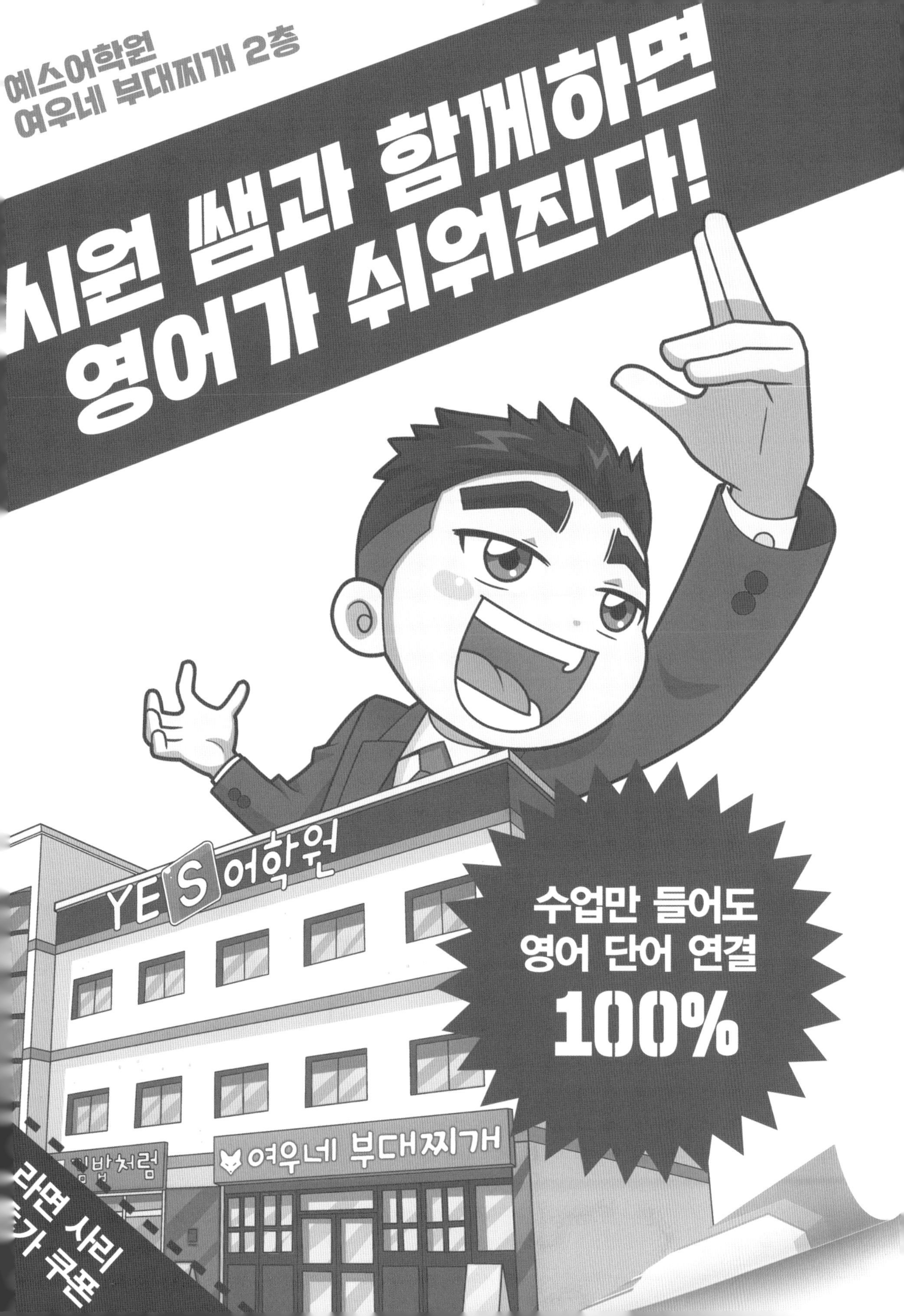
예스어학원
여우네 부대찌개 2층
시원 쌤과 함께하면
영어가 쉬워진다!
YES 어학원
수업만 들어도
영어 단어 연결
100%
여우네 부대찌개
밥처럼
라면 사리
가 쿠폰

예스잉글리시
신입 단원 모집

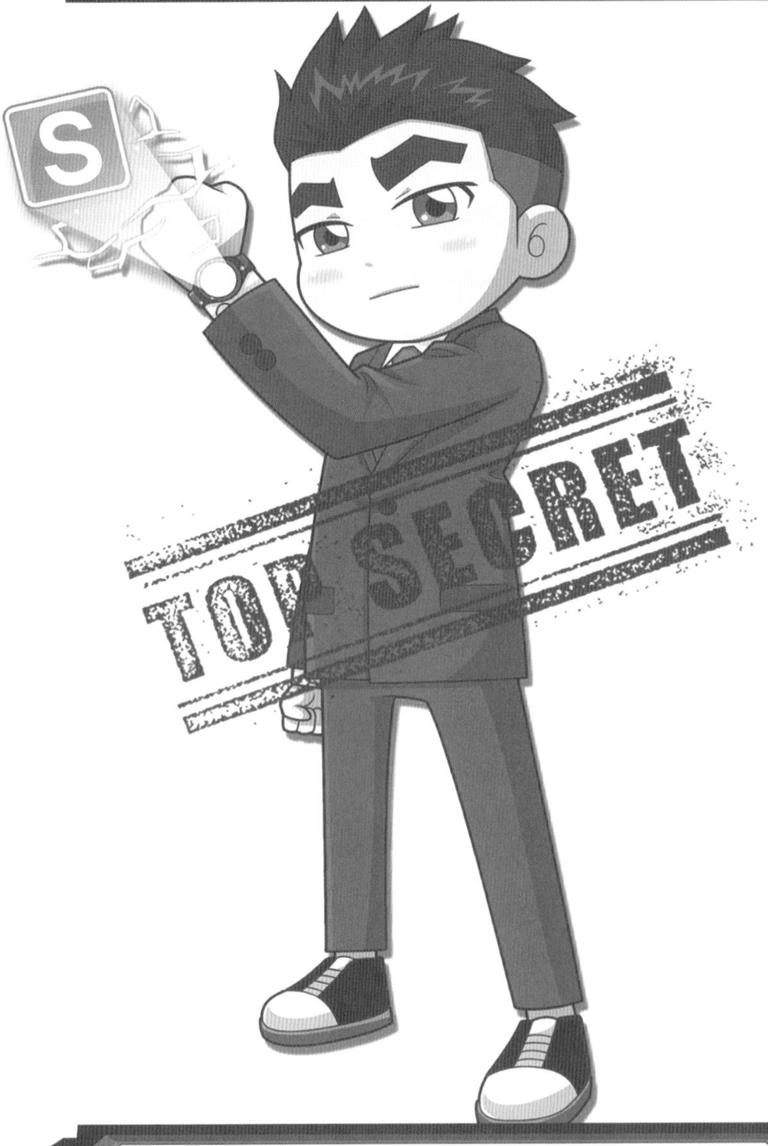
S
TOP SECRET

코드 네임 : 에스원 요원과
영어 유니버스를 구하라!